# 时评写作十讲

第二版

曹林 著

复旦大学出版社

# 目 录

序　　　　　　　　　　　　　　　　　　马少华　001

第一讲　评论的知识准备　　　　　　　　　　　　001

　　评论写作是一个不断吸收新思想、不断形成新观念、不断习得新经验的开放过程。我们应该在对时事的观察中提升自己的认知能力，积累新的知识，而不是在绞尽脑汁搜肠刮肚中透支自己的所学和积累，把自己写空。

一、新闻评论不只是一门写作课 / 002

二、多读书 / 004
　　1. 读书为评论储备知识 / 004
　　2. 读书积累评论的问题意识 / 006
　　3. 读书培养评论敏感 / 007

三、多写作 / 009
　　1. 写作培养评论语感 / 009
　　2. 突破写作的心理障碍 / 010
　　3. 积累评论分寸感 / 010

四、多看新闻 / 012
　　1. 培养时代感 / 012
　　2. 训练评论思维 / 013
　　3. 培养时事联系感 / 013

五、怎样将理论应用到评论中 / 014

六、培养积累资料的习惯 / 017

七、对初学评论者的几个忠告 / 019

八、培养"付出成本"的阅读习惯 / 019

九、把手机和社交从你床边赶走 / 021

十、写字的人离开文字什么都不是 / 022

十一、培养点评论之外的非职业兴趣 / 024

## 第二讲　评论的附加值　　026

现在每天纸媒和网络生产出来的评论多如牛毛,在这信息海洋中,让人读你的评论总得有一个理由吧,凭什么读你的而不读别人的,你的总得比其他人的有可取之处,能让人收获一点儿东西,那就是你文章的附加值。

一、写评论的要比读者知道得更多 / 026

二、建立政治人脉——向李普曼学习 / 028

三、亲自去调查——以"接地气"戒除键盘依赖 / 031

四、专业取胜——专注领域积累的优势 / 033

五、亲身经历讲故事——"我"的附加值 / 036

六、超越道德判断产生的智识附加值 / 038

七、耐心论证带来的观点附加值 / 040

八、"同情的理解"带来的情感附加值 / 041

九、洞察社会细微变化带来的思想附加值 / 043

## 第三讲　评论的表达效率　　　　　　　　　　　　　　045

　　1935年8月，当时正在天津《大公报》工作的萧乾接受了总编辑张季鸾让他写一篇关于开学时勉励师生的社评任务。结果稿子没通过，不能用。萧乾从张季鸾办公室拿退稿时问："张先生，学着写社评应该看些什么书？"张季鸾沉吟了一会儿说："《佛经》。"张季鸾之所以向萧乾推荐《佛经》，主要原因可能就是让其学习文字的简练和浓缩。

一、公民表达的实用文体 / 045

二、最短时间最快理解你的观点 / 047

三、切忌信马由缰的发散性思维 / 049

四、尽量少谈抽象概念 / 051

五、让人琢磨的不是好语言 / 052

六、精彩要体现在标题中 / 053

七、漂亮的开头迅速征服读者 / 055

八、评论的结构和节奏 / 056

九、表达效率，当然还要求出手迅速 / 060

十、表达效率让评论付出的代价 / 062

附录　《新闻评论》课堂深度讨论案例 / 064


## 第四讲　评论的选题　　　　　　　　　　　　　　074

　　《南方周末》的广告语是：在这里，读懂中国。我们这些以评论为业的人，在选题上也应该有这样的大视野、大关怀：将自己的选题与你身处的时代结合起来。在你的评论中，要能读懂中国。

一、选题就是对评论价值的判断 / 074

二、大时代的观念——将选题与时代结合起来 / 076

三、从你的选题中读懂中国 / 078

四、新闻本位时代无法回避热点 / 079

五、有冲突的话题更有评论价值 / 081

六、追逐热点之外拓宽选题途径 / 083

七、带着问题意识，等待新闻由头 / 085

八、平庸的评论时代需要现象级评论 / 086

## 第五讲　评论的角度　　090

一位教徒在祈祷时犯了烟瘾，就问神父：祈祷时可以抽烟吗？神父瞪了他一眼说：不可以！另一位教徒在祈祷时也犯了烟瘾，他问神父：抽烟时可以祈祷吗？神父赞赏地说：可以！

一、角度不是迷信，角度非常重要 / 090

二、新角度切入，提起对老问题的关注 / 092

三、小角度切入，让大问题有贴近性 / 096

四、跳出思维局限——"无话可说"也是一种角度 / 099

五、见人之未见——在细节中寻找新的角度 / 102

六、寻找最能体现新闻价值的角度 / 104

七、不同角度分析问题的几个案例 / 106

八、评论写偏多是违反了批判的次序 / 110

九、避免刻意标新立异的天使角度 / 113

## 第六讲　评论的观点与判断　　　　　　　　　　　　116

关于评论写作的判断次序，一个资深媒体人是这样说的：一事当前，先问真假，再断是非，再说利害。这句非常精辟的话，基本上涵盖了评论中最普遍也是最重要的判断。先问真假，作的是事实判断。而"再断是非"和"再说利害"涉及价值判断中两种最重要的判断：是非判断和利害判断。

一、观点是对事实或价值的明确判断 / 117

二、法律判断是一种事实判断 / 120

三、价值判断中最普遍的判断：是非判断 / 122
　　1. 简单的是非 / 122
　　2. 完整的是非 / 124
　　3. 深浅的是非 / 126
　　4. 比较的是非 / 128
　　5. 现实的是非 / 131
　　6. 辩证的是非 / 134
　　7. 反躬的是非 / 136

四、利害判断 / 138

五、北大学生讨论王海的"打假与正义无关" / 139

## 第七讲　评论的思维　　　　　　　　　　　　　　148

大爷挑了三个西红柿放到秤盘里，摊主说："一斤半，三块七。"大爷说："我就做个汤，用不着那么多。"说完去掉了个儿最大的那个西红柿。摊主迅速又瞄一眼秤："一斤二两，三块。"正当我看不过去想提醒大爷注意摊主秤时，大爷从容地掏出了七毛钱，拿起刚刚去掉的那个大的西红柿，扭头走了。这就是逆向思维。

一、评论的批判思维 / 149

二、经验思维：不能空谈抽象的事物 / 152

三、不可不重视的求新思维 / 153

四、时评写作需要开放性思维 / 155

五、时评写作中常用的几种思维 / 156

 1. 跳跃思维 / 157

 2. 逆向思维 / 158

 3. 联系思维 / 159

 4. 归纳提炼思维 / 161

 5. 对比思维 / 161

 6. 辩证思维 / 161

 7. 发现思维 / 162

 8. 思维无定法 / 162

六、时评写作需要警惕的几种思维 / 163

 1. 刻板思维 / 163

 2. 二元对立思维 / 164

 3. 愤青思维 / 164

 4. 极端思维 / 164

七、公共政策批评的三个思维误区 / 165

 1. 制度洁癖 / 165

 2. 根治预期 / 166

 3. 立竿见影的苛求 / 166

附录　话题讨论：35岁外企女经理晕倒无人相扶急救，死在深圳地铁口 / 167

## 第八讲　评论的逻辑　　172

  网上有个笑话，将"不想当将军的士兵，不是好士兵"恶搞成"不想当厨子的裁缝，不是好司机"，搞笑之处就在于违反了逻辑同一律。评论中经常有这样的概念偷换。

**一、一个典型的逻辑谬误案例 / 172**

二、演绎推理 / 175

三、归纳推理 / 179

四、类比推理 / 181

五、评论中常见的逻辑谬误 / 183
  1. 以偏概全 / 183
  2. 推不出 / 184
  3. 假性因果 / 184
  4. 滑坡谬误 / 186
  5. 概念偷换 / 188
  6. 诉诸非逻辑 / 188
  7. 反问谬误 / 191
  8. 稻草人谬误 / 192
  9. 虚假两难 / 193
  10. 复杂问题谬误 / 194
  11. 词语歧义 / 194
  12. 小众统计 / 195
  13. 实体化谬误 / 195
  14. 感觉谬误 / 196
  15. 烟幕谬误 / 196

## 第九讲　评论的理性　　198

最应该警惕的就是符合你愿望的谎言，符合你想象的假消息。当一种传言非常符合你的愿望，或某个消息非常符合你的想象时，你要警惕了，有人在利用你的弱点。作为以理性为分析工具的评论人，一定要有"一事当前，先问真假"的理性，不能让自己偏爱消费冲突的弱点轻易被别人操纵和利用。

一、理性成为自我阉割术 / 198

二、评论为何要尊崇理性 / 199

三、理性是公认的规则 / 200

四、一事当前,先问真假——判断真假的理性 / 202

五、是非永远高于立场——公正旁观者的理性 / 205

六、谨慎地衡量社会后果——社会责任的理性 / 207

七、理性不是一种霸权——自我反思的理性 / 211

八、远离正义躁热,做传播静能量的冷评论 / 214

九、坚守理性,警惕暴力情境 / 216

十、坚守理性才能成就舆论领袖 / 219

## 第十讲　评论伦理、评论版与评论员　　223

　　李普曼告诉他的同行们：在自己正确的时候,要克服那种不必要的激情。为什么呢？因为过多地陷入那种激情中,会影响自己的判断。激情容易感染别人,但不妙的是,激情在感染别人之前,首先容易使自己深深地被感染和欺骗,陷于某种自以为是、自以为掌握着真理的激情,使一个人的思想变得封闭,将一种观点推向极端。

一、中国人普遍缺乏职业精神 / 224

二、评论人的角色定位 / 225

　　1. 公正的旁观者 / 226

　　2. 冷静的介入者 / 227

　　3. 勇敢的说不者 / 229

三、评论的伦理规范 / 230

四、应警惕的一些时评病 / 234

　　1. 警惕拔高和过度阐释 / 234

　　2. 警惕大词、俗词和套话 / 235

　　3. 警惕自我设限 / 237

　　4. 警惕自己的期待 / 238

　　5. 警惕道德优越感 / 239

　　6. 警惕修辞与比喻 / 239

7. 警惕野鸡数据，学会咀嚼数据 / 240

　　8. 警惕表达冲动 / 242

**五、评论人的基本素质 / 243**

**六、评论版概况 / 244**

　　1. 评论版在当下中国的发展 / 245

　　2. 评论版在媒体中的位置 / 248

　　3. 评论版的编辑体制 / 251

**七、评论的样式 / 253**

　　1. 社论写作 / 253

　　2. 评论员文章 / 255

　　3. 评论专栏写作 / 255

　　4. 评论访谈 / 257

　　5. 评论记者 / 257

　　6. 系列评论 / 258

　　7. 新闻述评 / 259

　　8. 不同载体的评论 / 259

**八、国内时评版的几种风格 / 261**

　　1. 《中国青年报》"青年话题" / 261

　　2. 《南方都市报》评论版 / 262

　　3. 《新京报》评论版 / 263

　　4. 《晶报》评论版 / 265

　　5. 红辣椒评论 / 266

**九、时评家的风格 / 267**

　　1. 鄢烈山 / 267

　　2. 马少华 / 268

　　3. 叶檀 / 269

　　4. 郭光东 / 269

**附论　新媒体时代时事评论的八大弊病 / 272**

**后记：做一个知识上诚实的评论教员 / 285**

# 序

马少华

作为一名评论课教员，我始终把新闻评论教学看作是帮助他人提高表达观点能力的工作。但是，新闻评论的教学如果以阅读、揣摩他人发表出来的作品为起点的话，这里面就有一个明显的难点，那就是：对于作品的形成过程，我们是看不见的，它们藏在作者的头脑里，或者，已经从那个头脑中消失掉了。而这个过程，作为一个活的、创造性的过程，对于新闻评论的学习却是非常重要的——如果新闻评论写作是可以学习的话。

从这一点来说，正如曹林所指出的那样，新闻评论的教学本身是有缺陷的，即往往只面对作品，却忽略了作品形成的过程。也许正是因为这种缺陷，我自己的评论教学，才像曹林所批评的那样，由"帮助他人提高观点表达能力"，不觉间退缩到"帮助他人提高表达效率"这样一个"技术性"的层面上了。因为后者比较明显地表现在作品之中。

好了，那么现在由曹林，作为中国当下最出色的媒体评论人之一，从自己的写作、编辑经验和感悟出发，把上述藏在作者头脑中的思维过程呈现给学习新闻评论的人，善莫大焉。他的这本书中的案例，带着一篇评论产生之初的鲜活情境，带着新闻评论一线的生动气息，带着评论编辑岗位的判断标准，无疑与高校评论教材过于稳定乃至沉闷的结构形成鲜明的对照——哪怕它没有后者那么严谨的表达方式。

新闻评论的写作经验和创造性思维，总是存在于那些新闻评论的写作者的头脑中，尤其是那些写作精力旺盛的头脑中。现有新闻评论的教程，也尽可能地把那些创作者的头脑当作自己的宝贵资源。然而，可惜的是，那些处于写作状态的头脑，却很少对写作活动本身，尤其是对写作教学活动进行持续、全面的思考。那些在写作实践中形成的真知灼见，由于没有形成体系化的整体的传播优势，因此难以对现有的评论教学体系形成根本性的冲击，尽管后者的体系在前者看来也许不值一击。

曹林是个例外。曹林是少数处于旺盛的写作状态之中,却同时对写作规律和写作中的问题进行持续思考的人。这些年来,他所提出的"批判的价值次序"①等问题,以及他对评论伦理责任问题的反思,是在评论写作和编辑实践中产生的真问题,既具有实践性,也具有理论性。这是我们局限于教学环境之中所不可能产生的思想。曹林是写作的,同时也是反思写作的,于是形成了这本独特的书。实际上,如果缺乏写作(与编辑)实践这一源头活水,就不可能(或者说,这样的可能是较少的)遇到评论写作中的真问题;而如果缺乏理论思考能力,则不可能概括出这样的真问题,不可能对这样的问题产生敏感。在这方面,曹林恰有自己的优势。

被人在博士论文中称作"新时评"②的这样一种写作,自20世纪90年代开始到现在,蓬勃发展已十多年了。它应该在写作者中产生出一套比较完整的理念和经验了。曹林的这本书,就是这样的理念和经验。"新时评"的写作在比以往更为开放的表达空间中,比以往更为清晰地显示出新闻评论作为观点表达实用工具的一些规律。因此,由旺盛状态的"写作中人"拿出这样一本书来,就是把十多年来"新时评"写作的理念、经验注入新闻评论教学体系的机会。

我读此书,注意到曹林对现有新闻评论教学模式的尖锐批判,在许多方面是有道理的。当然,他的"横扫一切"之势和"烧书"之语,未免显得轻狂。作为一名教评论的教员,我尊重不同的教学方法,也尊重同行——无论是现在的同行(评论教员)还是过去的同行(评论员)的劳动,如果它们都能对他人的观点表达有所帮助的话。一本书打不垮现有的评论教学体系,只会帮助它吸收更有生命力的东西。一个曹林否定不了我们所有评论教员的辛勤劳动,只会使我们对自己的弱点更为警醒。实际上我在这方面的态度是:不同主体、不同资源、不同角度的教学,是互补性的关系。单一的主体、角度、资源,不可能教好这么丰富的评论写作。

这也是我对曹林这本书的基本态度。

---

① 参见曹林:《从造谣到黑客:批判的价值次序》,载《拒绝伪正义》,中国发展出版社2010年版。
② "新时评"是陈栋在《解码新时评:中国新闻时评的新发展(1996—2006)》中使用的概念,用来与20世纪初就已经产生的"时评"概念相区别。这本书脱胎于他的博士论文。

# 第一讲

# 评论的知识准备

> 评论写作是一个不断吸收新思想、不断形成新观念、不断习得新经验的开放过程。我们应该在对时事的观察中提升自己的认知能力，积累新的知识，而不是在绞尽脑汁搜肠刮肚中透支自己的所学所积累，把自己写空。
>
> ——作者

大家肯定都听过一句话，叫"新闻无学"，是说新闻是一种实用文体，它只是一种实践性、经验性知识，在实践操作中就可以掌握，根本没必要设什么新闻系，还一读就是四年，把人都读傻了。一个人只要在报社待上三周，跟几天报社采编的流程，就能学会怎么采访、怎么选题、怎么写新闻报道。写新闻是在实践中学会的，一个人也只能在不断的实践中，多写新闻，多思考，多积累采访经验，多关注重要问题，才能成为一个名记者。

评论，特别是时事评论，本质上也属于新闻。新闻是传播事实信息，告诉你发生了什么，而评论很多时候是通过分析作出判断，告诉你新闻背后更多的、你可能看不到的东西。所以，评论，作为一种公民表达的实用文体，它在某种意义上也是无学的。

写好评论，最重要的三种因素得靠自己，这是任何评论教程和专业培训所不能给你的。我觉得，评论教育应该有两个层面的素质培训，其一是技术层面的，另一个更重要的层次是非技术层面的，思想、观念、思维等深层次、需要长期积淀和训练的方面。当下的新闻评论教育，基本上都停留于简单的技术培训层面，怎么做标题啊、评论的语言啊、评论的结构等方面，其实这是末，而非技术层面的东西才是本，也是你能不能写好评论的决定性因素。

这一章,我想说说写作技术之外三种非技术准备。

## 一、新闻评论不只是一门写作课

有的同学可能对新闻评论这门课存有误解。

**第一种误解:有人觉得我这门课是一门"虐课"**

新闻评论应该是大三学生的必修课,有些学生听说这是一门虐课,担心会投入太多的精力,担心老师给的分数低从而拉低平均成绩,影响"绩点",影响自己的保研。所以一些学生会到大四时才修这门课,那样不担心被"虐"。

这是一门虐课吗?如果你觉得上一门新闻评论课需要写三四篇评论,这叫虐的话,这就是虐课;如果你觉得上这门新闻评论课需要积极参与课堂讨论,这叫虐的话,这就是虐课;如果你觉得最终评论写得不好被老师打了低分,这叫虐的话,这就是虐课。可,这是虐吗?这难道不是学生的本分!这难道不是一个学生修一门课应有的投入吗?我不懂的是,本是学生的本分,在今天的大学中怎么成了好像是很高很高的苛刻要求。

很多学生把分数看得太重了,担心影响自己的保研,选课的时候真变成了"精致的利己主义者",不是考虑能不能学到什么,而是怎么少投入一些却能拿到高分,于是就集中选那些"水课"。这是短视和不负责任的,纵然成功保研又有什么用?优秀的学子应该目光长远一些,有自己的学业和职业规划,而不会太在意眼前一城一池的得失。

一些学生总喜欢评价老师,总在问这个老师能教给自己什么。我想说的是,老师当然要提高自己的课堂知识含量,让学生学有所得,但一门课程要让学生有所收获,不只是老师,还有另一面——学生的投入和参与。尤其是像新闻评论这样的实践课,老师讲再多再好,如果学生自己不积极去思考和写作,不参与到课堂和舆论场中,老师讲得再也没有用。关注在哪里,结果就在哪里,我们得扪心自问,一门课程中,我们自己积极投入了多少精力?在老师布置的作业之外我们有没有写过评论?我们有没有思考过老师所提问题之外的问题?有没有在走出课堂之后想过与课程相关的问题?

**第二种误解:以后又不想从事新闻或评论,上这课只是想混个学分**

这个意思是说,对我别要求太高,别指望我每节课都来,别指望我好好写评论作业,别指望我在课堂上积极发言,我只想要两个学分,不想学好新闻评论。

人各有志，我能理解这种想法。但我还是想劝有这种想法的同学，即使你对新闻和评论不感兴趣，但学好新闻评论对你肯定是有很多好处的，会让你受益终生。新闻评论学习不只是为了当评论员，从事其他行业如果有新闻评论积累，会更有竞争优势。

当记者的、做调查报道的，如果能给自己写的新闻配一篇评论，会更有利于新闻点的传播，有利于表达自己在新闻中不便于表达的想法——毕竟没有哪个评论员比记者自己对事情了解更多，采访到事件和当事人的记者写评论，会更有深度，更能发掘出新闻背后的问题。

如果你毕业后想进媒体，一般媒体招聘的考题中都会有一道占比很重的评论题，比如去年《中国青年报》的招聘就有两道评论题，一是评冤假错案，一是评短命建筑。媒体考题一般不会考你写新闻，因为新闻写作需要采访，而评论写作不需要采访，却能考验你对新闻的判断和综合素养的积累。

如果你对进媒体不感兴趣，考研、考博、考公务员这些晋升性的考试都会有一道很重要的题——评论写作。有评论学习的底子，怎么开头、结尾、标题、结构、立论、论证、角度，写起来会更有把握。

日常工作和生活中也离不开评论、辩论、讲理、公文、经营新媒体、指导孩子写高考作文，等等，都免不了要接触评论。有评论写作底子的人讲话会更有条理，讲理会更有说服力。

**第三种误解：新闻评论只是一门写作课？**

持这种看法的人会认为，新闻评论只是一门写作课，写作这玩意儿，不需要教，我们都是从高考作文一路写过来的，有写作本能；写作也教不了，是个人的一种禀赋。

我想说的是，不要把新闻评论课矮化和窄化为只是写作。比写作更重要的是表达，而且写作和表达只是最终的呈现，更重要的是怎么才能表达出来——新闻评论课会更注重评论素养的训练，有了这些素养的积累，才有写作和表达的呈现。写作表面看只是技术，背后有深层非技术因素的支撑。

首先，即使是评论写作的技术层面也是有可学的规律的。新闻评论这种文体有一些跟其他文体不一样的写作和传播规律，我会花几节课的时间通过案例和学生的作业来分析如何提升评论的表达效率，使自己的写作符合评论的写作规范，具备表达效率，符合媒体传播的需要。表达效率很重要，尤其在新媒体时代,对读者来说,最容易、最简单的事就是放弃阅读——这种没有耐心的阅读环境更考验评论的表达效率。

我会把更多精力放在新闻评论写作的非技术层面,提升同学们的综合评论素养。各种新闻文体中,新闻评论最能考验综合媒介素养。评论不是灵光一闪、拍脑袋就能写出来的,需要积累。所以,一个报社中评论员的岗位是非常重要的,甚至比总编辑重要,一个单位可以没有总编辑,但不能没有评论员。我们经常说,评论是媒体的灵魂和旗帜,评论代表着一家媒体的高度、深度和精神气质。就拿稿费来说,一个媒体稿费最高的往往也是评论。媒体人收入在社会阶层中属于中等,在媒体哪个岗位上可以体面地买套房呢?评论员岗位最有可能。

诸种新闻文体中,没有哪一种文体像新闻文体这样考验一个人的综合素养,一篇评论可能会调动你的各种所学。

网上有一个段子谈学渣写论文时的心路历程。每次写论文都是这样一个过程:定下选题的时候,有一种改写整个学术史的幻觉和冲动;开始写的时候,有一种困难重重在所不惜的坚韧;写到一半的时候,有一种求生不能,求死不得的痛苦;写完了之后,终于明白自己就是一个学渣。

之所以写选题时"有改定学术史的幻觉",源于读书太少,没见过世面,浅薄的想法就以为很牛了,其实这种想法几百年前就有人想到了,而且已经论述非常成熟。也许有一个好想法,但因为缺乏积累,自己所学无法支撑起一个论点,最后必然求生不能,求死不得,知道自己几斤几两。

论文写作如此,评论也是这样。评论不是微博写作,只要140字就可以,而是需要1 400字。杨绛先生说,很多年轻人想法太多,读书太少。积累无法支持自己深刻的想法,只是浮于表面,写140字可以,再多一点就不行了。谈对一个问题的看法,谈3分钟可以,再多谈一点就没话了。究其根本是没有积累,缺少对一个问题的深入思考。

## 二、多读书

### 1. 读书为评论储备知识

第一个是多读书,养成读书的习惯,提高自己的理论修养和知识储备,在读书中形成自己的问题意识,在知识积累中形成对一些基本社会问题的基本看法。

书可以读杂一点，也可以读专一点，主要看自己的兴趣，关键是要让自己脑子中有货。好的评论都是厚积薄发的产物，你的评论的认识水平到什么程度，主要看你平时有多少积累。这种认知水平不是靠到百度上搜点儿资料、临时读几篇相关文章就可以迅速提高的。评论是一个人思想和知识的流露。你有多少知识储备，你的评论就能达到相应的层次。

评论是一种判断，其实，许多新闻中本身已经包含了记者的判断，你的判断能不能超越记者的判断，能不能揭示新闻背后更深层次的东西，就得看你在相应的知识积累中所具备的洞察力了。

比如我2010年3月写过一篇叫《反思血案拒绝"何不去杀贪官"的仇恨》的文章。福建南平校园惨案，一个失意的人报复社会在小学门口杀死许多学生，这起惨案对当地学生心理产生了很大的冲击，当地一所学校老师让学生以"选择给凶手郑民生或受难者家长或受害小伙伴写一封信"的方式谈对血案的看法，有学生在给凶手的信中写道：我看着那些无辜的小伙伴受到伤害，就想把你碎尸万段，你要真忍不住仇恨，你就去杀那些贪官。

对学生流露出的这种思维我很担心，认为这是一种强烈的仇恨意识，与凶手骨子里的暴力思维是同构的。然后就举了美国的例子，美国弗吉尼亚枪杀案发生后，学校举行悼念仪式，不仅给32个遇难的学生点燃蜡烛，还有第33根蜡烛，那是为自杀的凶手而燃。这根蜡烛，既是充满关怀地同样将凶手视为一个受害者，也是为了消弭血案带来的仇恨。南平血案面前，我们也需要这种消弭仇恨的公共情怀。反思南平血案，应警惕这样的仇恨思维，特别是对孩子们，老师们应引导学生们远离仇恨，用爱和理性去消弭血案留下的精神阴影。

好几个朋友都夸我这个角度好。之所以想到文章这样写，并不是一拍脑袋灵感突发突然想出来的，而可能就是源于一种综合的积累，积累让我对仇恨有了深层次的认知，积累让我了解到美国人在弗吉尼亚枪杀案中那根蜡烛的意义，积累也让我深刻地理解爱和理性在教育和启蒙中的重要。这样的知识积累，让我能有这样的深度并作出这样的判断。

一个不读书不思考的人，他当然也能写评论，但他的评论永远只能停留于非常浅层的道德批判层次，或者义愤填膺地批评某种东西不道德，或者简单地为某个政策叫好，却不能超越简单的好坏、明显的是非而作出更有价值的阐述和判断。

再者,评论写作是一个不断吸收新思想、不断形成新观念、不断习得新经验的开放过程。我们应该在对时事的观察中提升自己的认知能力,积累新的知识,而不是在绞尽脑汁搜肠刮肚中透支自己的所学所积累,把自己写空。

**2. 读书积累评论的问题意识**

写评论是需要问题意识的,也只有多读书,才能养成我们的问题意识。一个好的评论家,不是去看新闻写评论,追着新闻写评论,而是带着问题意识去看新闻,某个新闻会触发你在长期的读书思考中形成的某个问题意识,那样才能有感而发,就着新闻写出一篇有着独到观察的评论。现在有些人写评论不是写评论,是挤评论,明明没有话说,但为了赶一篇评论出来,只能坐在电脑前绞尽脑汁地挤,挤当然是挤不出好评论的。但如果你有问题意识,写文章就是顺理成章一气呵成的事情了,你本身就对这个问题有你自己的思考和判断,这种思考和判断是通过读书形成的,只不过是借助某个新闻把你的这个想法写出来,新闻只是一个由头而已,这样的文章写出来肯定很漂亮。

比如我2009年全国两会时写的两会评论《两会越多政治,街头越少暴力》,就是长期以来阅读代议制方面的书形成的对"街头暴力和议会政治"关系的看法,只不过借助于两会的闭幕将我的理解表达了出来。那篇文章的基本观点是:议会是社会的稳定器,人们如果能在议会中表达自己的不同观点和利益诉求,就不会跑到街头去抗议,到街头以暴力的方式表达意见。

问题意识对于评论写作是非常重要的。如今一些时评家的文章,最大的缺点就是缺少问题意识,没有自己的问题意识,很容易被每天喧嚣的时事热点牵着鼻子走,淹没在铺天盖地的新闻信息海洋中晕头转向不知评什么。

从许多评论来看,评论家似乎并不缺少"问题意识",某些评论家评论起许多事件来确实是一套一套的,这个制度缺乏,那个保障真空,这个制度弊病,那个权利虚置。这些确实都是中国社会当下非常严重的社会问题,可是,很多评论中的"问题分析",并非时评家在日常的思考中积累养成,并基于某个特定的事件引发的"问题意识",由某个具体的新闻所触发的相应、贴切的思考,而是等着把一个个固定的、现成的、用滥了的"问题分析"往一个个事件上套。这些"问题意识"并不是通过阅读积累而成的,而是人云亦云,被别人牵着鼻子走而形成的固定套路。

某些时评家脑子里存着许多固定模式的问题套路:中国的医药费很高

让人看不起病,中国的社会保障制度很不完善,中国权大于法,中国的法律形同虚设,中国的殡葬费让人死不起,人家美国怎么样,人家发达国家怎么样……这些"套子"像某些时评家的宝贝,更像写作的"万能膏药",每天寻找着具体的新闻事件去套这些分析模式。不是由事而评,而是以评套事,不是就事论事,而是用几个固定的分析套路去分析复杂多元的现实,剪裁新闻以"适应"自己的"问题套",观念先行,套路先行。这样写评论,当然写不出深刻的东西来,不过是拾人牙慧、跟风表态,或者是离题万里的过度阐释罢了。

什么是问题意识? 就是因为研究和了解某个社会而对相关问题有许多自己的想法、困惑和答案。对一个年轻人来说,你没有那么多时间去深入了解中国社会,读书是培养问题意识最好的途径。只有自己对中国社会有了一系列的问题意识,你看新闻时才不会被信息海洋所淹没,评论时也不会信口开河,也才会有独到、深刻的观点。

**3. 读书培养评论敏感**

也只有多读书,才能养成你的评论敏感。写新闻要有新闻敏感,写评论当然也要有评论敏感,评论敏感,就是对新闻中隐藏和包含的社会问题的敏感嗅觉,能从一条不经意的新闻中洞察到一个普遍的社会问题,或者能超越众人的认知水平而从新闻中看到更深刻的、常人觉察不到的问题。还是以我的两会评论为例,我 2008 年的一篇两会评论,叫《为何不能给作报告的总理一把椅子》。温总理充满民生情怀和写满民生承诺的政府工作报告,不仅激起了在场代表委员热烈的掌声,更激起不在场的网友热烈的讨论。有细心的网友发现总理一直站着作了那么长时间的报告,认为总理一定很累,于是发帖建议"为什么不给温总理搬把椅子"。没想到这个建议在博客贴出后一呼百应,网友纷纷在回帖中表示了对温总理的敬意,表示"有这样的总理是万民之幸",有网友表示"想上去搬把椅子的人很多"。

一看到这条新闻,因为代议制政治方面的书看得很多,我就敏感地觉得这事儿有得评论,也就是我的评论敏感敏锐地捕捉到这条新闻中有价值的议题,是一次我普及或重申人大代表制理念的机会。

对于这条新闻,一般人看到只是总理受人爱戴,总理与网民的交往中有一种很温情的东西。我看到的则是:如果让总理坐着作政府工作报告,是绝不符合代议制政治理念的。我在评论中说,如果总理看到了网友这个提议,一定会在表达谢意后婉拒这把椅子，坚持站着作政府工作报告。作为总理，他清楚地知道自己此时置身于人大场景中的角色：他不是在向下级作指示和下达命令，不是向自己的下属讲话，而是向选举他当总理的全国人大代表报告工作，汇报自己任职5年来政府做了哪些事情，接受人大代表的评价和审议。

上级向下级作报告下命令可以坐着，但总理向选出自己的人大代表们汇报自己的工作，当然必须站着了。总理站着和人大代表坐着，这不是一种简单的姿态，而体现着一种权力关系，反映着人民主权、议会至上的政治架构。我在评论中说，这是一种表现权力关系和崇尚民主的政治仪式，人类自从有了政治这个东西后，仪式就是非常重要的，仪式传递着许多重要的信息。我说，我们可以心疼自己敬爱的总理，但要意识到这种场景下的权力关系，意识到"站着作报告"这种仪式的政治内涵。

我看过一套书，叫《人民大会堂见闻录》，我每年两会前都会拿出来翻一遍，通过阅读来增加自己对两会新闻的评论敏感。所以对站着作报告还是坐着作报告有这个敏感，还因为在书中看到这样一个细节。七届全国人大一次会议时，当时的李鹏代总理与人大常委会委员长万里在会前有一段对话。李鹏说：今天我代表国务院作政府工作报告时，还是站着讲吧。万里笑着说：好，我赞成，站着作报告是个改革。不过，万里关切地说，报告较长，站时间久了会很累，会间可以休息15分钟。李鹏说，不休息也关系不大，站两三个小时没有问题。如果中间休息，我怕会议时间拖长了，一些老同志会疲劳。万里高兴地说，那好，就这样定了。

关于站着作政府工作报告，我还注意到书中的另一个细节，1974年的《政府工作报告》的起草工作是交给邓小平负责的。考虑到周恩来总理的身体状况，毛泽东特地指示邓小平"总理只讲半个钟头左右"，主要是保证周恩来能够站着读完报告。我们知道过去周恩来一口气讲3个钟头不休息也没有问题，但现在无论如何不行了。邓小平按照毛泽东的意见把起草小组各口写出来的草稿进行综合，浓缩成不到5 000字的报告。这是政府工作报告最短的一次，堪称"史上最短的政府工作报告"。身患癌症的周总理之所以要站着作报告，就是内心对代议制政治这种仪式的尊重。

有充分的知识积累，才会有这种"从新闻中看到评论价值"的评论敏感。

## 三、多写作

我想讲的第二个非技术层面,就是平常要多写,多练笔,写得越多,养成写作习惯,就能不断提高你的写作水平。评论,这不是一种靠想就能提高水平的文体,我给大家提一个建议:心中对一个事情有想法的时候,就把它写出来,看到一条新闻有表达冲动的时候,就把自己的思路整理好写出来。不要偷懒只是想想,让想法稍纵即逝,不要怕写,写多了写顺了,养成了表达的习惯,掌握了写作的技巧,文章就会越写越顺、越写越好的。多写作,既能训练你的思维,又能提升你的语言表达能力。

**1. 写作培养评论语感**

学英语,有语感,写评论,也有评论语感。多写评论,多进行写作训练,写多了写顺了,也会形成自己的写作语感,看到一条新闻就立刻有了表达冲动,然后下笔就会写得非常顺,一气呵成,思维逻辑很顺,文字也很顺,让人看着很舒服。

新闻评论写作,不是一个坐而论道的事情,不是只在课堂上讨论,不是只在脑子里想,必须写出来。你脑子里想的东西,当你用文字表达出来时,虽然都是语言,但会很不一样。脑子思考,只是胡思乱想,只是自己一个人的事情。而用文字表达出来时,它遵循着另外一种逻辑,就是印刷文字的线性逻辑。写出来的时候,你就必须考虑它要讲逻辑,考虑到它能站得住脚,考虑别人对你表达的理解,考虑到语言的通顺、文字的修饰和文章的美感。所以,很多时候想是一件很简单的事,但如果要用文字表达出来,就很难了。

我觉得思想、语言和文字遵循着三种不同的思维,一种东西,在脑中想,用嘴说出来,诉诸笔端用文字表达出来,完全是不同的感觉。一个能思想的人,不一定善于口头表达,善于口头表达的人,文章不一定写得好。

经常写作,就是要训练这种文字表达能力,训练自己能迅速地、完整地将自己大脑中想的东西以文字的方式表达出来的能力。不仅是训练一种技术上的文字驾驭能力,还包括理顺逻辑、语言修辞、表达技艺方面的素质训练。

许多评论作者都表达过这样的苦恼。隔一段时间停笔不写文章,或一个黄金周不动笔之后,就感觉文章不会写了,或写得很慢,或思维很迟钝。平时1个多小时就可以写成一篇文章,一气呵成,停段时间后起码3小时才勉强凑成一篇,这就是评论语感的问题。

评论写作是很欺生的,你越是对评论望而生畏,不下笔,不去勤写,就越是写不好评论。评论写作是在不断的写作实践中提高的。

**2. 突破写作的心理障碍**

许多初学评论者都说对写评论有心理障碍,这方面,中国人民大学的马少华老师有一个经典的描述,他说:克服写评论的心理障碍的方法就是写评论本身。我们不可能先克服了写评论的心理障碍,再来投入写评论的行为;而只能靠写评论的行为来克服写评论的心理障碍。

马少华老师我很尊敬,同赵振宇老师一样,也是一位评论教父级的人物。他对学生很负责,不过他在评论教学中有个习惯我不赞成,那就是,他现在基本不写评论了,对评论写作非常消极,也不鼓励学生多写。我说,作为一个评论教授,你这种对评论写作的消极态度会传递到学生身上,让学生也不想写。一个评论教师,一定要创造条件并以身作则地让学生多写评论;否则会对学生形成很不好的暗示,坐而论道,学生永远学不好评论。

**3. 积累评论分寸感**

很多新写评论的人都跟我讲过他们的困惑,就是面对很多新闻作判断时,不太容易把握住评论的分寸,要么就是过于偏激偏执,要么就是过于温吞,要么就是过于感性、过于情绪化,要么就是陷入一种冷冰冰的理性中,让人感觉不食人间烟火。或是想面面俱到,结果使文章流于平庸。不像那些名评论员,在判断上能拿捏好分寸,让人觉着说得不温不火,恰到好处,既符合常情常理常识,又说出了新意。

就像许多人赞赏的那种评论:公允而不中庸,执著而不自负,包容而不无原则,成熟而不圆滑,符合常理但不流于浅薄,智慧而非耍小聪明,幽默而不滑稽,深刻而不苛刻,感性而非情绪化,激情而非滥情,谨慎而不保守,冷静而不冷血,出人意料而又在情理之中。情理、法理、逻辑上恰到好处的调和,这就是评论的分寸。

坐而论道,把握不了这种分寸,只有写多了,经过较多的写作训练,才能在判断经验中积累这种分寸感,调和事物内在的冲突,将那些冲突都包容在你的判断之中,合宜地表达你的情感和理性。

比如,我有一篇题为《"容忍生活所迫"与错位的法律人性化》的评论,许多朋友就觉得我那篇文章中的评论分寸感把握得比较好,我是这样说的:

## 第一讲 评论的知识准备

社会经常争论这样一个问题，一个贫困家庭的孝子，为给母亲治病而抢了别人的钱——从人性化角度看，法律应不应当对其从轻处理？我觉得这是一个伪问题，触犯了法律，就应该与其他违法者一视同仁地得到惩罚，"人性化"应该体现在对那位"无钱治病的母亲"的关怀上，而不是对违法的儿子。违法的儿子应受到法律的惩罚，而生病的母亲应得到公共保障应有的救助——这才是真正的人性化。同样，这样的理念可以移植到对"为生活所迫而卖淫者"的处理上：该怎么处罚还怎么处罚，否则如何树立法的权威？但惩罚之后，执法部门可以协同就业部门帮助这个"为生活所迫者"找到一份新工作，这样既使其摆脱了"为生活所迫"的境地，不至于再为生活所迫去卖淫，又树立了法的权威，还不失时机地引导了健康的贫困价值观。这才是理性的人性化，也才是"体贴穷人的无奈之穷"最健康的方式。

化解了情感与理性、情理与法理的冲突，这就较好地拿捏到了分寸。像对这种包含许多冲突的事件的评论，在价值判断上很容易发生偏差，过于强调理性，过于强调情感，都让人难以接受。强调严惩这个孝子，于情让人不忍；强调宽容他的行为，于法让人不服。偏向哪一方的判断都会让人觉得不妥。而我的判断则把握住了情理间的分寸：对违法者依法处置，对需要救助者给予关怀。分寸感就在这微妙的平衡之间。

我的一位朋友就上海复旦学生被救后缺乏感恩的事件所写的评论中，可能就没有很好地拿捏这种分寸感，评论占了理，却缺了情。2010年12月12日，18名上海驴友在黄山未开发区域探险迷路，经当地全力搜救后安全脱险，但黄山风景区公安局24岁民警张宁海在送驴友下山时不幸坠崖遇难。这一话题在社会上发酵，张宁海被赞为英雄，而上海驴友被指为害死英雄的罪魁祸首，尤其是，好几位学生被救后缺乏基本的感恩，那种冷漠的神情深深地伤害了舆论。

朋友所写的评论题为《警察搜救驴友纵有牺牲也天经地义》——我是认同他的这一观点的，作者是想说，警察搜救驴友纵有牺牲也天经地义，是搜救驴友天经地义，而不是说牺牲是天经地义的。作者的意思是，不能因为警察牺牲了，就否认其应该搜救驴友。而且，作者的文章针对的是那种过分责怪学生的论调，并不是凭空说这番话的。

虽然他说的理是对的，逻辑是成立的，但在情感上却难以让人接受，尤其是标题中的那个"天经地义"，更让人觉得作者的思维有点儿冷酷，冰冷得让人难以接受。无论如何的天经地义,可警察牺牲了,面对一个为救人而逝去的生命,应有起码的敬畏和尊重,即使救人是他的职责。作者过于急切地想表达对"警察天职"这个道理的理解,而没有处理好情理间的分寸。

写评论,说到什么程度,如何点到为止,如何不触碰禁忌又不失大胆尖锐,这些都需要分寸感的拿捏。评论写多了,经过多次的磨合,自然就会养成这种感觉。

写好评论需要许多感觉,除了前文提到的评论敏感、评论语感、评论分寸感,还有评论手感(下笔如有神)、评论美感(怎么让文章的结构看上去最美)、评论成就感(写多了,看到自己的作品不断面世,被别人转载和认同,甚至影响到新闻事件的进程,很有成就感)。这些感觉,必须通过多写才能达到。

## 四、多看新闻

第三种非技术层面,就是要对时事新闻保持着关注的习惯,不仅仅是一般读者对新闻那样的关注,更要以一个从业者和专业者的角度去关注新闻,关注每天的国内大事和国际时事,不仅看报纸和网络,还要上网络论坛,在论坛上看报纸上看不到的内幕和行家的分析。对时事热点要如数家珍,外行人谈起的某个热点,你起码要比别人了解得更多一点点。比如,说起湖北省长在某年两会时与记者发生冲突的新闻,作为一个新闻人、一个评论者,不仅要知道这件事,还要知道相关的新闻,比如周瑞金写文章对李鸿忠严厉的点名批评,中共几个元老都对此事发言了,许多新闻记者签名要求全国人大罢免李的职务,等等。再如山西疫苗事件、福建南平的校园惨案,等等,我们要保持对时事热点的关注。

写评论的人,为什么要关注时事呢?

**1. 培养时代感**

首先,通过日常的关注,培养你的时代感,也就是对你身处的这个时代有基本的认知。

你生存的时代是一个什么样的时代,是一个最好的时代,还是一个最坏的时代,这个时代的基本特征是什么,这个时代最需要怎样的改革,最大的问题表现在哪些方面,这些,都会表现在时事新闻中——不是一两条时事新闻,而是每天的时事新闻。了解一个社会最好的途径,就是先去观察每天的媒体都报道些什么,每天这个社会中都发生着一些什么,人们都关注什么。通过持续地关注时事新闻,就能培养出自己的时代感,将自己融入这个时代中,在宏观上把握这个社会的基本脉络。

培养时代感是为了什么?是为了让你的文章有时代感。知道你身处怎样的一个时代,你的选题,你的语言,你的观点,还有你的立场和判断,都会贴着这个时代,反映这个时代,融入这个时代,带着这个时代的味道和温度,而不会脱离这个时代。

### 2. 训练评论思维

其次,关注时事新闻,是为了培养自己的评论思维。

看新闻,不仅是看新闻,还要在关注新闻的时候形成自己对新闻的看法,要在看新闻时自然地有这样的意识:如果让我去评论这件事,我会怎么去评?看每一条新闻的时候,其实潜意识中都会有自己的判断,都在默默地进行着评论。比如,看到邓玉娇事件的时候,你自然会有自己的看法。保持对青海地震的关注,你内心会有对灾难的判断。在不断关注中,渐渐会养成一种评论思维、评论思维方式。看到了,有了表达冲动,写出来,恭喜你,你终于入门了。

### 3. 培养时事联系感

再次,关注时事新闻,可以培养你的时事联系感。

写时事评论,很多时候不是仅就一条新闻说事,而是考验一个人将不同新闻联系起来的能力,从看起来没有关系的新闻中寻找联系,从今天的这条新闻想起一个月前的另一条新闻,在比较中凸显一种观点。由此及彼,正说反说,旁征博引,将近来一系列类似的新闻结合起来评论,增强自己观点的说服力。

比如我 2010 年 4 月给《新京报》写的一篇社论,叫《礼宾小改革何以引发民意大关注》。新闻由头是:中国礼宾改革有新举措,今后中国领导人出访时,将简化驻外使领馆组织迎送活动相关安排,不再组织华侨华人到机场迎送。看到这条新闻时,我就想起 2003 年也有过类似的改革,当时的改革是"我国领导人出访离、返京不再举行送迎仪式"。通过查阅资料又发现一直进行着这样的改革,1978 年开始,为外宾访华举行欢迎仪式的地点由机场改至人民大会堂广场,不再组织群众夹道欢迎;20 世纪 80 年代开始,领导人出访一般不再举行答谢宴会。因为关注时事新闻,将这些改革联系起来看,写起来就会让你的评论有厚重的历史感。

我还注意到当天胡锦涛主席访美的另一条新闻,会谈期间,胡锦涛和奥巴马还共同为近期分别在美国和中国煤矿矿难事故中遇难的矿工默哀一分钟。我就在文章中说,为遇难者默哀也是一种礼,这样的礼,与礼宾改革中"取消迎送"在价值取向上是一致的。礼宾小改革之所以引起大关注,蕴含着公众对民本政治的认同,即使是细节上小小的变革,也能触动公众心中那根渴求民本政治的心弦。

写这篇文章的时候,我还记起一些反面的新闻。就是地方的领导出行时迎送的风气很盛行,不管天气多么炎热,让小学生穿戴整齐地举着鲜花夹道欢迎,还喊口号,以此衬托领导的威风。我就把这条新闻用于评论中,从反面来论证"减少地方领导们迎来送往的繁文缛节,领导出行要减少扰民"。这样由此及彼,文章就会很丰满,论证也非常有力。

此外,持续并习惯地关注时事,会让你的文章更贴近现实,你的观点也更有现实感。某媒体的评论主编就跟我说,现在越来越不喜欢约请专家写评论了,为什么呢?专家写文章很专业,因为长时间专注于某一问题的研究,他们很专业很权威很深入。但由于他们平常缺少对时事的关注,无法将自己的认知与新闻很好地结合起来谈,像写学术论文那样写时事评论,严重脱离现实。许多专家写文章满篇都是抽象的说理,缺乏将他的理与平常关注的新闻结合起来的习惯,也就没有现实的穿透力和说服力。这样的文章根本不适合刊登在时事评论版面上。

## 五、怎样将理论应用到评论中

对于评论写作,《北京青年报》评论主编张天蔚有一段论述,他把时评描述为这样一种文体:它既不创造新的思想,也不提供知识增量,它只是用一些既有的思想资源和专业知识为工具,分析、解释各种社会现象,并给公众以启发(见陈栋《解码新时评》)。

这样的定义显然失之偏颇,我认为时评家是能创造"思想"的,只不过他们不是以哲学家那种晦涩、抽象、系统化并不食人间烟火的方式表达出思想,而是在对时事的分析中贡献自己的思考并生产思想。他们生产的思想并不表现为某种抽象的理论和浓缩的理念,而是与时事紧密地融为一体。即使是将既有的思想资源和专业知识作为工具,也能够在与时事的结合中"创造性地阐述"出新的思想。而且由于时事评论的读者远比学术著作的读者更为广泛,时评家们的思想对社会有更大的影响力。时评家不是思想的消费者,他们也是生产者,只不过他们有区别于思想家的独特的生产方式。

不过,张天蔚的这段论述倒是指出了一个事实:时评写作很多时候要借助于某个理论体系或专业知识,以既有的理论资源作为工具分析时事——这就涉及一个很重要的问题:怎样将理论运用到时评写作中。

产生这个问题的背景是,许多评论的新学者,尤其是刚在大学通过读书和学习学到不少学科理论的大学生,他们急于将刚学到的理论应用到对社会的分析上去,但经常出现以下两个问题:其一,对理论理解得不够,食而不化,仅仅停留于对一些抽象概念的拿来上,将那些晦涩的概念和抽象的理论直接照搬到评论中,没有学会用自己的理解、用大众看得懂的语言去表述,评论中充斥着术语和概念,让人望而生畏;其二,没有能力驾驭理论,没有将理论与时事很好地结合起来,理论是理论,时事是时事,不是用理论分析时事,而仅仅是简单的引用和生硬的嫁接,生搬硬套的结果就是,两张皮。

举一个例子,看这样一篇文章:

### 民主的司法当具可问责性

2009年5月6日上午,最高法院召开新闻发布会,通报了6起法院人员违法违纪的典型案件,其中包括最高法院立案庭一位审判员涉嫌受贿的案件。在通报上述相关案件同时,最高法院还公布了正式开通"法官违法违纪举报中心网站"的信息,欢迎民众对违法违纪法官举报。(2009-05-07,财经网)

而在前一段时间《南方周末》报道,商人丁海玉通过制造官司,把每一家和他做过生意的公司都告上了法庭。然后行贿法官,通过胜诉获得暴利。丁海玉案件中被查处的领导干部共有38人,包括12名厅级干部,26名处级干部,其中法官有25名,引发了2006年至2007年间,宁夏高院、银川中院、石嘴山中院出现了人事大变动。

严重的法官违纪违法令人震惊,而最高法院加强对法官的查处和监督也深得人心。但是在法学界和政法界,由于司法不独立的问题突出,往往容易顾此失彼，形成了对其片面强调司法独立的问题。基于这样的原因，我国在近年的司法改革中出现了要独立还是要监督的所谓"司法改革方向之争"，其实，这是一个问题的两个方面。

对于司法体制和政治社会之间的关系，早在1978年，就有美国学者提出过三个模型理论，认为司法有三个模式：第一，"镇压或是依赖型"。司法直接在政治人物或是政党的控制之下。第二，"统合自主型"。司法组织和社会政治部门，几乎完全隔离，欧陆的意大利、法国以及许多拉丁美洲国家可以列入此模型之中。第三，"响应或是消费者取向型"。在此模型之下，司法不仅负有法律的责任，同时也必须负有社会、政治责任；美国州政府层级的法官，最接近此模型。此模型的基本理念是，在民主政治之下，要求权力分治，同时要求所有的权力不可以不受限制和控制。只有响应或是消费者取向模型，才能在司法独立与民主监督的紧张关系之下，取得一个平衡点。

在当今中国，很多崇尚英美司法体制的学者可能没有想到的是，美国学者恰恰认为他们的体制是在"司法独立与民主监督的紧张关系之下，取得一个平衡点"的"消费者"模式，人民大众作为司法的消费者，当然有向出售司法产品的法官问责的权利。如果今天我们忽略监督，而一味强调法官的自治和内部民主体系，忽略了大众这一最重要的民主力量，必然让我们的司法形成"丁海玉"案、黄松有案那样的触目惊心的腐败。从这个意义上说，司法民主化、法官受监督，将是以后的司法改革中永恒的主题，也是当前司法改革的关键和重点。

（2009 - 05 - 17，红网）

这是参加2009年红网红辣椒评论大赛的一篇评论，作为评委，我给这篇文章写的评语是：此文最大的问题就是，理论和时事的两张皮，理论是理论，时事是时事。开头引用了新闻由头，后面就开始引用西方的理论，并没有用西方的理论分析中国的现实，将理论与时事融合到一起，而只是单纯地介绍西方的理论。而且理论也很晦涩，像什么"镇压或是依赖型""统合自主型""响应或是消费者取向型"之类的术语用在学术文章中还可以，用在时评中就是阅读障碍了。四五千字的文章也未必能将这样晦涩的概念跟读者解释清楚，何况区区的千字文。

民主的司法当具可问责性，这样的题目适合做一篇大的学术论文，而不适合时事评论,因为从这个标题可以看出,民主,司法,可问责性,这几个都是非常抽象的概念,要把这几个概念间的关系说清楚,不是一篇短文可以做到的。当然时评也可以写这样的题目,但一定要紧贴时事,不能空谈抽象概念和宏大理论,而要"融理于事"。

丁法章先生在《新闻评论教程》中提到过一种评论病,就是空谈理论:从概念到概念,没有对具体事物进行具体分析,没有经过严密的论证,也就是说,没有经过逻辑推理的过程——将理论应用到时事分析中,最忌的就是这种"从概念到概念"。

理论怎样运用于时评中呢?两个原则:其一,最好不要照搬概念,而要在理解和掌握后用自己的语言将理论表达出来,明白易懂,没有术语,也没有复杂的长句和从句之类;其二,要使用理论工具去分析,而不是简单的罗列和"炫耀",不少新学者在文章中使用理论,很多时候只是一种卖弄,卖弄的结果,只是生搬硬套的罗列。理论运用到评论中,一要贴切,二要有鞭辟入里的分析。

## 六、培养积累资料的习惯

写时评多年来,我一直保持着这样一个习惯,就是积累资料。我一般都随身带着一个笔记本,随时将自己的想法记下来,将从书上看到的有价值的信息记下来。电脑桌面上也永远会有一个保存资料的文档,在上网时将有意思的信息和有价值的数据保存下来备用,并定期对这些信息进行整理,存放到相应的文件夹中。

比如我的文件夹中有如下一些资料分类。

有用的数字:这个文件中保存着一些数字,诸如中国百万富翁增加12%,中国一些让人沉痛的世界排名,垃圾邮件占到中国网民所收邮件的2/3,46%的公众认为身边存在安全隐患,最新统计结果显示中国亿元商品市场达3 265个……这些数据,常可以作为评论相关话题的论据。常翻阅这些数字,对比新发布的一些数据,可以激发出新的评论视角。

西方公共政策:这个文件中主要收集一些西方发达国家的公共政策,比如爱尔兰要征"嚼口香糖"税,预计每包缴税5欧分;加拿大禁止叫男同性恋"fifi",违者罚款1千美元;为减少温室效应,新西兰拟征牛屁税;等等。这些有趣的公共政策，暂时可能用不上，可说不定哪天写相关话题时就可以用到，届时就可以信手拈来。时事评论的议题多与公共政策相关，发达国家的经验，可以作为评论的论据。

科学发现：这个文件中主要收集一些最新的有意思的科学发现，比如有科学家发明用基因疗法对付不忠，打一针就不再花心；日本一公司研造出造梦机器；美国科学家研究有新发现，男士天生不爱女强人；科学家发现忧郁的人往往大脑活动过度；等等。当然了，这些八卦科研成果主要是用于一些八卦题材的评论。

评论经常涉及的一些评论话题的资料：爱国主义资料、慈善捐赠资料、高考改革资料、审计报告资料、环境保护资料、网络民意资料、公路收费资料、公务员法资料、税收与宪政资料、年终评论资料、两会评论资料、富豪榜资料、公款吃喝腐败资料、乱收费资料、奥运评论资料、春运评论资料、房市调控资料、青少年体质资料、行政成本资料，等等。这些议题，都是时事评论常涉及的，这些资料中，既有案例，又有专家观点，还有以往类似热点评论的观点。将这些资料收集起来，方便遇到类似话题时参考。自己的资料库，比那种看到一个话题临时进行搜索的资料检索法要方便得多。自己收集资料，既有独特性，又有针对性。

我还建立了专门的网言网语资料库。网友那些短小精悍的一句话评论，很多非常经典和精辟，既一针见血又非常幽默俏皮，作为资料使用到评论中，能使文章更加生动活泼。

翻阅资料库，经常能从中发现新的评论选题和评论视角。评论，知识之外，很大程度上比拼的是掌握的信息多寡和权威程度，建立资料库，可以积累自身在相关话题上的有价值的信息，从而使自己的评论更有附加值。

马少华在其评论教材中提到了1920年美国出版的《社论：一项对写作效力的研究》，这本书这样写道：阅读是社论作者的第一位的资源。在所有的阅读材料中，报纸阅读是最明显的一种。他不仅必须读，而且必须系统地储存这些"当前历史"的事实，使这些事件构成有组织的知识，纵向地展示其发展，横向地展示其复杂的关系。换句话说，无论是用每日备忘的记事本，还是用其他更为可靠的记录方式，他必须保持一种"开放状态"，把新闻事实容纳进来。

有句话说得特别好：公众只有短的记忆，评论作者则必须有长的记忆。

公众对一个事件发展方向的判断是根据他们对事件数周、数月正在发展的状况来进行的;而评论作者却必须有宽阔得多的视野。马少华先生因此说:这就是评论作者积累事实的重要意义。在新闻评论中,新闻事实之间的关系,是一种认识性的关系,新闻评论作为一种认识性的文本,就是以"已知的事实"来说明、解释和判断"未知的事实"①。

## 七、对初学评论者的几个忠告

第一,少上评论写手论坛,那上面很浮躁,容易被那种浮躁情绪所感染。应该多上思想论坛,多到微博上进行讨论,演练自己的思想,在讨论中完善自己的逻辑。

第二,不要过于追求发表,当然发表对写作有促进作用。

第三,将自己的投稿与经编辑编过发出来的稿件进行对比。

第四,每天将自己的稿件与其他作者,尤其是优秀作者的同题评论进行对比,认识到不足,学习优秀作者的写法和思想。

第五,少与人争鸣,因为争鸣多是浪费时间,大多数争鸣是各说各话,缺乏高质量的思想交锋。

第六,建立自己的资料库和信息,养成看到有意思的数字就将其记下来的习惯,那些数字说不定就成为某篇文章的有力论据。

第七,读书要记笔记,不要以为在书上画了,那画了的东西就会成为自己的,只有记下来,并一边记录一边与时事结合着思考,它才会成为你的活思想。否则,看过的书基本上等于没看。

第八,多参加各种论坛,不要害怕公开表达自己的观点,要勇于大胆地站起来进行表达。

## 八、培养"付出成本"的阅读习惯

在这里给大家分享一种"付出成本"的阅读习惯,"付出成本"有两个层面:其一,真正有附加值、有营养的信息,需要花钱去购买;其二,真正能给你

---

① 马少华:《新闻评论教程》,高等教育出版社 2007 年版,第 68 页。

带来收获的阅读，需要你身心的专注投入。

现实的情况是，信息已过剩到让人厌倦的地步，但我一直认为，真正有价值的新闻信息仍是稀缺的。而那些真正对我们有价值的信息，需要我们付出成本。成本的一个重要层面是，通过付费获得优质的新闻产品。互联网惯出读者免费阅读的毛病，但新闻生产是需要成本的。我们不能一边抱怨有价值的新闻越来越少，深度调查越来越萎缩，新闻越来越垃圾化，一边却不愿为那些追踪事实、开掘真相、深挖独家新闻的生产者支付哪怕一毛钱。

媒体的责任是生产优质新闻，读者的责任是花钱支撑生产者——不是心安理得地享用免费午餐，而是花钱买报纸去支持原创，付费才能看到高质量的新闻，让生产者而不是复制者受益，才能激励生产者生产高质量新闻。不去支持报纸，而是手机点击和浏览从传统媒体转载的新闻，是纵容媒体业的不劳而获，支撑着"生产者为转载者打工"的不平等分配格局，在打击生产者积极性之下推动着新闻质量的低劣化。

"付出成本"的另一层含义是，阅读是需要专注投入的，跳出熟悉区和舒适区，坐冷板凳花费时间硬着头皮啃一些"对自己而言陌生、专业而难读的东西"。有两种阅读方式，一种是消遣娱乐，翻翻看看，满足感官愉悦，知道就行了，乐一乐，完全不用费脑子；一种是带着思考寻求知识的专注阅读，读一些系统化、理论化的经典，探索未知领域，沉浸于其中并获得知识。前一种阅读其实算不上阅读，只是浅层的信息消费，后者才是能带来知识增长的思想训练阅读，坚硬的阅读。这种坚硬的阅读，需要你能抵抗热闹的诱惑，能排除"功利"和"有用"的干扰，能克服那种刚开始读不懂就想放弃的惰性，要沉浸于其中，要一边读一边思考，而不是被动地灌输别人的思想。

有一句话说得太好了，如果一辈子只读你读得懂的书，那你其实没读过书；如果永远只看合乎你想法的书，你永远只会知道你已经知道的事。现代人的一个问题是，太追求让自己舒服的、不费劲的阅读，把阅读当成一种休闲娱乐，于是那些碎片化、随机化、标题化的手机浅阅读成为流行病，这种浅阅读当然不会提供营养。要想从阅读中获得价值，有必要付出专注的成本，别总指望一分钟让你明白、一张图让你了解、一条微博让你掌握——你不费成本获得的信息多是垃圾。花十分钟深入读一篇报道了解事件的前因后果，花半个小时弄懂某个一直困扰你的问题，花一个小时读一篇严肃的、需要主动投入逻辑思考的文章。没有用心、用脑的投入，你就不会从阅读中获得价值。

阅读就是阅读，是需要全身心投入的。有人把阅读分为浅阅读和深阅读，虽做不到深阅读，但起码可以浅阅读吧？其实阅读并无深浅之分，浅阅读就是白读。我们常有这样的感觉，翻一本书，随便翻翻，没有用心边读边思考，过了一段时间再去翻，一点儿印象都没有了，完全不记得读过这段——虽然某句话下面还用笔划了，可那是自己划的吗？怎么完全没印象了？别沉浸于浅阅读的幻觉中了，没有付出成本的浅阅读等于白读。

看过一个朋友这样教育他的孩子，在他孩子10岁时，他对孩子说：每天看五分钟《中国好声音》《非诚勿扰》之类，坚持十年，你仍将是一无所知的"废物"；每天五分钟，读一点经典，学几句法语，同样十年，你将有一技之长。虽然将《中国好声音》和"名著经典"对立起来有点儿极端。看书看累了，看看《中国好声音》什么的没什么不好。不过还是要提醒大家，不要陷入那种消遣性、消费性的浅阅读中，如果你的阅读建立在这种微信鸡汤、微博段子、电视娱乐、知音故事会、手机碎片化的浏览基础上，坚持十年，你必然是一无所知的"废物"。

白纸黑字是一种知识和信息生产的仪式，严肃的阅读也需要一种仪式感：静心，孤独，专注，啃的心理准备。

## 九、把手机和社交从你床边赶走

睡前不要玩手机，把手机和社交从你的床边赶走。睡前看书，阅读纸质媒介，线性和专注思考有助入眠，看着看着就困了，睡得也会很深。而睡前刷手机、刷微信朋友圈，超链接、碎片化、非线性浮想，天马行空，会越刷越兴奋越不想睡。所以，应该在床边放几本书，把手机从床边赶走，不要在床边给手机充电。

现代人越来越依赖手机，它甚至已经成为器官和肢体一部分，这种依赖带来很多问题。所以我在讲课时常跟学生说，为了工作效率和知识学习，要培养一种"手机－"和"互联网－"的状态，为自己的工作和学习营造一种避免被手机社交干扰的专注、安静环境。

比如，我平常一般都会把手机调成静音，即使不开会、不上课的情况下也是如此。在非值班的情况下，一般是隔两个小时看一次手机，集中回复一些必要的电话、短信和微信，看一些新闻推送。不这样的话，社交功能越来越强大的手机会对工作效率形成极大的干扰,短信、电话、微信、新闻推送等会对你的专注力形成极大的干扰。

还有,看手机信息时须保持自己的定力,清楚自己拿起手机是干嘛的:就是为了看一条新闻,查一个单词,或是为了休息刷几分钟的朋友圈,而不要无节制地"沉浸"其中。可能很多人都有这样的毛病,拿手机就忘事——想着要拿手机办某件事,比如要跟谁联系一下说些正事,可拿起手机后刷几下,就想不起来刚才要办什么事了。一机在手,太多的社交功能分散我们专心做一件事的注意力。各种软件随时弹出的一条消息都会打断你的注意力。打开手机,明明想跟这个人联系下,可那么多碎片和即时消息,很快就让你走神。

手机和朋友圈天然是一个容易让人"走神"的社交工具,所以我一直觉得,手机不离手的人不可能有工作效率。

有人会说,我可以在手机上阅读啊,读书做笔记,看深度好文。手机当然也不是一个好的阅读工具,其本质属性是娱乐和社交,在手机上看书、读文章时,它的社交功能会对阅读形成强大的干扰。阅读和思考需要线性思维,这样才能保持专注,而手机阅读是非线性的,超链接、碎片化、弹幕化,社交功能的干扰让人很难保持对一篇文章和一个问题超过5分钟的专注。

前段时间北大中文系教授温儒敏对学生提出的要求引发了颇多讨论,他说:今年我在山大招收博士生没有录取到合格的学生,学院分配我指导新入学的2位硕士生。日前与学生见面,要求他们第一件事就是少上网,多读书,每天上网包括看微信不要超过一小时。若做不到,另请高就。网上查资料是方便,但不可靠,要警惕"百度依赖症"。现在很多大学生成天泡在网上,还说忙,浪费生命!

手机给现代人带来了很多自由和福利,却也在毁掉人的很多好习惯。手机成为肢体不可分离的一部分,这是一种需要警惕的病。有必要给自己营造一个排除手机干扰的环境,首先将手机从床上赶走吧。

## 十、写字的人离开文字什么都不是

一家媒体的评论栏目办了十年,设置了这样一个有意思的纪念性议题:说说那些陪伴了你十年以上的人、事、物?你和他们有什么故事吗?

这个话题很有意思,吾日三省吾身,回顾十年陪伴,不仅是一次个体生活史的梳理，更是一次在熟悉的事物中寻找生活坐标、从熟悉坐标中认识自我的机会。在这个快得让人窒息的时代，人们似乎已经没有能力慢下来去思考这种"没用"的问题，智者与愚人的差别，很多时候就在于智者常看些貌似"无用"的书思考些貌似"无用"的问题。人们常常厌恶庸常生活的重复单调，可静下来仔细想想，"不变"的事物其实不多。

除了家人，身边还有哪些人、事、物陪伴了自己十年以上呢？本以为可以找到很多，但绞尽脑汁，并没有想到多少"有形"的事物，反而想到的是一些自己坚持了十年以上的习惯。这种反省让我意识到一个问题：你现在做什么、成为什么样的人，能从十多年来你所坚持的、陪伴你的那些东西中找到答案。

我工作快15年了，这十多年以来，一直陪伴我的一件事就是，每天坚持写2 000字以上。飞机上、高铁上、乡下昏暗的烛光下、颠簸的车上、候机大厅的地上，我都写过。有一次赶篇急稿，没带电脑，在手机上敲完2 000多字的评论，把自己都感动坏了。

其实我的工作对我并没有这样的要求，这就是一种习惯——有了想法一定要表达出来。就像很多评论同行一样，无法容忍自己在热点话题上的缺席，这也许是一种对自己挺残忍的职业执念。

有时明明很累，出差途中想休息一下，可打开公号一看后面很多读者留言说"曹老师对孕妇跳楼话题怎么看"，就忍不住去逼问自己的想法，看各媒体的报道，梳理自己的判断。嗯，"扶朕起来，朕还能写"。

很感谢这个习惯的陪伴，它逼着我去关注社会，形成对各种社会问题的"想法"，并表达出来。说实话，我并不喜欢一些读者动不动就问别人"你怎么看某个社会热点"之类的没脑问题，不喜欢这种自己不愿思考而把思考责任推给别人的偷懒提问方式。我喜欢回答那种有自己想法的提问方式，表达自己对某个话题的思考，然后问别人怎么看——我们要习惯跟人交流"想法"，逼自己有想法后再问别人的想法，形成交流，而不是习惯沉默，习惯偷懒，让自己成为无思考、无想法的"脑残"状态，那样很容易盲从。我希望我的读者都有自己的想法，并养成写出来、说出来的习惯。

一个人身上的气质不是变化带来的，而是那些陪伴了你十年以上的不变的事物所塑造的。有人说，长这么大唯一坚持下来的一件事就是每天给手机充电。这样的习惯也许只能培养出一个或是新闻易感，或是新闻无感，或是生活在碎片信息中没有思考能力的"废人"。嗯，养成一个好习惯最好的时间是十年前，其次是现在。

## 十一、培养点评论之外的非职业兴趣

第一次听到"非职业兴趣"这个名词是从我的前辈杨浪老师那里，浪师在媒体江湖中很有名，他当过好几家著名媒体的老总，但他的几本著作却与新闻没有关系，而是地图研究。浪师有收集各种地图的爱好，潘家园旧货市场的很多人都认识那个热爱地图的浪总，手中一有货就立刻给他打电话。浪总是职业媒体人，研究地图就是他的非职业兴趣。浪师的标签有：资深媒体人、作家、诗人、地图收藏家、摄影评论家。

有一次浪师问我，你有啥非职业兴趣？想来想去，非常惭愧，除了写时事评论，真的没有其他兴趣了。这挺无趣的，离开了评论，我似乎什么都不是。我问浪师教学生写评论算不算？浪师说不算，还是属于职业的延伸。浪师让我一定要在评论之外培养一个兴趣。

我开始不太理解，后来看了胡适先生当年给大学毕业生的一次演讲就理解了。胡适在讲话中给将走出校门的毕业生提了建议，其中一个就是"总得多发展一点非职业的兴趣"，他说，总得寻个吃饭的职业，但你寻得的职业未必就是你所学或所喜欢的，工作往往成了苦工，就不感兴趣了，就很难保持求知的兴趣和生活的理想主义，所以应该有他的非职业的玩意儿。往往他的业余活动比他的职业还要重要，因为一个人的前程往往全靠他怎样用他的闲暇时间，他用闲暇打麻将，他就成个赌徒；用闲暇研究历史，也许就成个史学家。你的闲暇往往定你终生。

胡适劝年轻人，只有多方发展业余的兴趣，使我们的精神有所寄托，使我们的剩余精力有所施展，生活就不枯寂，精神也就不会烦闷了。他说，有了这心爱的玩意儿，你就做六个钟头的抹桌子工夫也不会感觉烦闷了，因为你知道，抹了六点钟的桌子之后，你可以回家去做你的化学研究，或画完你的大幅山水，或写你的小说戏曲，或继续你的历史考据。

我觉得说得很有道理，不妨也随性培养一个非职业的兴趣，让自己的心灵在"饭碗"之外有处安放。很多时候我们之所以干一行恨一行，把工作当成负担，生活的郁闷与缺乏这种非职业的兴趣有很大关系。每次见到浪总，听他聊他最新搜集到的地图，讲潘家园淘古董的故事，从眉飞色舞中到感受到他从这种非职业兴趣中获得的愉悦。

　　不为无益之事,何以遣有涯之生,读一些无用的书,培养一些非职业的兴趣,交一些职业之外的玩友,花些时间发发呆,生活也许会快乐很多,评论写作也不会成为一种职业负担。

# 第二讲

# 评论的附加值

> 现在每天纸媒和网络生产出来的评论多如牛毛,在这信息海洋中,让人读你的评论总得有一个理由吧,凭什么读你的而不读别人的,你的总得比其他人的有可取之处,能让人收获一点儿东西,那就是你文章的附加值。
>
> ——作者

既是一个评论版的编辑,又是好几家媒体评论版的专栏作者,许多朋友都问过我,每天邮箱收到数百封来稿,选稿的标准是什么?作为一个评论作者,对自己的写作又有什么要求?其实两个问题是重合的,不论是自己写稿还是选稿编稿,我都坚持一个标准:那就是看一篇评论有没有附加值,能不能超越既有的新闻报道给读者带来附加的信息。

## 一、写评论的要比读者知道得更多

什么是新闻评论的附加值呢?美国佐治亚大学新闻与传播学院教授康拉德·芬克在《冲击力——新闻评论写作教程》中多次提到了这个概念,但都没下一个明确的定义。比如他提到:通过自己的调查研究,社论撰稿人必须对报纸的议题处理有所增益。不要仅止于对消息版的内容加以评论,应该进行给读者以附加值的报道。

我的一个朋友对附加值是这样理解的:他说,评论其实是门槛很高的一种文体,你必须比一般公众知道得多,比如你能透露些内幕消息,或者你就此对相关人士进行过专题采访;否则,如果你跟读者知道的完全一样多,你的评论实际上是很难令人信服的。

从这种描述可以知道，评论的附加值就是那些"你知道得比读者更多的信息"：读者能通过读你这篇评论获得他所不知道或者忽略的信息和知识，你的评论中包含着你独家的信息、独到的判断或者独特的价值认知，或者是读者虽然明白某个道理，但不能像你这样以明白和精彩的方式表达出来。换句话说，让读者读完你评论后产生一种恍然大悟或有所收获的感觉。

举个例子，美国的许多评论撰稿人很牛，一动笔就是"昨天的酒会上，鲍威尔走过来坐在我身边"，"我在参加奥巴马的家庭宴会时看到"，"我在与希拉里闲聊中得知"……这些就是一篇高质量评论的基本要素，看到这些字眼你就能知道这篇评论的分量，里面有许多干货，有许多其他人得不到的独家信息。看这样的评论，当然会让人感觉很有收获，知道了奥巴马的态度，或者那个观点是与希拉里聊天时得来的，多牛啊。

附加值——是"附加"在什么上面的"值"呢？是附加在新闻报道上面的值，即超越新闻已预设的判断和已包含的信息，用你独到的分析告诉读者从新闻中看不出的结论和读不出的信息。这样的"附加值"，正是人们在读了新闻之后还要来读你写的评论的理由。否则，如果你的评论根本未超出新闻已告诉人们的信息，读者凭什么还要再看你的评论？

这里想谈谈新闻与评论的关系。报社领导或编辑让评论员写新闻的时候，有一种习惯性的说法，你给某条新闻配一个评论吧。我最不喜欢听到这个"配"字了，这个"配"字暴露了一些人对新闻和评论关系的认识：在新闻面前，评论只是一个配角，评论只是为配新闻而存在，为让新闻显得更丰满而存在，是新闻的补充，是在新闻之外附着一种观点。买一送一，看新闻的时候，还配送一个评论。许多人潜意识中就是这样认为的。

我是最不同意这种观点的，我一直认为，评论在文体表达上虽然很多时候要依据某个新闻由头，但评论绝不是新闻的附庸。评论，本身即是一种新闻的表达方式，是新闻的兄弟，而不是新闻的"二奶"。新闻，是新的，它提供一种对新近发生的事件真相的报道。评论，它也是新闻，它的新不是表现在提供事实信息上，而是观点信息、价值判断以及基于理性的分析而对未来发展趋势作出的事实判断。它引导人们超越新闻中包含的事实信息，而看到新闻背后更多的问题，提供一种有附加值的新判断，用观点完成新闻无法完成的任务，揭示背后的真相，提起某个议程，敦促权力的反应，从而推进新闻发展的进程。

　　写评论的门槛也正表现在这里，要提出有附加值的观点，你必须知道得比读者更多——而怎么才能知道得比读者更多，从而让读者读了你的评论后"醍醐灌顶""深受启发"或"恍然大悟"呢？这就是附加值所要告诉你的。门肯说过，社论撰稿人存在的理由只有一个：他对某个问题有明确的看法，在该问题上他见识广博，比一般人要知道得多。

　　缺乏附加值的评论表现在两个方面：其一，评论没有提出观点，文章被事实性信息所支配，一直在复述新闻报道中的事实，或者引述其他相关的事实信息，引用别人的观点，这就是常被学界批评的"以叙代论"；其二，虽然提出了观点，但没有超出新闻报道中已经包含的、一眼能看出的观点，每个人看到新闻就能想到的简单道理，再评论就没有价值了。

## 二、建立政治人脉——向李普曼学习

　　20世纪美国最伟大的评论家李普曼有一句名言：从事公共事务报道的记者不能对自己的名誉视而不见，因为名誉不仅是为了满足虚荣心。为了了解世界，你必须与一些人交往，而你的名誉则是与他们交往的唯一途径。

　　李普曼提到的必须交往的"一些人"，当然不是一般的人，而是那些掌握着"公众想知道的信息"的那些精英，尤其是政治精英，政府首脑、政治圈中的上层人物、领导人的智囊、一言九鼎的政治家等。这些人的名字以你朋友的身份出现在你的时事评论中，这些人的话在与你私人交往时（而不是面向每个人的新闻发布会）透露出来，读者能从你的评论中看到你与那些一言九鼎者不同寻常的熟悉关系，你的评论就获得了最令同行们羡慕、忌妒、恨的附加值，也是你的评论读者最为欣赏、最看重的附加值。当然了，这也是美国的评论从业者一个必须迈过的职业门槛。

　　李普曼的意思其实是说，重视自己的名誉，与一言九鼎的政治人物交往，就是为了增加你评论的附加值。

　　正如我在上面提到的，美国的社论撰稿人都很牛，动不动就是"鲍威尔走到我身边""我参加了奥巴马的家庭聚会"，这似乎已经成了美国的社论撰稿人和时事专栏作家的评论中不可缺少的修饰语，这样的"炫耀"证明美国的评论从业者都与政界精英和政府官员保持着一种很好的关系——这种关系亲密到，当发生了什么大事时，他们可以用手机直拨官员最私密的电话，开口就问：亲爱的比尔，你知道吗，今天华尔街……美国政治有这种传统，政府喜欢与评论家交朋友，评论家以成为政治家座上宾为荣，这种传统虽非自李普曼始，却在他身上表现得最为典型。美国很难有哪个评论家能超越李普曼与政界建立的关系。试举以下几个引自《李普曼传》的例子证明李普曼与那些能决定世界命运的政治家们的关系。

约见赫鲁晓夫：他们在头等舱里刚刚坐定，机长就递过来一份苏联大使发来的便笺。克里姆林宫出现危机，赫鲁晓夫正在黑海，他希望能把这次会晤推迟一星期。"这不可能。"李普曼龙飞凤舞地在便笺上批了这句话，他们欧洲之行的计划已定，他要么4月10日如期到达苏联，要么根本不去。第二天早晨，赫鲁晓夫主席传话过来，他将如期接见他们。

与罗斯福共进早餐：1914年春，李普曼终于达到了目的。精疲力竭的罗斯福结束巴西之行后回到纽约，邀请李普曼和费利克斯·弗兰克福特在哈佛俱乐部共进早餐。李普曼写过许多关于工运问题的文章。他自愿为罗斯福起草一份关于工运问题的纲领。这时老罗斯福从餐桌旁边站起来，紧紧握住李普曼的手，对他说，他们现在是志同道合的伙伴了。

与肯尼迪决定国务卿人选：12月6日，在吃晚饭前不久，李普曼接到肯尼迪总统的电话，问他下午晚些时候可不可以来拜访李普曼。一小时内，一大帮特工人员来到这所房子，四点钟，肯尼迪到了。此时肯尼迪总统当选总统后还不到一个月，他是来向李普曼咨询决定国务卿人选的。

可想而知，这样的评论家，他知道得比读者多多少倍，他掌握着多少可以成为头条的信息，他的评论又怎么可能不有着独到的视角。

李普曼一生都在努力建立他的政治人脉，我们能从罗纳德·斯蒂尔著的《李普曼传》中清晰地看到他的努力：进入新闻界未久，就十分注意与人交往，踏破铁鞋寻找政界大人物为伍，以获得更高明的教益和更高的知名度。20多岁起，他用自己的智慧和魅力，通过不同的人际圈，主动与美国最高法院法官等政界名流建立了日常联系，他每天用很大一部分时间参加上流圈的各种社交活动。为了与政界人物保持合作关系，李普曼有时也会以适当的方式迎合一下那些政治家们的虚荣心，以建立更紧密的关系。当然了，早先是李普曼主动攀交政界名流，后来慢慢倒了个儿，他通过与一言九鼎的人物建立联系而使自己成为舆论领袖，评论在读者中有着很大的影响，那些政治人物都"攀附"李普曼了。

中国似乎并没有这种"官员与评论家交朋友"的传统，官员座上宾中最多的是商人，在中国当下的政治语境中，我们的评论家也根本做不到在自己的文章中提到"昨天的酒会上，某某高官端着酒杯走过来坐在我身边"，很难追求这个层面上的附加值，但这应该是社论撰稿人们努力追求的方向，以美国的评论家为师，向李普曼学习，在自己的日常评论生涯中建立自己的政治人脉。

评论员一般都是从记者做起的，从记者时就应该有意识地去建立自己的政治人脉，与政治人物交朋友，在政府和官员中形成自己的信息渠道。我认识的不少中央媒体的记者，因为大报记者或评论员的身份，他们常能接触和采访到高层人物，可惜的是，他们中多数缺乏成为舆论领袖的职业理性，那种高层的政治人脉成了他们走向官场的敲门砖，利用那种关系步入仕途成了领导的秘书或政府宣传官员，或者利用自己的身份优势成为官员和商人间利益交换的掮客（为领导寻租权力找商人，为商人认识领导搭建桥梁），少有将那种政治人脉转化为评论附加值的。

在这方面，当下中国做得最好的应该是胡舒立，这位被外国媒体称为"中国最危险的女人"的《财经》杂志前主编，与高层保持着很好的联系，这使她原先主编的杂志经常曝光一些独家内幕，也让她原先每期"舒立评论"都具有独特的附加值。这位老报人的后代，经常出入高官府第，参加政治圈的社交活动，从而建立了让同行艳羡的高层人脉。

对多数普通评论员来说，胡舒立式的人脉是一时培养不起来的，但在当下的体制空间下，起码能通过有意识的努力，与开明的部委官员、部委新闻发言人等建立比较熟悉的关系和沟通渠道。我们的评论员不能像美国评论员那样"昨天的酒会上，鲍威尔走过来坐在我身边"，起码可以写"昨天的酒会上，某部长走过来坐到我身边"。这不仅是评论的附加值问题，只有与政界、政府保持较好的关系，才能做出真正的高端时政评论，使时政评论突破低层次的价值判断，而有预测性的事实判断和政治判断力。当然了，那样的时事评论也更有权威性。

## 三、亲自去调查——以"接地气"戒除键盘依赖

第二个层次的附加值,应该是自己亲自去调查。你不能向上获得权威信息源,但至少可以向下吧,通过采访获得第一手的信息从而作出判断。如果你的评论建立在自己的调查基础上,那么,也会让你的评论掌握一种信息优势,从而增加评论文章的附加值。

这种信息优势来源于评论写作者调查和采访的功夫。我们中青报《青年话题》编辑在编选稿件时特别注重这方面的稿件,并专门开设了一个叫"记者观察"的专栏,刊登记者在新闻现场或面对新闻人时所观察到的信息和建立在一线采访材料上的分析。不过这样的作者还是太少了,大家都满足于键盘上作出即时的道德判断和价值判断。举个例子说明记者采访时所观察到的比某些评论者在键盘上作出的判断更可靠。

2009年7月19日,针对西南交大副校长博士论文涉嫌剽窃事件该校举行新闻发布会一事,我们《青年话题》刊发了一篇作者来稿,题为《禁止记者入内,西南交大跟谁新闻通气》,根据媒体的新闻报道,批评该校在通报这一丑闻时将记者拒之门外,在大楼入口处,校方安排了三名保安及多名老师"把关",禁止记者进入。该文刊出后,本报驻重庆记者立刻致电编辑说,他是参加了新闻发布会的记者,知道这个作者完全搞错了,纯粹是想当然的判断。记者告诉编辑,当天该校就这起丑闻举行了两场发布会,一场是对校内的通气会,一场是向外的新闻通气会,向记者介绍情况,他顺利地采访了当天下午的新闻通气会,其他媒体的十多位记者也顺利进场。那个作者没好好看新闻,完全搞混了两场通气会,人家内部通气当然可以拒绝记者。

知错就改,冤枉了人家当然得认错。我们后来刊发了本报记者题为《西南交大遭误伤》的评论,评论在澄清后说:我接触过的很多记者和评论者,都仔细查证、小心下笔,生怕弄错了事实和观点,给自己和他人的声誉带来损害。但是,也有不少评论,混淆事实,或者在没弄清楚事实的基础上,就下笔千言。我们发这篇记者来信,既是尊重事实,不避讳我们版面的错误判断,也是一种认错。

从这个案例,可以看到坐在电脑前、依赖键盘创作的时评写作最大的软肋,也看出调查对评论是多么重要。其实,实地和一线的调查给评论带来的

不仅是真实,更多的是通过"接地气"增加你评论的信息,也能让你的判断更让人信服。评论家更多时候应该从键盘前走出来,用脚去写评论。

康拉德·芬克在《冲击力》中也谈到了这个问题,他说:事实上,许多社论撰稿人至多用一两个小时为一篇稿子进行调查,而不是几天、几星期、几个月,或者,像汉森那样几乎花上两年时间。这个问题困扰着许多撰稿人。在1994年佐治亚大学海因兹博士所做的一项全国性实地调查中,58%的受访社论撰稿人认为缺少调查时间是一个主要问题。44%认为缺少写作时间是一个主要问题。一个美国撰稿人说:不应允许任何撰稿人坐在社论部办公室里年复一年、月复一月地自我冥想。他应该走出去同人们接触。

芬克提到的汉森,为了写一组关于虐妻的评论,她经过7个月断断续续的调查、直面的访谈以及对法庭非公开记录的文件和录音带的申请查看,然后才准备动手写作,她的系列社论《占有与伤害》发表后也引起了深刻的变化:虐妻问题成为该州重要政治议题,新的立法获得通过。

我们的时评作者普遍缺少这种调查和采访的意识和习惯,流行用百度写作,看到一个新闻事件后,立刻在百度上搜索相关信息,作出简单的道德判断,然后一两个小时剪贴拼凑出一篇评论。你能从百度搜索到的信息别人也能搜索到,你有的那种道德常识别人也有,读者看到新闻就能预期到评论家会怎么评,看到你的标题就能判断出你会说什么,那么,你的评论怎么能抓住读者的眼球?这样的评论,自然就毫无附加值了。

《北京青年报》评论部主任张天蔚也谈到过评论员"接地气"的必要,他批评说"脱离实际、急功近利是当前时评写作的一大弊端",他说根据长时间编辑稿件的观察,可以清晰地看出大批"时评写手"的工作状态。经常是某条新闻早晨刚刚在新浪网披露,写手的评论已于下午5点之前发至我们及全国数十家报纸的邮箱。这些评论大多停留在以若干公理为标尺,衡量一切发生在中国的现实,而后做出正确或错误、进步或落后的简单判断的层面。这样的判断虽然有价值、公理作支撑而显得理直气壮,但由于距现实太远,往往成为不着边际的阔论。为了让北青报评论员不陷入上述怪圈,张天蔚于2006年提出动议,要求每个评论员每年至少一次走出北京,深入基层进行调研、考察,以增加对社会现实的了解和切身感受。这一动议得到该报编委会的积极支持,也得到各位评论员的积极响应。

走出去必有收获,评论员张天蔚以自己赴青海、新疆各地调查的经验告诉我们。收获的是什么？就是让评论能超越电脑前思考的那种简单判断，而多了许多现实的理性和情怀，这就是附加值。

近年来有媒体提出一个叫"评论记者"的工作机制，比如华中科技大学评论系教授赵振宇就以《嘉兴日报》为基地，探索"评论记者"，对那种过度依赖电脑和百度写作的评论弊端进行反思：评论员不是坐在办公室写评论，而是到采访一线去，像记者通过采访写报道一样，在采访的基础上写评论。"评论记者"是对那种"键盘评论"的纠偏。我倒以为，不必在价值上将评论和记者分开，评论员本就应该是一个成熟的记者，真正厚重的评论本就应该建立在扎实的采访基础上。评论与新闻的区分，并非表现在后者采访而前者不采访，而是表现在：新闻只能不带主观判断、完全尊重现实地作客观描述，而评论须有旗帜鲜明的判断和自己的观点。

## 四、专业取胜——专注领域积累的优势

还有一种附加值，就是文章的专业性，做专家型的评论员，以专取胜，以专家的视野、专业的深度增加文章的信息和价值含量。

举个例子，2010年1月，为促进旅游业的发展，国家旅游局称准备设立"中国旅游日"，围绕"中国旅游日"设立的具体日期，媒体讨论比较热烈。在国家旅游局委托新浪网所做的网民调查中，"3月29日"和"5月19日"两个与徐霞客有关的日期远远高于其他选项并且旗鼓相当，我们收到一位旅游专家的来稿，他从自己的专业角度分析"气候数据支持5·19作中国旅游日"，他说：

> 有关研究表明，最适于人类活动的气候月均温在15℃～18℃之间。在该温度下能使人心情舒畅，精力充沛，即所谓的"康乐气候"。中国地面气候数据中，1971年到2000年累年各月平均气温数据显示，5月份全国除青藏高原、青海的部分地区外，其余大部分地区均温都在15℃以上；而4月份我国东北、内蒙古、河套至四川中部的以西大部分地区月均温都在15℃以下，西藏、青海的部分地区，内蒙古、黑龙江北部（漠河附近）地区的气温仍在0℃以下，大地尚未解冻，不适合出游。

按照气象学入春、入夏的定义,当平均气温稳定在10℃～22℃为春季。浙江省近54年气象观测资料显示,浙江省南部地区平均入春时间为3月15日,出春时间为5月29日;北部地区稍晚,平均入春时间为3月25日,出春时间为6月3日。由此从晚春的气象学定义上再次佐证了"5月19日"作为中国旅游日的合理性。

从全国来讲,3月份冷空气活动仍较频繁,气温起伏大,天气变化快。北方地区还有沙尘暴,江南地区也有春季连阴雨的不利影响,使得很多地方不适于旅游。5月份冷空气活动不再明显,气温逐渐回升,一般情况下灾害性天气较少,天气变化也不像早春那么剧烈,适于安排出行。

另外,从农时角度考虑,选江南水稻插秧以后,中原大地麦收以前为宜。综合各种因素,"中国旅游日"的设立当以不误农时、不悖孝道作为立足点,更应充分考虑气候条件对旅游资源的调节作用。在具体时间的选择上,"5月19日"因其特殊的人文意义和合理的气候条件,应该是最佳的选择。

此文分别从气象数据、气候学、地理学、人文学的专业角度分析,有理有据,让人心服口服。不是专家,没有专业积累,根本写不出这样的评论,这就是专家的优势和专业的附加值。

平时多关注和研究某一方面的问题,多看这方面的书,多搜集这方面的信息,关注多了、写多了,你就能对这个方面的话题掌握比别人更多的信息和更深层次的认知。看到一条这个领域的相关新闻时,利用你的专业积累,旁征博引,信手拈来,横向比较,纵向比较,纵横捭阖,由此及彼,从现象看到本质,自然能作出更有深度和权威性的判断。一个对气候仅有常识认知的普通评论作者,与一个长期关注气候变化并以此为业的专家相比,评论事关气候的话题时,根本不在一个层次。美国大选的话题,让社科院美国所的研究员评论,和一个对美国的认知完全从新闻中得来的评论者比,人们当然更愿意看前者评论。因为评论者从新闻中看到的,读者也能看到,而美国所的研究员在日常研究中掌握的信息就多出读者许多倍。

一个对美国媒体的评论版有较多研究的朋友跟我说过:《纽约时报》、《泰晤士报》的专栏作家都具有相关专业知识,他们的写作,整体上看局限在某一领域。例如《纽约时报》专栏作家、《世界是平的》作者托马斯·弗里德曼,主攻的方向是国际。由于特殊机制,弗里德曼有机会也有财力可以飞遍全球游历、采访和研究。

专家坐了十年冷板凳,你只在电脑前坐了十分钟,高下立见。那十年的冷板凳,积累的就是附加值。

《新京报》就将这方面的优势用到了极致。该报评论版主编王爱军称其为"专业判断"的优势——普通时评作者仅仅停留于浅层次的价值判断,而专家则能通过自己的专业优势作出"专业判断"。顶级的专家大多在京城,《新京报》评论部与京城各领域的专家保持着很好的关系,并建立了专家的档案库。比如房产方面的话题,就邀请房产专家写,美国大选的话题,就请美国研究专家写。为了吸引专家写稿,他们建立了特别的稿酬制度,专家的评论附加值高,稿费当然应该高一些——评论的附加值能给作者带来附加利润。专家给评论版增辉,报纸也给专家提供了在公共事务领域发言的平台,这是一种双赢。许多专家都愿意给媒体写稿,因为总关在书斋中会越来越迟钝,而为媒体写时事评论则能将自己的研究与时代和社会结合起来,保持思考和思想的敏锐和敏感,让自己的研究在时事关注中更有现实情怀。

这样的专家,被称为"媒体公共知识分子",比如贺卫方、葛剑雄、张鸣等,他们的时事评论远比他们的专业研究更加有名。专业研究的影响局限于对专业感兴趣的小众,而时事评论通过大众传媒传播后,能产生非常大的舆论影响。比如,历史学教授袁伟时一篇谈义和团的文章,发在专业学术刊物上毫无影响,而发在《中国青年报·冰点周刊》,却像给舆论扔进了一颗炸弹,引发了一场轩然大波。

评论员当成为专家型的评论员,而不是什么事都能说几句却说得很普通的"大明白"。我与《华尔街日报》的评论员有过交流,他说他们的评论员都是有分工的,这个关注国际,那个关注白宫政治,还有经济、文化、社会,都有较细的分工。他们招评论员时,本身就有专业背景的要求,相关领域的专家才能成为他们的专栏作家和社论撰稿人。一个人长时间专门关注和研究某方面的话题,你当然会作出超越一般眼光的判断,专业身份也会让人信服你的判断。而中国当下的评论员制度就缺乏这种专业分工,评论员基本是万能的,什么新闻都让一个评论员去评——评论员又没有那么多时间去调查,只能临时抱佛脚地搜集相关信息,评论自然停留于一种较低层次。

专家型评论员，并非要求评论员一定成为专家，而是要求在长期写作中相对集中地关注某一领域或某一问题。比如我们《青年话题》，就有不少虽非专家，但长期关注某方面话题的作者：上海作者晏扬长期关注中国的教育问题，他写出来的教育评论就高人一筹；广东作者洪巧俊长期关注三农问题，从农村走出来，当过数年农民，进城工作后又常回农村调研，持续关注三农问题，这自然使他关于农村话题的评论有了一种"专业判断"的附加值。

## 五、亲身经历讲故事——"我"的附加值

作为一个评论编辑，我并不喜欢看那种站在云端上玩弄宏大概念、谈论大问题、空泛地抽象说理的"大话评论"，而喜欢那种放低身段、脚踏实地、从自己熟悉的身边小事和切身经历说起的"小我评论"。从自己的经历讲故事，能让文章有一种"我"的附加值。

"我"的故事，"我"的经历，说出来与大家分享，让大家在生活的"共鸣"中悟到一个道理，这就是"我"的附加值。

比如山西王家岭矿难时我编过一篇稿件。2010年3月，山西王家岭煤矿发生透水事件，数百名矿工困于井底，经过努力营救，100多名矿工获救，这是中国矿难史上的一个奇迹。对这次营救，许多作者都发来了评论，评论"奇迹是怎样产生的"。我只选了一个叫李北陵的作者的稿件，他文章中这样的字眼打动了我：

> 当前日从媒体上获知，王家岭矿深处传来敲打管道的声音和呼喊，曾在煤矿经历过许多险情的我就确信，因于井下的工人定然有着超常的生命力……
>
> 记得30年前，我所在的煤矿采面发生大垮塌，一位老工人凭着经验，在垮塌发生的瞬间，利用采面未倒的支柱，迅速抓来身边的排花和竹片筑起一道护身墙，一直半蹲着等待……
>
> 亲身经历的这个事件，让我确信，仍困于王家岭矿井深处的工人，有一个坚定的信念……

一般的作者只能停留于常识和常理的浅层角度来分析矿难救援，而李北

陵曾是一个矿工,而且遭遇过矿难的险境,他这种从"我"的经历说起的评论,自然就比一般评论知道得更多,他更理解井下矿工的生命状态,更知道救援是怎么一回事,说出来的道理,自然就更能让人信服了。于是,我编发了他这篇题为《王家岭的生命奇迹凭什么可以期待》的评论,产生了很大的舆论影响,第二天几大新闻网站的评论头条转载的都是这篇文章。

中青报《青年话题》专门设立了两个这方面的栏目,"校园来信"和"百姓说话",鼓励评论作者从自己身边的事情说起,以自己的经历为评论由头。

如今许多学生在校园中就开始写评论,我常跟他们讲,你们不要动不动心怀天下,写那些事关金融安全、三农问题、政治改革方面的宏大评论,最好还是从身边校园内的事务、自己最熟悉的事情写起,金融和政改,你的认知水平还停留于很浅的层次,写这样的文章你只是从网上搜一些资料写,写不出什么新意来。而谈你身边的事情,学术腐败,校园民主,发表论文的经历,评奖学金的过程,大学生的思想状况等,你很熟悉,又有亲身经历,这样的话题才是你的优势。写这样的话题,你的评论才会有附加值。

从事评论写作的人来自各行各业,有医生、教师、公务员、农民、白领、律师、记者等,医生写教育改革的文章,我不会抱什么期待,教师谈医改,我也不会感兴趣,而一个医生写医改,我就会多看几眼,就是看重那种"我"的附加值。比如,广州一个叫梁剑芳的时评作者,他是当地某医院的一个医生,我编过他一篇为"医生篡改病历"辩护的文章。医生篡改病历,人人喊打,我为什么愿意听他的辩护呢?因为他从自己从医的经历谈很多时候改病历的无奈,说得非常有道理,起码说服了编辑。文章刊出后,获得了很好的社会反响,让许多病人明白了医生的苦衷,不能把棍子都打到医生身上。

我写评论时,也注重这种"我"的附加值。比如,为了批评如今的网络炒作,揭露如今许多热点都是策划和炒作出来的,我就以自己一次被邀请参加炒作的经历为例来说明问题。

某天邮箱收到一位自称某策划公司张某的来信,说从某媒体看到我的专栏评论,想结识云云,给了MSN让加为好友。加为好友闲聊几句后就说:我们正在为一个网络客户策划网上宣传,希望在本月中能有平面媒体的声音。我稀里糊涂问什么项目,他说:"由于是话题炒作,所以比较适合做评论,看您是名报评论员,很了不起啊,因此冒昧打扰。"他接着问我在哪些报纸写评论专栏,我如实相告。他说:"太好了,你能把评论在这几家媒体都发布吗?那几家媒体都是我们的目标发布媒体。"我还是没搞清楚干什么事,他终于开始跟我讲细节:"大概给你介绍一下这个项目的操作手法,大概在这个月10日左右,就会有一段视频曝光,然后就是网络进行话题炒作,然后就需要平面媒体对此发出一些声音。"

我把这段经历写进《利用网民愤怒已成为一种产业》的评论后,以"我"的经历为文章增加了附加值,既以亲身经历让人明白了网络炒作是怎么回事,又增加了评论的说服力。

《南方都市报》曾向读者征稿"在场评论",他们是这样定义"在场"的:评论的事情不一定是重大公共事件,您身边发生的小事情也可,但不管大事小事,都必须是你亲自参与或体验过的,或者与你切身相关的(比如你是当事人的邻居、亲友、报道该事件的记者、处理该事件的官员,乃至经历过类似事件的人)。在场,就是用"我"在场/围观的视角去写评论,追求的就是这个层次的附加值。

当然,"我"的经历在阐释一个道理时可以用,但在作为逻辑推理中的论据时,就要慎用了。这种纯粹个人的经历,如果具普遍性还好,如果仅仅是个案,用你的经历推断出一个普遍的公理,就缺乏公信力了,论证效果就会很差。

## 六、超越道德判断产生的智识附加值

我到中青报写的第一篇"上了头条"引发很大舆论影响的评论,应该是那篇《我们看着日本 世界看着我们》。评论所产生的舆论冲击让我感受到了作为一家大报评论员"意见领袖"的影响力,同时也体验到了评论涉日话题的危险,感受到了如果没有强大的内心,真不敢当评论员。

2004年,中国举办了那年的亚洲杯足球赛。由于历史的恩怨,中日交战的比赛总弥漫着一股很不友好、充满火药味的氛围。决赛是中日对抗,网友的帖子一个比一个激烈:我无意煽动人们的反日情绪,我只是无法忘记那段历史;体育精神没有国界,可人的感情是有国界的;我们球迷有表达自己感情的权力;我要在决赛上多贴反日标语,多"嘘"日本人——球迷的躁动通过网络论坛迅速地传播和膨胀。此次在重庆的比赛中,中国球迷已有过很不友好的表示,甚至外交部都介入表态:"中方期待着中日球迷能在8月7日非常文明地欣赏到一场精彩比赛。"

刚进入中青报没几天的我接受了一个写作任务,引导中国球迷理性观赛,不要在球场上发泄仇恨。中青报以能尽最大限度地给年轻人创造机会而在媒体界闻名,只要你有能力,能够抓住机会,总能脱颖而出。我在《中国青年报》工作十年,七次获得中国新闻奖,很多都是前辈对后辈的提携,把推荐的机会尽可能地让给年轻人,让年轻人在业界去"挣名气"。

怎么写这样的评论呢?领导并没有给我什么条条框框,而是让我自由发挥。虽然刚到中青报不久,但对它的气质和文化还是比较了解的。绝不能像某些党报、机关报那样,写成一篇充满说教和灌输意味的文章。其他媒体写成官样说教文章,公众不会当回事,因为公众根本不看,但如果中青报写成那样,就肯定被骂得体无完肤了(因为读者对中青有期待,觉得它跟那样官派十足的媒体不一样)。每逢大事,媒体有与《人民日报》"对版"的传统,著名报人、刚退休不久的中青报前总编辑陈小川有一句很牛气的名言:我们也要与他们对版,但对版绝不是为了一样,而是为了不一样。中青报有自己的特色和个性,年轻人的报纸就要敢于不一样。

很多官媒肯定会对球迷说教一番,站在道德高地用那些大道理去做"舆论引导"。我知道这样的评论肯定会引发抵触,扪心自问,说服不了自己,何以说服得了别人?我后来的立意是:我们看着日本,世界看着我们。回避了讲"文明观",首先对球迷的情绪表达了理解,然后苦口婆心地提醒球迷:作为一次国际体育盛会,亚洲杯的决赛决非两个国家的事,观众并非只有中国人和日本人,全世界的人都可以通过卫星的传送看到现场直播。退一万步讲,即使我们可以不尊重日本人的感受,但我们能够不在乎自己在全世界人民心目中的形象吗?我们是东道主,邀请客人来踢球,却在球场上"嘘"请来的客人,会严重影响中国人的大国国民形象。

因为角度的新颖和说理的诚恳,这篇评论发表后立刻成为热议的焦点,很多网站都把它放到了头条的位置。第一次"上头条",体验到了中青的影响力。我知道自己有几斤几两,网站看重这篇评论,并非写得多牛,而是这篇文章是发在《中国青年报》头版,意味不一般。后来副总编辑毛浩访日时,很多日本媒体同行竟然都看过这篇评论,并表达了对中青报在中日问题上这份理性的敬意。

## 七、耐心论证带来的观点附加值

给学生讲新闻评论的时候,我常说的一句话是:不要把自己的评论降低到网络跟帖的层次。网络跟帖很多都是情绪,即使有观点,也没有论证,所以是"不讲理"的代名词。对于时事评论,想到一个论点并不难,难的是你能不能去论证它,论点的说服力依赖于论证的有效性。

很多评论都染上了一种霸道的强迫症,带着一种真理在握、勿庸置疑的口吻强迫别人接受——没有论证的耐心,急于让别人接受自己的观点,没有倾听不同观点的心理准备,没有一种"假如别人更有理就会接受别人观点"的准备。有些人常抱怨公众不讲理,自己讲的理为什么别人就听不进去。其实没有说服不了的公众,关键是你没有论证和说服的耐心,只有缺乏说服力的论证。

今年我获得中国新闻奖的作品《防范和克制我们的灾难情绪》,就是通过有力的论证,让情绪化的公众看到自己身上的问题。浙江余姚发生水灾,全城被淹,公众习惯性地把矛头指向政府,认为政府预警不力、救灾不力、善后不力,甚至发生了围攻市府、迁怒媒体等群体性事件。这种语境下,我知道讲大道理是没有用的,空洞的"让市民冷静"的呼吁起不到作用,只会激起抵触。

我通过讲一个故事,让情绪化的公众看到了自己在陷于情绪中所带来的误判。有网友爆料称:余姚三七市镇某领导下乡视察水灾,某领导因穿高档鞋子,迫不得已由年近六旬的村书记将其背进灾民家里——水灾汹涌下民众苦不堪言,穿着高档鞋来视察的领导却让六旬书记背,这消息自然在舆论中炸开了锅,当地也在舆论压力下迅速严惩了那位干部。可据媒体最新调查称,那位干部穿的是布鞋而不是高档鞋子,也不是耍官威"骑"在村民身上,而是两人关系很熟很好,互称"小哥"和"小阿爸",纯粹是开玩笑背过去的。

这个新闻故事本身就是一个有力的论据,让狂躁的网友看到了自己的问题。那张误导公众的照片其实有很多破绽,所有的"事实"都是网友想象出来的。当然,这个新闻故事虽然很有代表性和典型性,但只是一个"孤证"。学者余英明提醒做学术的年轻人:不要犯上近代学者钢筋(观念架构)太多,水泥(材料)太少的毛病。有次与清华新闻学院教授史安斌一起参加一个评奖,史教授也批评很多学生论文：手持孤证，包打天下。一个孤证就能洋洋洒洒写一篇论文。其实时评中的毛病也是一样，孤证成文，无视反例。为避免孤证，我又举了雅安地震中几个被误读的案例来强化文章论证的效力。

我在评论中还提出了一个概念：灾难情绪。评论之所以能提起议题，原因正在于能提出一个让人"眼前一亮"的新概念，用能让人会心点头的新概念去揭示新现象或新问题。我的定义是：灾难来临时，舆论会弥漫一种与平日不一样的"灾难情绪"，这种不冷静的情绪如果不得到防范和克制，会滋生很多冲突，带来很多与自然灾害伴生的"次生社会灾害"。一方面源于弱小、弱势的人们在自然灾害前的惊慌，另一方面源于对政府工作习惯性的不满。这种灾难情绪会驱使民众带着放大镜和"找茬"心态去解读官员的一言一行，官员言语稍有不慎就可能引发强烈的反弹。灾难舆论场中的人们心态比平常要敏感和脆弱很多，容易被激怒和点燃，也容易发酵成集体的不满，将对灾难的不安和伤痛都转移和发泄到一个假想的"稻草人"身上大加鞭挞。

论证的耐心表现在，不是简单地批评那种非理性情绪，而是发现支持情绪背后的社会问题和大众自身没有觉察到的病症，从而产生说服效果。据后来当地政府部门称，这篇评论对引导民众的灾难情绪起到了很好的效果，对扭转舆情起到了正面作用。

## 八、"同情的理解"带来的情感附加值

很多人对评论的理解就是"批评"，对评论员的印象就是"啥事都评啥事都批评"。甚至有人调侃说，要想成为评论员，心理要足够阴暗，这种阴暗能使其从任何事情中挑出毛病。

将评论简单化为"批判"，这当然是很肤浅的。这种肤浅的认知来自人们对一些评论的印象，喷子式评论看多了，他们就很厌烦那种"见啥骂啥"的恶劣文风。喷子式评论就是那种典型的"网络式乱骂"：房价高骂开发商，看不起病骂医院，上学贵骂大学，航班延误了骂空姐，产品不合格骂代言人，道路拥堵骂开车的人多，治安不好骂外地人，贫富差距大骂改革，油价涨了骂市场，道德滑坡骂金钱，官员做事骂炒作，腐败横行骂贪官，骂公知、骂汉奸、骂愤青。见啥骂啥，这些人以骂来塑造斗士和批判的姿态，可很少扪心自问一

下骂得对吗,骂得符合逻辑吗?

虽然我觉得时事评论在社会分工和文体定位中确实是一种批判的文体,歌功颂德的工作有太多的人在做,时评就是要挑刺。但批判不等于乱骂,需要有批判的耐心。我一向觉得,批判是很容易做的事,张口就来,难的是,批判要以逻辑和论证赢得别人的认同,如果一种批评甚至能让被批评对象心服口服,就能充分体现论证的力量。

前年的时候,有网友微博爆料湖北来凤县一高中为考上清华的学生立塑像,雕像下有长长的碑文,介绍他的出生年份,高考时的分数,还称"他开创了来凤教育的新篇章,书写了平民教育的神话"。此事引来无数网友的吐槽。这事儿确实有不少可以吐槽的地方,简直就是一场滑稽的闹剧。考上清华就立塑像,显得学校过于功利和急躁;为大活人立塑像,显然过于愚昧和夸张。网上对来凤一片讨伐。

我写评论有个习惯,不仅看记者写的报道,还会通过信息搜索看看相关背景资料,避免被记者和网络牵着鼻子走。我查了一下来凤县,发现"湖北省扶贫办"对这个地方的介绍是:来凤县属国家重点贫困县之一,2010年,农民人均纯收入3 240元,仅相当于全国平均水平的54%,农民人均纯收入低于2 300元的贫困人口11.34万人,低于1 196元的贫困人口10.056 5万人;来凤县农村贫困发生率达到42%,比全国平均高出25个百分点;来凤县地处山区,大部分地区靠天收,来凤县的大部分乡镇处在山大沟深的边远山区。

当一个评论员了解到这个背景,读到了这段对这个国家重点贫困县的描述后,就不会带着强烈的优越感那么肆意地嘲讽当地为考上清华的状元立塑像这种看似疯狂的行为了。在一个发达的城市,人们不会把考上清华北大太当回事,毕竟每年太多学生进入这些学校了;在一个发展机会很多的地方,人们也不会如此崇拜高考状元和迷恋清华,经商、求学,人们有很多向上流动和改变命运的通道。可是,我在评论中写道:那些正在星巴克里喝着咖啡浏览着网页时而发出笑声的朋友,这是一个国家重点贫困县,这是一个农民人均纯收入仅相当于全国平均水平一半的地方,这里大部分人靠天吃饭,设身处地想一想,也许就能想到他们寄望于考上名校改变命运的急切,理解他们"书写平民教育神话"的迫切。

我举了这样一个案例来说明我们需要学会"同情地理解",需要尝试站在别人的立场去思考:记者在中国某贫困山区采访时看到孩子的母亲给孩子泡方便面,记者对那个母亲说,以后尽量让孩子少吃这些油炸的速食垃圾食品。孩子的母亲说:"没关系,不经常吃。但是每年都会给孩子煮一次,因为今天是孩子的生日,其实我们根本舍不得吃。"

站在一个道德高地上去批评,是太容易做到的事,但理解却需要能力,评论员不能失去这种"同情的理解"的能力。理解并不是为了妥协,不是让批评虚无化,降低批评的尖锐,而是让批评建立在一个有人情味的基础上,没有情怀的批判是只会毁坏人心和激发对抗的冷漠。

我与不少被我批评过的对象最后都成了好朋友,他们觉得我的评论不是那些胡说八道为骂而骂的恶评,说到了真正的痛处,触及实际问题,他们愿意接受批评。其实,很多官员和地方政府并不排斥批评,他们怕的不是批评,怕的是那些不了解情况就乱下判断的瞎评、乱评,这些瞎评往往在网上还有很高的人气,让他们头疼。

## 九、洞察社会细微变化带来的思想附加值

当评论员的时间长了,评论写多了,会成为"时评油子",对一些社会问题的判断会形成很多套路和教条。一看到某个事件,就会条件反射般想到某个论点。这种套路迎合着评论员的惰性,无需多少思考就能得出一个论点,方便实用,却毫无营养可言:一,对知识生产不负责任,对自己是一种重复,不用动脑子;二,对读者不负责任,毫无附加值的观点既浪费版面又浪费读者时间;三,对社会问题不负责任,快餐式的观点淹没对深层次问题的洞察。

所以我一直提倡,在动笔写评论之前,要学会否定那些快速涌现在自己脑海里的观点(这种"第一反应"往往都是迎合你思考惰性的教条,每个人也都能想到),学会在别人停止思考的地方再进一步去思考。这样才能突破表层,深掘其背后深层次的现象和问题。对读者来讲,最容易的事是放弃阅读,如果评论缺乏一定的附加值,很难留住读者。

我写过一篇评论,题目叫《从医生、记者到公知——传统精英职业在中国的下流化》,从碎片化的社会热点中看到了一种耐人寻味的社会现象,将个案上升为普通问题。每个人都能看到的社会热点是:医生在当下中国社会中被"妖魔化"了,医患冲突不断,医务工作者的形象很糟。如果停留于分析医生形象为何被"妖魔化",格局就很小,也很容易走进套路。

深入分析后我发现，不仅仅是医生这种职业被贬低，过去那些带着神圣光环的精英职业群体，在今天都面临着巨大的形象、声誉和"下流化"的危机，被拖进了一个受到大众排斥和仇恨的舆论漩涡中，典型如医生、教师、校长、记者、专家和公共知识分子。这些职业在过去的评价都很高，受人尊崇，但今天甚至都成为骂人的称呼了：你们全家都是"校长"。

从"个案"到"现象"的认知，就需要发掘和分析的耐心。我分析了以下几个原因：一，现代化祛魅，世俗化让传统赋予这些职业的神圣光环被无情剥离；二，消费社会使顾客成为上帝；三，期待太高，相对堕落感最强烈；四，网络使权力资本发生转移，大众成功实现对精英的逆袭。

评论员需要对社会现象有这种敏锐的洞察力，从别人察觉不到的静态和正常中看到微妙的变化，从别人的习以为常中敏锐地看到问题。社会的很多变化常常是很细微的量变，评论员要能用自己的触觉捕捉到变化后质变的前奏。评论员提供的产品不是用道德演讲去迎合民粹、民愤，而是提供对社会变化和变革的洞察与认知。比如，我写的评论《慎说"腐败只是个别"是倒逼出的清醒》就是观察到官方以往经常说"腐败只是个别现象，多数官员都是好人"，但现在很少这么说了；《"反腐规律"的失效与法治的胜利》就是觉察到舆论过去总结出的很多反腐败规律，如"刑不上常委""名字出现在党报上就很安全""退休了就安全了"，等等，在高压反腐的今天都失效了。

# 第三讲

# 评论的表达效率

> 1935年8月,当时正在天津《大公报》工作的萧乾接受了总编辑张季鸾让他写一篇关于开学时勉励师生的社评任务。结果稿子没通过,不能用。萧乾从张季鸾办公室拿退稿时问:"张先生,学着写社评应该看些什么书?"张季鸾沉吟了一会儿说:"《佛经》。"张季鸾之所以向萧乾推荐《佛经》,主要原因可能就是让其学习文字的简练和浓缩。
>
> ——邵华泽《同研究生谈新闻评论》

每种文体都有区别于其他文体的特点,时评这种文体,它区别于其他文体最大的特点,应该是它对表达效率的要求。作为一种公民表达的实用文体,表达效率是最优先的价值,优先于它作为一篇文章的文本价值。

## 一、公民表达的实用文体

关于时事评论,香港著名评论人梁文道在接受媒体采访时有这样一段论述,他说:很多人在谈论时评人时,会认为时评没有思想性,比起学术论文或学术著作,它可能没有那么深刻;比起文学作品,时评又显得浅薄短小,时评写得快,出得快,过时得也快。时评潮流甚至被当成我们这个时代思想力度浅薄化、文学轻薄短小化的趋势。这种说法恰恰表明了不少人对时评是多么的陌生。

我很认同梁文道对时评的理解。拿时事评论与文学作品的文学性、学术著作的深刻性、学术论文的思想性、散文的美感、小说的故事性比,对时事评论是很不公平的。反问一下,又有哪一篇学术论文、哪一部学术著作、哪一本小说能像一篇成功的时评那样,对时事的发展和社会的进步起到过那种立竿见影的、即时的推动作用,以短短的千字文而对人们的认知、舆论的取向产生那么大的影响?每一种文体的社会功用是不一样的,它们承载着不同的文体使命,时评的核心在"时",应时而生,为时而作,其作为一种文体的使命在于公民表达和影响时事,"表达"和"影响"是关键,而不能用对其他文体的审美来苛求时评。

梁文道说得很好:我们看别的国家,也有很多非常有名的时事评论家,但从来没有人会说这些时事评论家的思想深度不及某个大师。他们干的是不同行当的事,拿他们进行比较,就无异于要求一个计程车司机开车要像F1车手。

时事评论不同于散文、小说、论文,甚至不同于杂文,它是一种公民表达和影响时政的实用表达文体,是公民介入公共事务的一种方式。它的价值不在于其文学性,不在其是否能流传后世,也不在于它有多大的思想内涵,它存在的价值与时代紧密相连,最大功用就是通过表达影响和推动时事的发展。

常有人嘲讽时评快餐式的生产方式和它的速朽,第二天就随报纸一起被扔进垃圾桶了,没有几篇的生命能超过两天,更遑论流传后世了。这恰恰就是时评的特点,时评确实是速朽的,但只要它在其生存的短短一天中起到了公共表达、影响社会、推动社会的作用,那就足够了,时评的任务就已经完成了。时评文章有流传后世的经典力量,这恰恰是时评失败之处。隔许多年后将时评拿出来赏阅,发现其仍有现实批判价值,这也许是文章的大幸,却是时代的大不幸。10年前批判的问题,10年后翻阅旧文时发现问题依旧存在,这难道不是时评的失败吗?

时评的文字优美不优美,对一篇时评也不是最重要的。一篇评论在文字和语言上也许略显粗糙,但只要把道理说清楚了,就已经实现了它的传播价值。时评不是用来让人边喝茶边品赏的,而是公民表达的工具,表达功能远高于其文字审美功能。

当然了,我说这些,并不是排斥时评文字的优美、思想的深刻和文章的精致,而是谈时评作为一种文体最重要的品质。如果一篇评论,它有非常优美的文字,思想有学术论文一般的深刻,又有如散文那样娓娓道来的从容,像小说那样引人入胜,当然非常好。比如林达夫妇的评论,就有这样的魅力。可这些不是衡量一篇成功的时评最重要的标准，在评判时评的价值次序上，这些都居于次要位置，或者说，这些都是服务于"最有效率地表达和最大限度地影响时事"这个核心功用。

在一个多元、自由、开放的公民社会，不可能人人都是作家，作家需要高超的叙述能力，不可能人人都是专家，专家需要专业的知识素养和精深的探索，也不可能人人都是思想家，思想家需要智慧的心灵和对人情世故深邃的洞察力。——可，人人都需要表达，当遭遇不平时需要表达，当看到丑恶侵犯公益时需要表达，当感觉公共道德受到恶俗的玷污时需要表达，当听到不同观点大行其道时需要表达。所以，人人都是时评家，时评成为一种公民表达和影响时事的实用文体。作为一种大众表达文体，一种公众进行意见传播和观点交流的实用工具，我们不能用那些"精英文体"的要求来度量和苛求它，只能以庸常的智识和一般人就能企及的规范来要求它。否则，设置过高的写作和表达门槛，它只能沦为少数精英的特权，"公民表达"的功能就会丧失，公共性就会大打折扣。

接受了时评是一种公民表达和影响时事的实用文体，那么，时评面临的最基本的问题就是，如何使你的表达更容易让人接受，如何让你的评论更能影响时事，如何让你的文章更实用。这就是我想谈的：时评的表达效率。

## 二、最短时间最快理解你的观点

所谓效率，就是付出最少的成本获得最多的收益。读者读一篇评论，他所需要投入的阅读成本无非包括时间和脑力，收益则包括增长了多少知识、获得了多少信息、接受了多少观点。一篇评论的表达和传播效率就是，用尽可能少的文字、以最容易理解的表达向读者传播你的观点。尽可能少的文字，是为了不占用读者更多时间；最容易理解的表达，是为了不让读者投入过多"理解成本"。

时评是一种报刊文体，报纸版面的容量，决定了时评不可能像学术论文那样，可以动辄洋洋洒洒下笔数万言。还有受众的读报习惯和阅读期待，这也决定了时评的篇幅和字数，只能是千字文（一般千字左右，不超过两千字）。人们读学术论文和专著时，一般都会深阅读，会专心致志地投入更多的时间和脑力。而读报刊文章时，多数人则是浅阅读，不愿意投入较多的阅读成本。

所以读者在阅读评论时是没什么耐心的,他们对一篇时评文章的耐心和注意力也就保持在千字以内。

文章只有千把来字,用短短的千字文把一个观点说清楚,这就需要你的表达非常有效率。下面就具体谈谈时评的表达效率在宏观上的要求。

首先是文章要开门见山、直接地表达观点,不能含糊其辞,不要拖泥带水,也不能绕来绕去,最好刚开始就要让读者读到你旗帜鲜明的判断。论证也最好直接明白,用直笔,而不必用曲笔。文章本身很短,要尽可能地直接地表达观点,一针见血最有效率。间接、含糊和曲笔既影响了意思的表达和观点的传播,又浪费了文字。

我觉得,一篇评论,如果读者读了300字还读不到你的观点,还不知道你到底想说什么,你这篇评论基本上就失败了。因为有人专门做过调查,一般人在读报时对一篇文章的注意力也就能保持一分钟左右,如果一篇文章在300字内不能吸引他、勾起他继续读下去的欲望,他的眼球很快就跳到另一篇文章上去了。你后面的观点再深刻和独到,读者也没有耐心继续读下去。特别是现在大家每天接受的信息越来越多了,那么多报纸,网络信息更是海量的,评论文章,很大程度上就是一种表达效率的竞争,观点一定要旗帜鲜明,不要绕。

现在不少人很不喜欢看杂文,因为杂文绕来绕去表达太没有效率了,文章就1 000字,写了800字,观点还没有亮出来,还不知道作者到底想表达什么,谁还有耐心跟你绕下去。中青报原来有一个杂文专栏叫《求实篇》,10年非常受欢迎,不过有评论版就渐渐淡化了这个栏目,最后撤销了这个栏目,就是觉得杂文已经过时了,绕来绕去太没有意思。《南方周末》也是如此,长平说,他编《南方周末》头版以后,逐渐淡化了《周末茶座》,原来是个杂文性的栏目,他希望它让位给真正的时评。他说,中国现在的舆论环境已经进步到可以正经八百说话了,不需要再藏着躲着绕着弯子生闷气。杂文家如今都在向时评转向,我觉得转得最好的是鄢烈山,完全转化成了时事评论那种直话直说讲究表达效率的方式。

前几年评论界曾讨论过时评的勃兴和杂文的式微这个话题,杂文家很失落,甚至对兴盛的时评破口大骂,称这种既无文采、又无思想的快餐文体毁了杂文。——这种批评是不对的,杂文之所以日渐式微,《杂文报》之所以在实质上已经变成"时评报",不是时评谋杀的结果,而是时代的发展对评论文体的要求使然,是市场化媒体为顺应和满足时代表达方式而作出的调整。老一辈的杂文家应该顺应这种新的、有效率的表达要求来改变自己,而不能抱残守缺,守着传统杂文的路子把新文体当成敌人。在这方面,杂文家鄢烈山在文体的转变上就做得非常好,既能发挥杂文之长,又能吸收时评表达之长,兼收并蓄,这使他在时评兴盛的时代仍担当着舆论领袖。而一些20世纪八九十年代曾经风光过的杂文家,由于不识时务和故步自封,难免被边缘化了。

## 三、切忌信马由缰的发散性思维

马少华在谈"新闻评论的思维特征"时谈到,新闻评论的评论思维属于收敛型。收敛所体现的思维的集中,第一是集中于对象——也就是新闻事件,第二是集中于论点——也就是集中于对新闻事件的判断。这是同一个方向上的运思,而不是像发散性思维那样,由一个对象到另一个对象。

时评写作需要收敛性思维,而不能是发散性思维,这是由时评的表达效率决定的。在千字内要把一个观点表达清楚,就需要你的表达非常有效率,不能啰啰唆唆,不能信马由缰想到哪里说到哪里,不能在一篇评论中说几个观点,更不能为了比较全面就什么都想说,而必须集中所有的材料和论据、逻辑和推理去论证一个观点,这就是"收敛"。

举一个例子,比如2010年两会期间一位政协委员提案建议"全面取消社会网吧,由政府办公共网吧",我写了一篇评论,题目叫《取缔网吧:比一刀切更好笑的是信权力》。那位政协委员的这个建议其实有两大漏洞,也是两个可以评论的点。一是不加区分地一刀切,网吧导致了青少年网瘾,那么就关闭所有网吧。另外一个是"过分相信政府":社会网吧会出问题,那么政府办公共网吧就能避免这些问题吗?

可一篇文章如果这两点都评的话,文章的表达就会没有效率,就会分散文章的观点,那我就把重点集中放在论证后一点的荒谬上,而对"一刀切"一笔带过。对于一刀切,我只用了这样两句反问:"你是一个政协委员,有一些政协委员不好好参政议政,只知道哗众取宠地提一些雷人建议、垃圾提案,是不是可以一刀切地让所有政协委员闭口?你又是一家饮食集团的董事长,有酒店以假冒伪劣欺骗消费者,是不是可以关闭所有的酒店?"仅仅这两个反问就很有力很有效率了。后面都用来论证"即使取消了社会网吧,政府办会出现同样的问题，而且由于政府权力缺乏监督，政府垄断办网吧会导致更多的社会问题"。

我说："中国30多年改革最大的成果就是市场化和社会化，许多传统由政府垄断的权力和资源都通过改革分散到了市场社会中。过去穿衣服用的布料，唱什么歌跳什么舞，每天的衣食住行，一切都由政府大包大揽，可那导致的是什么结果？30多年的改革开放终于改过来了，怎么，现在又要改回去吗？又会让我们退回改革前的那个时代吗？"整篇文章1400多字，我1000多字集中去论证一个观点，这就是论证的效率。

一个时评新手最常犯的错误就是总想"面面俱到"，在一篇文章中谈许多问题。他们从小就被长辈和老师们教育：说话要尽可能地全面一些。于是，他们总想在一篇评论中显示自己看待问题看得非常全面，一、二、三、四，好的、坏的、不好不坏的全部说到了。表面上"面面俱到"，其实一面也没有到，每个意思都没有表达清楚。仅仅一千字的文章中，出现了五六个论点，作了八九个判断，每一个判断都点到即止，每一个论点都没有说透，这样的评论就是典型的没有表达效率。

一个新闻由头，常能激起你强烈的评论冲动，让你觉得有许多话想说，许多角度可以评论，千万不能把这些你想到的论点全部罗列到千字文中。在觉得有很多话想要说、很多角度可以评的时候，一定不要急于下笔去评，最好静下来把思维理一理，找一个觉得最独特、最让自己有表达冲动的角度切入，选择一个自己感觉最独到、最兴奋的论点，然后组织论据和集中材料论证这个论点。这样的评论，才会紧凑、清楚并有表达效率。

时评新手还常犯的另一毛病是思维极其发散，缺乏一个鲜明的论点，想到哪里写到哪里。下笔之前，没有一个清晰的逻辑和论证思路，就像意识流，文章中一会儿出现"我不由得想到什么什么"，一会出现"我又想到什么什么"，写着写着，自己都不知道写到哪里去了，甚至都忘记了自己本想评论什么。这样的文章当然没有效率，而是一堆浮想联翩的意识流。只会联想，而又没有能力收回来。一篇文章可以有多个论点，但这些形式上分散的论点间须有联系，且围绕着你的核心观点。

为避免这种思维发散，新写评论的人在写作时最好少用联想，而是规规矩矩地围绕着一个论点进行论证，一步步地推理，一步步地摆事实讲道理，扎扎实实地紧绕主题，结构和节奏都要紧凑。只有高手写评论，才会收放自如，精彩地联想出去,精彩地收得回来。

## 四、尽量少谈抽象概念

初写时评者,还容易犯一个错误,就是喜欢在评论中谈论一些抽象的概念,将过多笔墨用在给某个名词下定义、辨析某个大词的概念上面,这也是违反评论的表达效率要求的。

像《论自由》《论正义》《论平等》《论宽容》这类题目,可以做很大很大的论文,可以写成小册子,但不适合在时事评论中花过多的笔墨去辨析。因为类似这种抽象的概念,几万字都说不清楚,千字文就更说不清楚了。时事评论应该尽可能在常识、共识、众所周知的意义上使用那些抽象的概念,以约定俗成的理解来用那些大词,而无须纠缠于这些概念的语义学分析上。

时评至多也就一千来字,当过多的笔墨被这些概念分析占去后,哪里还有说理的空间。

在题为《不要为概念体系的关系所累》的博客文章中,马少华先生也谈到过这个意思,他以某位评论员在文章中论述"民主"和"法治""科学"三者之间的关系来说明:评论作为抽象思维的写作,难免在抽象和宏大的概念之间打转,并且回答概念之间的关系。但它们往往是评论写作之累,也是评论阅读之累。我感觉,有的时候并无太大必要。

时事评论要将有限的文字用在与紧扣论点相关的说理上,在概念上绕来绕去,在抽象的事物上打转,问题没说清楚,读者也一头雾水,越读越迷糊。

实际上,对很多问题而言,在观念上抽象地辨析是永远都扯不清的,抽象地谈正义,什么都可以说成是正义的(因为再周全的界定,也都会有例外的时候,一个反例就可以推翻一个抽象的定义),在时事评论中判断正义,很多时候只能就事论事,也许才能分辨清楚是非。

表达效率要求,评论作者在论证时应尽可能使用具体的事物作为论据,而不是抽象的。比如论证政府部门采购腐败的问题,你引用审计署报告说每年采购腐败有成千上百亿,这样的抽象数字公众看了没感觉。但如果你举一个具体的例子,某地某个部门采购近 3 000 元的苹果 iPod 当 U 盘使,或者为了节省纸张而每个人发一台笔记本电脑,这样的案例虽不及数千亿宏大,但这是具体且直观的,这种直观的采购腐败更能让公众有感觉。读者就是这么感性,尤其是报章文体的读者,直观具体的事物更能触动和影响他们。

## 五、让人琢磨的不是好语言

　　基于表达效率的要求,一篇好的评论,在标题的拟定、语言的文风、结构的安排和观点的论证中,都要注意表达效率。

　　语言是需要天赋的,每个人都有每个人的表达习惯,这就是他的语言风格,而评论语言有一种总体要求,就是要讲究表达效率。首先,语言应该是确定的,不能含糊其辞和有歧义,避免让读者去猜你某个词的意思;其次,使用的字词不能生僻难懂,尽可能使用通俗易懂的报章语言,尤其避免使用晦涩的学术概念和专业术语;其三,它的句子结构不应该过长,而应该短促有力,避免使用学术文章中那种复杂的长句,让读者读着费劲;最后,段落也应该尽可能短,以便于读者掌握全篇的层次与结构,让读者比较轻松地阅读你的文章。

　　语言这东西是每个人自己的东西,不过如果经常练笔写文章的话,会提高自己的语言表达能力,让表达很有效率。

　　时评是一种注重表达效率的实用文体,并不过于注重文本价值,并不需要多么好的语言,文字简洁、明快、清晰、有力就够了,能表达清楚让人看明白就行了,大白话最好。正像梁文道所言,它应该是很直接、浅易、流畅、不造作、不带过多腔调的。

　　时评文字的语言最忌讳矫揉造作了,某年我为红网的"红辣椒评论大赛"做评委时看到一篇题为《挥别2009易　告别官员的权力雷语难》的文章,不妨引一段过来:

　　　　也不知是否冥冥中早已注定,2009年会是权力雷语的舆情"本命年",它们像话语泥石流一样集体性地情绪倾泻,旋即又被集体性地舆论定格,被高强度地网络示众,被嘲讽、被批判,甚至被民间解构。——对于雷语"著作权"拥有者的上榜官员而言,这真是一个"不幸"的年份。与许多官场前辈相比,他们在对权力雷语的日常使用频率、强度,和语汇个性化的创意开凿上,并不见得具有多么悬殊的口腔生理优势,但在舆情和民意鼎沸的时代,在公民权利意识的迅速雄起和亢奋拔节中,他们注定必须丑陋地为自己的权力快感埋单。

我觉得,这种语言就不符合评论的表达效率要求,充满着矫揉造作、故弄玄虚和拗口晦涩,比如"口腔生理优势""创意开凿"之类,得让人来回仔细琢磨好几遍才能大体明白他想说什么。这种"得让人回过头来仔细琢磨好几遍"的语言,绝不是好的时评语言。时评语言,应该让人过一眼就明白你想说的意思。让人一看就明白,用确定性的语言传播确定性的判断,这样的表达才有效率。

评论的语言还需要简洁和浓缩。关于这一点,邵华泽在《同研究生谈新闻评论》中提到过著名记者和作家萧乾经历的一件事:1935年8月,当时正在天津《大公报》工作的萧乾接受了总编辑张季鸾让他写一篇关于开学时勉励师生的社评任务。结果写出的稿子没通过,不能用。萧乾从张季鸾办公室拿退稿时问:"张先生,学着写社评应该看些什么书?"张季鸾沉吟了一会儿说:"《佛经》。"张季鸾之所以向萧乾推荐《佛经》,主要可能就是让其学习文字的简练和浓缩。

## 六、精彩要体现在标题中

时评标题的拟定,也要抓住表达效率这个最重要的评论要素。许多精彩的标题看起来都好像是偶然的灵感,是"妙手偶得之",其实看似偶然的把握中也有规律可循。

我写评论和编评论做标题,一直坚持着这样一个习惯,就是把一篇评论最大的亮点提炼出来做到标题中去,让人家一看到标题就能看到你的评论的最大亮点,从而增强你文章的表达效率。如果你评论的最大亮点是一个故事,那把故事浓缩成一个标题。如果亮点是某种冲突性和争议性,要把冲突和争议表达在标题中。如果亮点是可能让人震惊的某句话,丝毫不要犹豫,就把这句话做到标题中。亮点,很多时候就是你文章最吸引人的地方,把最吸引人的地方放在最容易吸引眼球、人们第一眼关注到的标题上,那就是标题和文章的表达效率。

我最反感《由……想到……》《……之我见》《论……》之类的标题,看到标题就不想看文章内容了。标题是文章的眼睛,读者第一眼看到的就是你的标题,标题如果不能吸引读者,再精彩的内容都白搭了。所以,一篇评论中最精彩和最精华的元素,最好能体现在标题中。

比如我的几个评论的标题:

《癌症一代》。我这篇文章最大的亮点就是提出了"癌症一代"这种现象:这篇评论写的是农村的一种现象,劳碌一生,耗尽精力供完孩子上学,孩子长大成人,老人准备享福时,许多人都查出了癌症。劳碌一生,积累了一身的疾病,最后以癌症这种可怕的绝症而离去。这不是一两个人的个案,而是乡村一代人悲怆的宿命。

《血淋淋的断指是城管的自我妖魔化》:新闻由头是,江苏某地一城管执法时粗暴地、硬生生地扯掉摆摊的老人一节手指——这条新闻最让人可怕的就是"血淋淋的断指",而我的观点是:城管总说舆论妖魔化自己,可这个血淋淋的断指表明,这完全是城管把自己妖魔化了,这难道不是妖魔所为吗?于是就做了这个标题。

《中国青年报·冰点时评》当年曾引起轰动性影响的著名评论《国旗为谁而降》,呼吁尊重《国旗法》的规定,国旗不仅要为国家领导人而降,也要为灾难中遇难的普通公民而降。这篇评论不仅引起了舆论对《国旗法》的关注,之后每次灾难后都有人提起这个话题,也推动政府接受了这个建议。这篇评论这么大的影响力,与标题的冲击力和穿透力有很大的关系。其实,作者当初给《中国青年报》投稿时题目本不是这个,而叫《被遗忘的法条》,主旨是提起《国旗法》第十四条第二款的规定。国旗不仅应为逝世的党和国家领导人而降,也应为灾难中死亡的庶民而降,法条摆在那里,却被遗忘了。

当时的编辑李大同觉得标题应当更加鲜明,于是就改为《国旗为谁而降》。这样的改动当然是点睛之笔,将文章最大的亮点、最精彩、最吸引人的地方浓缩到了标题中。"被遗忘的法条"很抽象,也有点儿绕,有点儿让人费解,而"国旗为谁而降"既形象直观,观点又鲜明。作者郭光东后来在回忆这篇文章时说:编辑李大同将这篇文章的题目由《被遗忘的法条》改为《国旗为谁而降》,作用极大。这样一来,文章更有气势,传播效率因此大大提高,可谓一字千金。

为了表达效率,标题的另一个规范要求是"合适的长度"。不能太短,太短的话无法把文章的兴奋点包容进来,像《论自由》《平等》之类的标题提不起读者的兴趣,读者不知道你这篇文章想说什么。更不能太长,过于冗长的标题让人不知所云,也影响了文章的美感和版面的美感。一些作者的标题之所以很长,在于他很贪心,想把很多东西都塞到标题里,想全面地表达自己的观点,标题实在无法承载这种功能,它的信息容量使其一般只能表达最核心、最能提起读者阅读兴趣的观点。

## 七、漂亮的开头迅速征服读者

文章的结构和段落的安排也要服从于表达效率。曾有个传播学试验研究结果表明,文章的一个段落其长度如果超过4行,那么他的注意力就会转移。所以我的许多朋友,他们在写评论时,都尽可能地将自己每一段控制在4行以内,这样既保证了文章的表达效率,又使文章在整体结构上有一种均衡的美感。某一段只有80字,而另一段则600多字,这样的文章写得再好,表达效率也大打折扣。

这样的表达效率,也要我们非常注意评论的开头。文章的开头很重要,你要安排一个很有吸引力的开头,让读者一开始就被你的文章开头所征服。比如我写过一篇文章,题目叫《恶性媚商竞争下的权力疯狂》,针对现在许多地方为了吸引商人而不惜一切代价,我的开头是这样的:"为了吸引像您这样的公司,我们夷平高山,砍光丛林,填平沼泽,让河流改道,重建城镇……我们所做的一切都是为了让您在我们国家能有一个更便捷的做生意环境。——这是当年菲律宾政府为招商引资在美国《财富》杂志上做的广告,这种招商引资的姿态是够疯狂的了,可相比之下,如今我们一些地方政府似乎更疯狂,为引来资本,'砍光丛林'已不算什么,甚至突破了底线不惜在政治制度上迎合商人……"然后由此引出了我想要评论的新闻。

通过一段看起来很疯狂的广告语引出我想评论的新闻由头,许多朋友都说我这篇评论的开头堪称经典。写这篇文章的时候,我是有意识按照表达效率的要求在设计开头的。我不喜欢那种直接毫无表情地援引新闻由头的开头,你必须要以一个能引人注目的开头引出新闻由头,那样你的文章才更有表达效率。我的评论一般开头第一句都不是新闻由头,而是我以某种巨大的反差或公众熟悉的现象,来引出我想出评论的新闻。

比如,《罢免获刑代表,打死老虎亦是演练民主》,我是这样引出新闻由头的:"罢免议员,在发达的民主国家是常见的场景,在我们这里却并不常见,好久没看到选民罢免人大代表的新闻了。——近来湖南溆浦倒是曝出一起……"

在《想证明廉政公积金不是变相加薪很难》一文中,我是这样引出新闻的:"谁说我们的地方政府缺乏反腐热情,对廉政充满抵触?他们其实热情得很,隔段时间就会推出个反腐新招,在廉政上相当积极。比如广东江门就是……"

在《高考加分,除了丑闻还剩下什么》中,我用了这样的引文:"这个夏天,成了高考加分丑闻大起底的夏天。先是'四川省中学生游泳锦标赛频频打破蛙泳亚运纪录,被曝是为加分卖奖',然后是'湖南高考状元都是武林高手,武术加分内幕被戳穿',再就是浙江'考生只要交钱就可获得国家二级运动员证书,连足球队候补队员高考都加20分'。最新的丑闻是……"

如果新闻由头有足够的吸引力,那么直接引用新闻由头就可以,一下子就能抓住读者的眼球;如果新闻本身比较淡,就需要你巧妙使用冲突、反差、悬念等引人注意的方式,用简短的语句将你所准备评论的由头引出来。

## 八、评论的结构和节奏

表达效率,再就是考验我们缩写新闻和提炼新闻事实的能力。新闻评论,是依据新闻作出的评论。一开始就得引新闻,怎么引呢?是大段地复制还是怎么操作?最好的是缩写和提炼,一般评论只有1000来字,如果你新闻由头超过250字,那留给你论证观点的文字就非常少了。必须控制在200字以内。那就得对新闻进行缩写,把你想评论的新闻点提炼出来。当然,在这个提炼过程中要注意,只可以缩减,而不能改变新闻的意思,或者是选择性地、带有偏向性地强调某一个事实,而将不符合你的观点的事实刻意掩盖起来。缩写和提炼的时候,还是要忠实于新闻文本和真相,尽可能以简短的文字概括新闻的核心。

一般在第二段中,你就得旗帜鲜明地亮出自己的观点了,这也是表达效率提出的要求。很多人批评时评现在也已经染上了八股病,第一段引新闻由头,第二段亮出观点,然后就是论证什么的,千篇一律。我并不认同这种批评,时评这样写,之所以形成现在的套路,是因为这样写有表达效率。就像新闻写作一样，为什么会形成金字塔或倒金字塔式的写作结构，就是效率的要求。你新闻再变，基本的结构都不会变，都要有导语，导语都要包含 5 个 W（核心要素）。评论也是这样的，那不是八股，而是一种文体的表达效率要求。

初学评论者一个常犯的毛病是，进入评论主题的节奏太慢，起承转合之间很不协调，绕来绕去说半天都没有进入主题，在"起"上作过多的铺垫和说明，由于篇幅所限，很多时候刚"起"，无承无转无合，就不得不赶紧收尾了。比如，我改过一个学生的评论作业，其评论题目为《偶像剧背后的看客心理》，是分析如今流行的偶像剧背后的社会心理，他把这种心理叫"逃离现实的看客心理"。这篇文章最大毛病就是进入主题的节奏太慢。

他评论开篇是这样的：

近日无聊，点开一个视频网站想找点乐子。网站视频化是未来的必然趋势，因为视频直观易懂，容易对观众产生感观上的刺激，视觉冲击一波接一波，观众来不及思考，一股脑地接受着感观轰炸。

当然，笔者今天要说的重点不在这里。

网络、电视成为人们生活中必不可少的一部分时，八点档、偶像剧成为人们茶余饭后热议的话题。论坛、贴吧常有入戏不浅的人一起讨论剧中的男主角、女主角，也经常有剧照什么的成为人人网、豆瓣、空间里的焦点。而且，偶像剧的观众群很广泛，以女性为主，年龄差距可逾十岁。再说视频网站，首页上是各大热门偶像剧的介绍、推荐，虽说谈不上半壁江山，但是着实占据着一份比较大的份额。笔者细看了一下，《泡沫之夏》《恶作剧之吻》这些台湾偶像剧更是火爆得不行。特别是在学生群体中，只要提到这些偶像剧，针对男、女主角或是某段剧情，大家总能找到共同话题。

我们不难看出，偶像剧虽然数量巨大，主角不同，但是却可以总结出一般套路。故事一开始都是男女主角冤家般相遇，然后发生矛盾冲突，但是在冲突中男女主角发现对方其实不坏，然后相知、相恋，到感情稳定的时候出现一个第三者，然后两人的感情面临危机，这个时候双方必有一方的家长是站在那个第三者那边。然后会有一个重大危机，一般是安排一个误会什么的，男女主角关系降到冰点。最后一分钟营救，因为某巧合，两人误会解除，尽释前嫌。最后的大结局当然是中国人喜闻乐见的大团圆：王子和公主最终走到一起，过着幸福的生活。

综观这些批量生产的偶像剧，大都很难跳出这种剧情框架。演员选择上，主角当然是俊男靓女，当然少不了一些陪衬角色了，除此之外，凡是反对这一对王子公主的人形象也都不会很好，即便是长相不错，一般也会演成蛇蝎毒妇一样的人。

在节目形式如此多样的今天，偶像剧为何能在市场上分得如此大的一块蛋糕？

笔者认为，这与观众逃离现实的看客心理分不开。

……

你看看，前面作了多少与评论观点无关的铺垫和叙述？！第一段说的不是偶像剧，而是与偶像剧没什么关系的"网站视频化"。第二段强调"今天要说的重点不在这里"——"不在这里"那又干吗要说呢？第三段才谈到想要评论的偶像剧，可不是直接谈偶像剧，而是絮絮叨叨地谈一些对偶像剧的随感，又啰唆又散乱。第四段继续这种随感式的表达，分析偶像剧的套路，这种套路跟作者所要论述的观点并没有什么关系。第五段仍然没有进入主题，仍是重复地谈论偶像剧的套路。到了第六段和第七段才亮出了自己的观点：笔者认为，这与观众逃离现实的看客心理分不开。读者看到第二段时，可能就被赶跑了。

我统计了一下，全文总共1 400字，前面的铺垫，就用去了近800字，占去了一大半，缓慢的节奏所导致的结果就是，结构非常失衡，观点被冗长的铺垫所淹没。

其实，作者用了这么多进行铺垫，几句话就可以概括了，我是这样编辑的：

八点档、偶像剧近来在视频网站上很是火爆，《泡沫之夏》《恶作剧之吻》之类的台湾偶像剧更是火爆得不行。特别是在学生群体中，只要提到这些偶像剧，大家总能找到共同话题。综观这些批量生产的偶像剧，大都很难跳出这种剧情框架。故事一开始都是作为俊男靓女的男女主角冤家般相遇，然后发生矛盾冲突，最后的大结局当然是中国人喜闻乐见的大团圆：王子和公主最终走到一起，过着幸福的生活。

在节目形式如此多样的今天,偶像剧为何能在市场上分得如此大的一块蛋糕?笔者认为,这与观众逃离现实的看客心理分不开。

短短一段,足以表达作者想要表达的意思了,去掉那些随感和意识流后,赶紧直奔主题亮出观点。这才是评论需要的节奏,这样的评论结构才符合表达效率的要求。

结构与节奏是一体的,节奏是结构的感觉,结构是节奏的形式,归根到底,它们体现的是评论各要素之间的关系,开头—铺垫—论证—结尾间如果衔接得非常好,环环相扣非常紧凑,该简略的简略,是重点的分配较多的资源,我们称之为评论节奏很协调,评论结构很均衡,符合读者的阅读习惯和心理节奏,符合评论的规律,也符合形式上的审美。反之,该一笔带过的地方耗费了太多笔墨,该重点论述的地方简要带过,进入主题太慢,又仓促收尾,就没有了节奏感,结构也非常散乱。

再就是,为了表述效率,在写作中要尽可能少地使用修辞和铺陈,因为修辞和铺陈很大程度上只是表达某种情绪,渲染某种情感,而无助于说理。许多评论都容易陷于这种修辞和铺陈所组合的煽情中,其实,看起来很有气势的排比,表达的不过都是重复的意思;看起来很有力的反问,不过是表达一种情绪罢了。少量使用修辞和铺陈可以增加文章的感染力和说服力,强化论证的力量,如果通篇文章都是这些技巧性的修辞,论证与说理就没有了表达的空间。

总之,写评论的时候一定要有全局性的节奏和结构意识,不能意识流地想到哪里写到哪里,起承转合心中一定要有数。

表达效率的几个具体要求:

第一,引述新闻时要尽可能简洁,当然,不能为了简洁而断章取义。

第二,铺垫部分要尽可能短,快节奏地进入主题。

第三,开始就要向读者言简意赅地亮出自己的观点。注意,言简意赅,就是观点应该比较短,最好能精炼成一句话,让读者很清楚地把握你的观点。观点是否言简意赅有一个衡量标准,就是能不能将观点浓缩到标题之中。

第四,论述中引述别人观点和新闻事实时,要尽可能地简略,否则给人拖沓之感,影响评论的节奏感。

第五，论点间应该有层次感，或并列，或递进，不要在一个论点上进行重复论证。

第六，最好在结尾处以引人注目而又不让人有重复之感的方式重申你的核心观点。研究表明，前后呼应的"首尾效应"有利于加深读者对观点的印象。

## 九、表达效率，当然还要求出手迅速

过去形容一个人写新闻出手快，有一个专门的词，叫"倚马可待"。新闻要快，要是不对新近发生的事实迅速进行报道，第二天就成旧闻了。评论同属新闻，当然也需要快，快了，才有表达效率。

时评——这个"时"是非常重要的。有一次参加某个时评座谈会，一位著名杂文家说自己在刻意躲避着时事新闻，宁愿从犄角旮旯里找话题写也不愿紧贴时事。——我当时毫不客气地批评了这位先生的鸵鸟心态：时评，对时事进行评论才是时评，为什么要回避热点呢？评论就是要融入这个社会中，融入社会并致力于推动这个社会进步。失去了对"时"的关注，就是孤芳自赏的秀才文章了。

既然是时评，就要密切地关注时事，紧贴时代脉搏，紧跟时事节奏，对每天发生的时事要有快速的反应。

读者如今对时评已经形成了一种阅读习惯，就是"就着时事读时评"，出了什么新闻，他们期待能迅速看到评论，听到声音，看到观点，看到判断。时评要有表达效率，必须能跟上这种时事的节奏和读者紧跟着时事的阅读期待，看到新闻后，必须迅速出手，迅速根据自己所积累的知识和对事件的理解对新闻作出判断，为读者阅读新闻提供思考的角度和"比他们知道得多的、新闻之外的附加值"。

时评要承担"推进时事发展和推进社会进步"的功能，这也需要时评出手要快，新闻报道是提供事实信息，评论要及时跟进作出价值判断，引导公众观察的视角，引领事件发展的方向，与新闻一起形成某种舆论压力和推进发展的力量。——新闻都报道好几天了，评论才写出来，可时事的热点早已被新的热点所覆盖，时事节奏早已转到其他新闻事件上去了，评论的传播效率就大为减小。

舆论有某种类似于磁场的效应，在事件发生后的某一段时间内，公众的关注和舆论凝聚的合力会达到一个峰值,那时候舆论磁场最强,评论的传播效率也最高,能起到最佳的传播效果。评论迅速出手,是为了能更有效率地提起舆论对某个议题的关注,迅速地凝聚关注。

对于评论的追赶时效,康拉德·芬克在《冲击力》中也谈到了,他说:如果你紧扣新闻的话,你的读者可能会了解当时的相关事件,这样一来,就会对它更感兴趣。《纽约时报》讨论的关于同性恋的电视节目,估计有 4 200 万美国人在看,而且可能会有更多的几百万人在次日——《纽约时报》发表社论的那一天——谈论它,撰稿人拥有多么强大的读者兴趣基础啊!在对那些题材进行评论时,撰稿人可以运用尽量少的语句向读者交代问题的背景。形成对比的是,如果落后于一则新闻报道的"顶峰状态"过于遥远的话,你就必须利用可贵的篇幅把读者引导到那个日子,还要对所涉及的问题进行充分解释。可借鉴的经验是:跟所发生的新闻事件越近,你就越是有好机会进入观点自由市场并充当"公众问题讨论中诚实的经纪人"①。

许多学者都批评如今的时评越来越讲究时效,看到新闻后立即动笔,没有多少思考的时间,第一时间发言,文章自然就比较粗糙和浮浅。而且如今时评编辑似乎也越来越追求时效,抢在第一时间发出评论,只发表针对当天新闻的评论,第二天第三天的就不用了。——这样的批评有一定的道理,不过这种追时效也是很无奈的,是为了跟上时事发展的节奏和符合读者的阅读期待。一篇评论,即使其比较粗糙,可它是紧跟时事节奏第二天发出来的,它在网络上的点击率和实际阅读率会非常高。一篇评论,它再深刻、再精致、再独到,事件过去后半个月才写出来、发出来,点击率和阅读率会非常低,也就是传播效率非常低。

随着电视评论和网络评论的兴起,评论的节奏越来越快了。比如,我与新浪网合作做评论,他们往往要求新闻报出后两小时内评论就得出来,与新闻一起推出来。比如,2010 年 7 月 28 日这一天,曝出《经济观察报》记者仇子明遭浙江警察通缉的新闻后,两小时内,我即写出了题为《质问、车祸、通缉——记者权被粗暴践踏的黑暗一天》的评论。新浪网以"新闻"+"评论"的组合方式在首页推出,引发很大的舆论反应,评论中提到的"记者劫"成为当

---

① [美]康拉德·芬克:《冲击力——新闻评论写作教程》,柳珊、顾振凯译,新华出版社 2002 年版,第 81 页。

天微博上最热的词,网友也在微博中争相转发这条评论。

趁热打铁,在舆论强烈关注"记者被通缉"的兴头上推出评论,评论能起到最大的传播效果和舆论反响。这,就是"快"带来的表达效率。

这样的快速反应当然会让时评的节奏越来越快,原先平面媒体时代,评论起码等新闻发生后第二天才能见报,而网络则能提供"看到就评"的即时评论。新浪网一般每天都会对3~4条最热点的事件约请时事评论员写"两小时推出"的即时评论,这让纸媒的评论编辑感受到了巨大的压力。一次有个纸媒评论编辑就跟网络评论编辑说:你们这么快的反应速度,让我们平面媒体怎么活啊?其实,评论应该是分层的,第一时间的评论往往并不深刻,纸媒第二天的评论可以更深刻和独到一些,而隔几天后的"评论周刊"再针对此事的评论,可以提供更深刻和专业的视角。

说这些,并非一味鼓励快而反对深刻、精致和独到,也并不认同那种过度苛求时效的做法。可是,舆论的发展规律和时评的传播效应就是这样,为了提高评论的表达效率,很多时候不得不追赶时事节奏,不得不把"快"置于首位。

## 十、表达效率让评论付出的代价

时评为了追求这种表达效率,有时候不得不放弃许多其他价值,在其他方面作出牺牲。评论的效率性,是以某种程度的模式化、快餐化、粗糙化作为代价的。

对于时评在模式化上的牺牲,马少华先生也提到过,他说:求新求异是人们写作的正常冲动,古人说,文似看山不喜平,讲究文章结构的丰富变化,正是表达了这种写作和阅读的冲动。而新闻评论作为意见传播的大众工具,其相对的模式化正是对这种求新求异冲动的限制。应该认识到,相对程度的模式化,比如消息写作中的"倒金字塔"模式,是新闻文体为传播效率所做出的牺牲,新闻评论也服从这个法则。

评论的模式化常遭人诟病,时评作者叶匡政在《时评正成为一种脑残文体》中就批判过时评的八股模式,先引新闻,再亮观点,然后一、二、三、四。其实,时评之所以形成这种八股模式,正如消息写作的金字塔模式一样,也是为了追求表达效率。开门见山,以最简单的方式切入正题提供观点。时评,当然首先要在开始时提供新闻由头,告诉别人你想评什么,然后当然要赶快亮出观点,告诉读者你的观点是什么,接着就是对论点进行论证了。这种自然形成的模式是表达效率的要求,不必在结构上作什么创新,而要以最简单的方式向读者提供你的观点。

评论当然有许多写法,结构的创新可能隐含着很大的"失去表达效率"的风险,所以,更多人选择了那种简单的写作模式。模式越简单,表达和传播的效率可能就会越高。

一位作者这样批评时评的八股化,他说:一些时评作品甚至还出现了"八股化"和模式化的现象。目前95％以上的时评大都是三段式:新闻由头＋数据、资料、法律条文＋分析结论。标题中大都又少不了"昭示""彰显""凸显""为何""惊闻""拷问"之类长盛不衰的关键词。而文章的感情色彩也一概是愤青式,思维方式也习惯于高高在上式的追问,有的时评文章甚至从头到尾问个不休。《中国青年报》时评编辑李方曾打过这样的比方:"如果把历史比作灯泡,按很多时评家的思维习惯,拿'为什么不'一插准亮而且大放光明。"有的时评作者针对当前时评"八股化"和模式化的现象,还用调侃的笔调提出了"关于开发'时评软件'的构想"。

八股化,有作者的问题,也跟这种文体为了追求表达效率有关系。八股虽然难看,但它有较高的表达效率。

其次是在快餐化上作出的牺牲。这个很好理解,为了追求表达效率,时评不得不紧跟时事节奏,新闻发生后立即评论。——那么短的时间,不会有太多时间让你遣词造句,也没有太多的时间让你从容地谋篇布局、缜密地思考、谨慎地下结论,评论难免成为即时消费的快餐,很难有再审读、再回味的价值。时评,一般的生命也只有一天,很少有人会回过头去读昨天、前天的评论。

再就是以粗糙化作为代价。其实,这与快餐化是一个方面。追求表达的效率,将"最短时间最快理解你的观点"放在写作的首位,评论自然不免粗糙,不会有什么文本价值,思想性、文学性、审美性都会大打折扣。一个小时匆匆忙忙写出来的东西,当然无法比两三天从从容容写出来的东西更优雅和深刻。从这个角度看,时事评论,甚至不能算作一种文学创作,而仅仅是为时而作的应用文。

为了避免这种时评的表达效率所导致的价值流失,时评的写作应该有分工。比如,《南方都市报》在版面上就有这种分工的尝试。时论版,当然是应该追求表达效率的,紧跟新闻的节奏。个论版,则对时效和表达效率的要求可以放松,尊重专栏作家的个性,由着他们的评论风格娓娓道来。而宏论版,则一个版都是专家的长篇大论,是对过去一段时间中某个热点话题进行深入、全面、专业的剖析,则不必严守表达效率,而遵守专业判断的节奏。

## 附录 《新闻评论》课堂深度讨论案例

案例交流:这篇评论是课代表宋思静同学的校园评论作业,这段时间就文章的修改问题我跟她有一些交流,我把几次改稿以及前后的交流梳理出来,供大家作为案例讨论。课堂上我也会讨论这个案例。

### 一、思静同学原稿

本科四年非工具,年少莫负好时光
宋思静

前几天一则国科大老师给22名研究生0分的新闻刷屏了我的微博首页。该老师名为苏湛,是国科大人文学院教师。上学期苏湛开设了一门科幻文学与影视创作系列讲座,作为研究生可选的公共选修课。因为发现了明显的抄袭行为,苏湛给了22位同学0分的成绩。

学生的学术作业抄袭,老师给0分,这件事为什么会成为新闻?为什么抄袭不被容忍会引起热议?为什么学生会不服气?

设身处地地想,他们不服气的原因大概有二。首先是在本课程的大纲中明确提及了最终成绩考勤占60%,期末论文占40%,也就是说,即使期末论文砸了也能及格,但是最终他们拿到了预料之外的0分;其次是其他选修课上也有论文抄袭的同学,他们为什么就没被打0分,觉得自己倒霉,不甘心。

第二点的这种侥幸心理是怎么产生的呢?抄袭被惩罚而非姑息为什么引起了这么多关注?我觉得这部分与我们当今本科教育的现状有关——严进宽出,流于工具,背离大学的初衷。

大学教育的"严进宽出"始于我国高校自20世纪50年代初开始实行的统一招生、考试和毕业分配的制度。这是有时代背景的:一来入学严格考试,学生整体素质高,有宽出的基础;二来那时候实行计划经济,毕业包分配,学生没有就业的压力。

但延续到如今,这种体制的弊端也充分暴露出来了。

高中老师用尽苦心对学生进行应试教育,在各个方面严加管理,恨不得钻到学生脑子里灌输知识。初高中六年的一切学习都是为了高考,为了考一个好的大学。为此学生们热血拼搏、激昂奋斗,迎战最后的三年。

然而目标就到此为止了。然后呢?没有想过。

脱离沉闷单调的学习,摆脱了巨大的压力,学生们解放了。进了大学之后,学校强调的是自律和自由,老师只是开课,学生则按照学院要求和自己的兴趣方向自行选课。

大学的底线是修满学分,只要及格,没出大岔子,都可以毕业。于是很常见的现象是不少学生作为精英考上了理想的大学,在头一年踌躇满志,但因为失去了管制又不能自律,逐渐形成惰性,放松自己,失去了追求。很多曾经春风满面,手持录取通知书在校门口留念的新生,最终成了只求毕业能拿一个好看的成绩和文凭的"老油条"。

就拿公共选修课来说,它开设的目的是加强学生的通识教育,让学生在增加专业深度的同时也能培养广博的综合素养,有厚重的人文科学底蕴。

但现实的情况却是,一来很多公共选修课的总体特征就表现为比专业课更通俗浅显,给分也比较宽容,所以常成为学生用来提高 GPA 的手段;二来为了提高绩点,学生选择这一类课的标准一般是"水"、不点名、任务少、给分好,目的是过得轻松和能拿高分。

如此,一节课放一部电影的老师成为选课表上需要考验眼疾手快的抢手货,几百人的大教室里也座无虚席。严谨的老师和内容充实的课,却远远比不上这些"水课"受欢迎。

大一时我参加了一个社团,开学第二周社长就热情地提出开会教我们选课秘诀。我满怀期待地参加了,等到的却是"逃课表""水课表"等高分攻略。那天晚上回宿舍的路上,一直活在象牙塔里的我又是震惊又是失望,几乎要哭出来。

在这种大风气下,很多大学生平时不学习,期末临时打听老师考试套路,通宵背书和准备。就连这些背的内容他们也是考完就忘。

这样浑浑噩噩四年有什么意义?

完全没有意义。人生最朝气蓬勃的四年,脱离了管束和稚气,充满了希望和无数可能,却被好不珍惜地虚度了。学习只是为了分数,本科是保研、出国或者就业的敲门砖,三年的高中学习换得的是再次沦为工具而非目的本身的四年。

我一直觉得,大学的创设有三个层次的目的。最基础的一层就是培养可以适应社会各种职业需要的实干人才,为社会的正常运转输送活力;第二层是培养出可以洞察各个领域规律与本质的人才,引领每个领域未来的发展和飞跃;最高一层就是以每个人自身为目的,作为一个自由而"无目的"的土壤,培养深刻而有个性的灵魂。不强求他们成为什么角色,就是让他们通过自己的探索和挖掘,通过触摸到真正的学问内核,成为一个完整、独立的人。

但显然这样的目的,通过流于形式的选修课和投机取巧的考前通宵是无法达成的。

我有时真的有冲动冲进教学楼里奔走疾呼,希望大学生们记起自己刚进校门时最初的期待,珍惜这能够安静坐在图书馆里潜心学习的最后四年,莫负好时光。在最应该也最适合学习的黄金时期,最能够真正静下来学习自己感兴趣的知识时,放松下来,得过且过,这是对教育资源的浪费,也是对每个人自己生命的浪费。

**思静交作业时注:**

当老师说要写评论的时候,脑子里就是这个主题。但是可能因为对体制性的东西了解还是不够深入,对评论也不太了解,所以也不知道这样写充实不充实。自己觉得好像还不够厚重。提前交就是想看看老师的建议,然后再改进一下。老师觉得需要不需要再联系国外的体制,将重点指向高校制度?或者需不需要在批评之后提出一些建议呢?

**曹林的回复:**

我的修改意见是,标题可改为"听完'选课秘诀'回来后,我几乎哭出声来",更富于一种感性和节奏。

因为这个热点大家都比较熟悉了,过时效了,不必太多铺垫,不必把太多笔墨花在对这个具体案件的分析上,以此为引子,迅速转到自己的评论上。

其实,这个老师对学生的要求本身就体现了课程的水,这个老师要求平时考勤占60%,考试占40%,这意味着只要平时考勤了,就能过。这个要求也太低了,不好好学,只要上课了就能过,这个要求不是很低吗?很多课对学生的要求都越来越低,实际上,那种抄袭就是这种"低要求"惯出来的。可以从这个角度来引入。

多谈谈你看到的一些现象，比如，结合"我几乎要哭出来"，讲讲自己完整的感受：对大学期待很高、美国知名大学对学生的要求、西南联大对学生的要求、胡适当年的演讲等。相比之下，我们现在对学生要求太低了，混混就能过。多谈谈你目睹的大学怪现状，因为读者道理都懂，问题都明白，可以利用你作为一个学生的优势，把自己看到的现象和故事讲出来，让评论更丰满。把道理隐藏在故事和现象中。

## 二、思静同学改后稿

听完"选课秘籍"回来，我几乎哭出声来
宋思静

前几天一则国科大老师给22名研究生0分的新闻刷屏了我的微博首页。看完新闻内容和各种评价后，我生出了几个疑问：学生的学术作业抄袭，老师给0分，这件事为什么会成为新闻？为什么抄袭不被容忍会引起热议？为什么学生会不服气？

设身处地地想，他们不服气的原因大概有二。首先是在本课程的大纲中明确提及了最终成绩考勤占60%，期末论文占40%，也就是说，即使期末论文砸了也能及格，但是最终他们拿到了预料之外的0分；其次是其他选修课上也有论文抄袭的同学，他们为什么就没被打0分，觉得自己倒霉，不甘心。

对于第一点，课程大纲里的成绩构成意味着，只要平时考勤通过了，哪怕你一学期什么也没学会都可以及格。这一点并没有引起关注的原因就在于大家都觉得这是正常的，也是常见的。实际上在国内的大学里，因为"不想为难大家"之类的原因，大多数课程对学生的要求都很低。这个新闻中一些学生忙于社会实践而随便应付课程作业的行为，部分就是这种低要求"惯"出来的。

第二点的这种侥幸心理又是怎么产生的呢？抄袭被惩罚而非姑息为什么引起了这么多关注？我觉得这部分与我们当今本科教育的现状有关——严进宽出，流于工具，背离大学的初衷。

大一时我参加了一个社团，开学第二周社长就热情地提出开会传授选课秘诀。我满怀期待地参加了，等到的却是"逃课表""水课表"等高分攻略。那天晚上回宿舍的路上，一直活在象牙塔里的我又是震惊又是失望，几乎要哭出来。

我没有谴责社长的意思,在我迷茫又懵懂的大一岁月,他的许多经验和帮助让我更快适应了大学生活。我也确实明白白纸黑字的分数对于社会第一眼评判我们的重要性。但他确实映射出了如今大学生中较为普遍的观念:对"水 GPA"习以为常。在这种大风气下,很多大学生平时不学习,期末临时打听老师考试套路,通宵背书和准备。就连这些背的内容他们也是考完就忘。

这样浑浑噩噩四年有什么意义?

完全没有意义。人生最朝气蓬勃的四年,脱离了管束和稚气,充满了希望和无数可能,却被虚度。学习只是为了分数,本科是保研、出国或者就业的敲门砖,三年的高中学习换得的是再次沦为工具而非目的本身的四年。

这难道不比老师给抄袭作业的研究生打 0 分更应引起心怀天下的网民们关心吗?

要澄清的是,我并不是在单纯地指责大学生。

我有时真的有冲动冲进教学楼里奔走疾呼,希望大学生们珍惜这能够潜心学习的最后四年,莫负好时光。在最应该也最适合学习的黄金时期,最能够真正静下来学习自己感兴趣的知识时,放松下来,是对教育资源的浪费,也是对每个人自己生命的浪费。但是我知道这样并不能从根本解上决问题。

因为我扪心自问,自己在选课时也会担心老师由于要求过严或者对外院同学区别对待而给我无法接受的分数,影响未来的选择。我也见识了身边很多学生,禀赋本就不在学术,自有擅长和热心的领域。更敬佩那些智商、情商双高的学生,在高校学分制度下掌握了规则,学识与绩点同样让人称赞。

但更多情况下,国内高校这样"宽出"的要求,这样纵容低标准的课程环境,和绩点与学习本身不能一致甚至会冲突的情况,是让众多想要好好度过这四年的学生们无奈的。

大学教育的"严进宽出"始于我国高校自 20 世纪 50 年代初开始实行的统一招生、考试和毕业分配的制度。这是有时代背景的:一来入学严格考试,学生整体素质高,有宽出的基础;二来那时候实行计划经济,毕业包分配,学生没有就业的压力。

但延续到如今,这种体制的弊端也充分暴露出来了。

高中老师用尽苦心对学生进行应试教育,在各个方面严加管理,恨不得钻到学生脑子里灌输知识。高中三年的一切学习都是为了高考,为了考一个好的大学。为此学生们热血拼搏、激昂奋斗,迎战最后的三年。想想老师们的鼓励:"不要松懈!辛苦这三年,你们就解放了。"

辛苦了三年,考上理想的大学,目标就到此为止了。然后呢?没有想过。

脱离沉闷单调的学习,摆脱了巨大的压力,学生们解放了。进了大学之后,学校强调的是自律和自由,老师只是开课,学生则按照学院要求和自己的兴趣方向自行选课。

大学的底线是修满学分,只要及格,没出大岔子,都可以毕业。于是很常见的现象是不少学生作为精英考上了理想的大学,在头一年踌躇满志,但因为失去了管制又不能自律,逐渐形成惰性,放松自己,失去了追求。很多曾经春风满面,手持录取通知书在校门口留念的新生,最终成了只求毕业能拿一个好看的成绩和文凭的"老油条"。

新闻中的课程属于公共选修课。它开设的目的是加强学生的通识教育,让学生在增加专业深度的同时也能培养广博的综合素养,有厚重的人文科学底蕴。

但现实的情况却是,一来很多公共选修课的总体特征就表现为比专业课更通俗浅显,给分也比较宽容,所以常成为学生用来提高GPA的手段;二来为了提高绩点,学生选择这一类课的标准一般是"水"、不点名、任务少、给分好,目的是过得轻松和能拿高分。

如此,一节课放一部电影的老师成为选课表上需要考验眼疾手快的抢手货,几百人的大教室里也座无虚席。严谨的老师和内容充实的课却远远比不上这些"水课"受欢迎。就像劣币驱逐良币一般,"水课"驱逐好课,学生们逐渐形成惰性,选课变成了一种"投资行为"。

我一直觉得,大学的创设有三个层次的目的。最基础的一层就是培养可以适应社会各种职业需要的实干人才,为社会的正常运转输送活力;第二层是培养出可以洞察各个领域规律与本质的人才,引领每个领域未来的发展和飞跃;最高一层就是以每个人自身为目的,作为一个自由而"无目的"的土壤,培养深刻而有个性的灵魂。不强求他们成为什么角色,就是让他们通过自己的探索和挖掘,通过触摸到真正的学问内核,成为一个完整、独立的人。

但显然,"严进宽出"的本科教育无法达到这个目的。

**思静同学修改后的回复:**

老师,我对作业作了一些修改。已经发到您的邮箱啦。感觉还是有问题。一是感觉字数更多了,但是自己不舍得删,不知道删哪儿;二是在找老师说的西南联大的教学时,没找到具体的可以证明优越性的制度规定(应该是我找的方法不对……),只看到了比较泛泛的描述,所以不敢直接用;三是感觉我这么写会得罪好多同学啊……

**曹林的回复:**
放心,我再试试改一遍。

### 三、曹林改后稿

听完"选课秘籍"回来,我几乎哭出声来
宋思静

前段时间一则国科大老师给22名研究生0分的新闻刷屏了我的微博首页。舆论几乎是一边倒为老师叫好,痛批论文抄袭的学生。当然,我也支持给这22名研究生零分,但我觉得,其实老师一开始的评分标准就有问题:最终成绩,考勤占60%,期末论文占40%,也就是说,即使期末论文砸了,课程也能及格。——我能够理解老师这样考核的目的,是引导学生平时认真听课,不必过于注重最后的成绩。可"只要平时上课就能过"的课程,要求不是很低吗?

抄袭论文的学生要批判,但不要忘了,很多时候,这种丢人现眼的"水学生",是一些"水课程""水文化""水老师""水要求"泡出来、熏出来的。只要平时考勤通过了,哪怕你一学期什么也没学会都可以及格。——这一点没有引起舆论关注的原因可能在于,大家都觉得这是正常的,也是常见的。实际上在国内的大学里,因为"不想为难大家"之类的原因,大多数课程对学生的要求都很低。这个新闻中一些学生忙于社会实践而随便应付课程作业的行为,部分就是这种低要求"惯"出来的。

大学的"水课文化"已经严重到什么程度呢?大一时我参加了一个社团,开学第二周社长就热情地提出开会传授选课秘诀。我满怀期待地参加了,等到的却是"逃课表""水课表"等高分攻略。那天晚上回宿舍的路上,一直活在象牙塔里的我又是震惊又是失望,几乎要哭出来。

我没有谴责社长的意思,在我迷茫又懵懂的大一岁月,他的许多经验和帮助让我更快适应了大学生活。我也确实明白白纸黑字的分数对于社会第一眼评判我们的重要性。但他确实映射出了如今大学生中较为普遍的观念：对"水GPA"习以为常。在这种大风气下，很多大学生平时不学习，期末临时打听老师考试套路，通宵背书和准备。就连这些背的内容他们也是考完就忘。

新闻中的课程属于公共选修课，它开设的目的是加强学生的通识教育，让学生在增加专业深度的同时也能培养广博的综合素养，有厚重的人文科学底蕴。但现实的情况却是，一来很多公共选修课的总体特征就表现为比专业课更通俗浅显，给分也比较宽容，所以常成为学生用来提高GPA的手段；二来为了提高绩点，学生选择这一类课的标准一般是"水"、不点名、任务少、给分好，目的是过得轻松和能拿高分。

如此，一节课放一部电影的老师成为选课表上需要考验眼疾手快的抢手货，几百人的大教室里也座无虚席。严谨的老师和内容充实的课，却远远比不上这些"水课"受欢迎。就像劣币驱逐良币一般，"水课"驱逐好课，学生们逐渐形成惰性，选课变成了一种"投资行为"。

大学的底线是修满学分，只要及格，没出大岔子，都可以毕业。于是很常见的现象是不少学生作为精英考上了理想的大学，在头一年踌躇满志，但因为失去了管制又不能自律，逐渐形成惰性，放松自己，失去了追求。很多曾经春风满面，手持录取通知书在校门口留念的新生，最终成了只求毕业能拿一个好看的成绩和文凭的"老油条"。

这样浑浑噩噩四年有什么意义？完全没有意义。人生最朝气蓬勃的四年，脱离了管束和稚气，充满了希望和无数可能，却被虚度。学习只是为了分数，本科是保研、出国或者就业的敲门砖，三年的高中学习换得的是再次沦为工具而非目的本身的四年。几个学生论文抄袭背后的大学"水灾"，难道不比让人痛快的零分更应引起公众关心吗？

我有时真有一种冲进教学楼里奔走疾呼的冲动，希望大学生们珍惜这能够潜心学习的最后四年，莫负好时光。在最应该也最适合学习的黄金时期，最能够真正静下来学习自己感兴趣的知识时，放松下来，是对教育资源的浪费，也是对每个人自己生命的浪费。

但是我知道，这种诉诸大学生自觉的呼吁听起来很无力，扪心自问，我自己在选课时也深受水课文化的影响，担心老师要求过严或者对外院同学区别对待，而去选择"容易拿高分"的课程。严进宽出，已经在大学中固化为一种个体很难超越、体制化了的文化，"水老师"、"水学生"、只看绩点的保研标准，都是这种文化的产物。"水"不是几个学生几个老师的道德问题,而是"宽出"的教育体制制造的"水灾","水灾"之下的"水",是集体无意识的"水",身在此中的人,已经对"水"失去了反思意识。一定也有老师遇到过类似的抄袭论文,但多数可能都选择"算了",偶尔一两个较真者把问题暴露出来,才刺痛我们一下。

刺痛之后,再然后呢?大学会来一次痛心疾首的反思吗?既有体制之下,结果也许只有一个,以后学长们跟新生们分享易过、易逃课、易得高分的"选课秘诀"时,会把这门课列入黑名单。

**曹林的修改思路:**

文章我作了二次编辑,总体觉得你改后可能把原先的节奏也打乱了,倒不如刚开始流畅和清楚了。评论写作的过程可能是一个做减法的过程,把自己构思中太多想堆砌在一篇文章的"想法"进行梳理,果断放弃一些零碎想法,放弃一些在一篇文章中很难说清楚的"抽象观念",放弃一些弱相关的观念,找到一个"抓手",围绕这个抓手去推进层次和结构。

我之所以建议你用"听完'选课秘籍'回来,我几乎哭出声来"做标题,是因为我觉得这句话最打动我。"水课"的问题是一个老问题,在道理上很难说出新意,但"我几乎哭出声来"却有一种感性的、有身份代入感的冲击力,一个大学生本来对大学充满期待,却被传授这种矮化大学、让自己对大学充满失望的"选课秘诀",那种失望,那种文化冲击,那种震撼,"我几乎哭出声来"能充分地表现出来。

评论是需要"抓手"的,我是希望你这篇评论能感性一下,以此为抓手把你受到冲击后的失望,失望之中的反思表达出来。我希望这篇文章更多地写自己,把"我"代入进去,从"我"的角度感性地写自己看到的"水",经历的"水"。评论不必都是板着面孔讲大道理,当某个问题上的大道理很多人"无感"时,需要一些感性层面的现象去刺痛,去唤醒,去激起问题意识。

你改后最大的问题在于,做加法,想把老师说的那些加进去,自己又有很多想法,这种"改法"导致文章不堪重负,叠加了太多的逻辑层次,你自己都觉得无法忍受了。这时一定要学会做减法。你文章原先有好几个层次,而且这几个层次间的逻辑不是太紧凑。一、分析零分新闻;二、谈大学生的水文化水现象;三、谈严进宽出的影响;四、谈理想中的大学。我觉得层次太多了,所以在修改时主要关注第二个部分,把其他都减掉了。最后谈理想中的大学,这部分与文章的逻辑联系太弱了,所以我全部删掉了。

另外,由头是抄袭零分的新闻,这个由头不能只是由头,文章在评论时最不能离开这个由头,特别在结尾时,最好能够首尾呼应,回应一下由头,这样评论在整体上对读者才有交待,与由头"贴合"得很紧,而不是两张皮。

供你参考!

# 第四讲

# 评论的选题

> 《南方周末》的广告语是：在这里，读懂中国。我们这些以评论为业的人，在选题上也应该有这样的大视野、大关怀：将自己的选题与你身处的时代结合起来。在你的评论中，要能读懂中国。
>
> ——作者

时评的选题，就是选什么题材、针对什么话题进行评论的问题。每天可评的新闻有那么多，有无数值得评论的话题，之所以选这个而不选那个话题，并不是随机和偶然的，而是评论者对评论价值的判断。选题的过程，就是一次评论价值的衡量过程：认为某件事有可评论的空间和应评论的价值，或认为这个话题比那个话题更有评论价值。

## 一、选题就是对评论价值的判断

马少华在谈评论选题时谈到这样一个"选择和取舍"的典型案例。胡适在《努力周报》1922年7月17日至23日的《这一周》里这样写道："这一周的中国大事，并不是董康（当时的财政总长）的被打，也不是内阁的总辞职，也不是四川的大战，乃是十七日北京地质调查所的博物馆与图书馆的开幕。"

胡适的这段交代就旗帜鲜明地表达了自己对选题的价值判断。在一般人看来，贵为财政总长的政府官员被打，内阁的总辞职，四川的大战，这些都是热点和焦点，是公众最关注的事件，应该最有评论价值了。可胡适放弃了这些焦点，而是选择了"博物馆和图书馆开幕"这样一个看起来很不起眼的文化新闻，这就是他的价值判断，他认为相比那些事件，影响到国人精神和思想层次的图书馆开幕更有意义，更能决定中国的前途和命运。

《中国青年报》著名的"冰点新闻"，创刊者选择"冰点"为名，就包括这样的意思。他们拒绝跟着那些此起彼伏的新闻热点走，而是选择在一般人看来并非热点和焦点，甚至很冷很冰的话题去做新闻。——看起来是冰点，实际上是很容易被人忽略、隐藏着大关怀、涉及每个人利益的大问题。这样的话题一做出来，因为触及社会深层次的问题和每个人的内心，往往会立即成为热点。也就是说，这些新闻人通过自己独特、有洞察力的判断，把隐藏的新闻挖掘出来，引领了舆论对某个话题的关注，设置了议程，而不是被那些每天舆论空间中如过眼云烟、今天是热点明天就被其他热点取代的新闻牵着鼻子走。

选题的过程，就是这样一个进行价值衡量和判断的过程。

选题，与选题者一以贯之的价值观有关，他有什么样的价值观，在他的价值观中哪种价值居于优先位置，他的选题往往就会倾向于哪个方面。正如胡适的那个例子，因为在胡适的价值观中思想启蒙居于很重要的位置，他当然会将"博物馆和图书馆开幕"这种事关思想启蒙和国民教育的新闻当作头等大事。一个研究经济社会的人，会对社会中发生的经济事件有着特别的敏感，他能从这种别人看来很一般的经济事件中看出特别的意味；同样，教育立国者，会对教育话题有特别的关注。这样的价值观，其实就是一个人在日常的经验和阅读积累中所形成的"问题意识"。

人的价值是多元的，问题意识是不一样的，所以选题自然也就是不同的。社论最能体现一个报社的价值判断，国内各大报章每天的社论选题有时不约而同地选择了同一事件，可多数时候是不一样的。比如《新京报》，他们的社论操作思路是，每天下午3点开编前会，每个编辑向主编报当天的选题，然后研究哪个选题最有评论价值，最后确定社论选题。

选题，也与选题者擅长的领域有关。一个对教育话题有所研究、长期关注教育的评论者，他会优先选择教育事件去评论。一个在房地产市场上有许多资料积累、有着自己独到认识的人，房市领域内的新闻和话题会成为他的关注重点。因为，他们写这些话题时，能在评论中提供更高的附加值——也就是在这个话题上知道得比读者更多，看得比一般人更深刻，所以他们能提供更多超越新闻已有信息的附加的判断。这样的选题，是选自己有评论优势的题目。

关于这个方面,我在大学讲课时常与大学生们讲,你们在学校时当然也可以写评论,可在选题时,你们不要动不动就谈国家大事,什么房价高啊,医疗问题啊,这些不是你们所擅长的,你们应该选与校园相关的话题去写。因为你们身在校园之中,对校园事件、校园话题有切身的理解和独到的观察,在这个问题上,你们比一般的评论作者有优势。

选题,也与一个人的选题渠道和视野有关。一个人关注的视野很狭窄,关注的趣味很低级,眼中只有鸡毛蒜皮,只对凶杀、八卦、人咬狗之类的事感兴趣,就别指望他会选那些事关社会发展的大事件大问题。一个人只盯着新闻网站的首页去选题,而没有其他途径,不关注身边的现实,不体贴常人的人情,不深入实际进行调查,不到微博和论坛中了解更广泛的民意,他们的选题就会跟着热点新闻走,跟着许多人一起扎堆去评论某个焦点事件,而不会自己发现热点并引领社会对某个被忽略的重要问题的讨论。

当然,选题也与选题者所在媒体、所处的地域有关。比如,我们《中国青年报》,作为一份旨在"推动社会进步,服务青年成长"的青年报纸,在选题时自然会倾向于选择那些事关青年视角、青年利益方面的话题。而《工人日报》则会选择事关工人利益之类的话题。深圳的报纸,基于读者对身边事情的关注,他们的评论部在操作评论时,就会优先选择本地人更关心的事件作为社论选题,本地一家校舍倒塌,在他们看来,可能比"中国外交礼仪将有大的变革"这个话题更有评论价值。

## 二、大时代的观念——将选题与时代结合起来

宽泛地说,几乎没有不可以评论的题材,任何一个话题都有可以评论的空间,都可以评论几句。从鸡零狗碎的社会新闻,到刺激的黄色新闻,到不靠谱儿的娱乐八卦,还有严肃的时政新闻、突发事件、群体性事件等,没什么不可以点评的,从技术上讲都可以评论。选择什么新闻进行评论,这与每个人的评论兴趣、关注视野、问题意识、认知水平有关。有些人就是对那些娱乐八卦感兴趣,喜欢盯着那些琐碎的社会新闻。有些学法律专业的,只对涉及法律冲突和法治判断的题材感兴趣。有些人的认知水平很低,所以他们对新闻的关注也停留在那个与自己认知水平平行的低层次上,让他评重大的时政新

闻,他根本评不了,突破不了自己那种狭隘的关注视野和有限的认知水平。

我想谈谈自己对选题的偏好。

我选题最注重的是选题的意义。我并不偏好大题材,并不只写那些宏大的题材,只写那些关注到每个人切身利益的大事或引起激烈讨论的焦点事件,而更注意选题的意义和评论的价值,注重评论与自己身处的这个时代的关系。有些题材看起来很小,很微不足道,却能反映这个时代一种普遍的现象,或者反映出一种普遍的焦虑,能够以小见大,即使题材再小,它也在我的关注视野之内。关键是要有意义。

比如2010年《中国青年报》刊登了一封研究生的来信,他在来信中诉说了一直纠缠着自己的困惑和焦虑——到底要不要花钱买版面发论文:自己知道花钱买版面发论文意味着什么,但不这样做的话,就拿不到奖学金,就会在诸种评比中被挤出局,身边人都这样做也让自己心有不甘。但道德准则又不能容忍自己这样做,违背自己的良心,自己都看不起自己。在许多人的选题判断来看,这既不是热点,也不是什么大事,没有依附于某个焦点新闻,不过只是一封个人来信。

但我判断,这虽然不是大事和热点,却击中了这个时代中许多人的焦虑,是一个非常有评论价值的选题。我的判断是,这不是一个人的困惑,而是纠结在许多中国人心中难以驱除和消弭的困惑,触及了一个转型社会的制度痛感,搅动起深藏在他们内心的茫然、迷惑和难以自解的心灵冲突。这个年轻人的困惑是"要不要买版面发论文",是"服从潜规则还是尊重自己的良心",我们这些人也许没有发论文之忧,但每天心中都纠缠着许多类似的艰难与痛苦的选择:考试,许多人都在作弊,我要不要也作弊?工作,许多人都在托人找各种关系,我还要不要凭自己的才能去竞争?晋升,许多人都在向领导行贿,我要不要也去送点礼?做生意,许多人都在靠不正当手段和向权力行贿,我要不要遵守法律诚实经营?这种困惑和选择的迷茫已经融入了许多日常生活细节中:别人都在闯红灯,我要不要傻傻地等绿灯亮时才迈开脚步?别人都在乱扔垃圾,我要不要傻傻地提着垃圾袋走很远的路?坐公交车时别人都在插队和推挤,我要不要老老实实地排队?……

如果用这种关注视野去写评论,与你身处的这个时代结合起来,你的评论就会拥有一种与众不同的气质,并能推动这个时代的进步和发展。

## 三、从你的选题中读懂中国

　　我不喜欢那些见什么评什么的评论,更不喜欢那种专门选刺激、血腥、带着明显炒作色彩的新闻进行评论的评论,而喜欢那种自觉地把自己的评论关怀与这个时代结合起来的大气的评论。

　　我坚持认为,一个以评论为业的人,要把自己的评论使命与这个时代的使命结合起来,要有强烈的历史使命感和呼应时代需求的责任感。中国身处的这个时代,是一个大变革的时代,这个社会每天都有不公正的事件发生,公民的权利每天都受到侵犯,腐败问题已引起全社会的高度关注。我们这些以评论为业的人,要敏感地把握住这个时代的特征,主动把自己的选题倾向于这些方面,把民主与自由的追求融入自己的评论关注中。

　　我们的评论家们在选题的时候,要有这样的问题关怀意识:我将要评论的这个话题,与我们身处的时代是怎样一种关系?评论,不是个人的事情,不是小文人的创作,也不是孤芳自赏地玩弄文字,评论,是一种公民表达的实用文体,是在公共事务上运用自己的理性,必须与一个人身处的社会和时代发生关系,必须追问你评论的意义。

　　什么是意义?我对意义的理解是,与外界发生联系并产生作用的一种描述。评论的意义,就是与身处的社会产生联系并发挥推动作用。正如一位朋友所言,时评是一种公共话语,立论与论证的公共性,而非私人性,决定了它的生命力和价值。评论是一种公共话语,是介入公共事务的一种方式。

　　我常常以自己所从事的这个行业为荣,为什么呢?我觉得非常有意义,我每天一篇评论,让我将自己与自己身处的这个时代紧密地联系起来。感觉自己的评论影响着社会,影响着时事进程,推动着社会的进步,舆论进程中有自己的声音,这是一种很美妙的感觉。我评,故我在,我将我的评论与时代结合起来,就有一种与时代和社会共同发展的感觉。这就是意义。每一年年终的时候,我都会打开电脑翻阅一下这一年我写过的所有的评论,我个人这一年的评论史,就是这一年社会的发展史。

　　我很欣赏《南方都市报》社论的操作思路,他们提出了一个口号,就是:在大转型的时代关注这个转变的国家与社会。他们的评论主编就说:目前《南方都市报》的时评,是基于这样一个理念而设置生长的——中国与中国人,正处在百余年未绝的历史大转型努力之中。这种大转型,自晚清开埠而始,基本的命题便是要成为一个现代国家与现代民族;其间的种种努力,所要解答的不过是国家独立的民族主义诉求、经济发展的民生主义诉求与政治文明的民主主义诉求,综观这些命题,便不难发现,时下的中国正处在这一历史大转型的最后关键阶段,身处其中的每一个成员,都无可避免地要成为这一历史的推动者,也无可逃遁地要成为这一历史的被触动者。因此,在这个转型中,这个国家的方向、所获得的进展、所遭遇的困顿、所影响的命运,是我们评论所要紧密关注、积极表达的话题。

《南方周末》的广告语是:在这里,读懂中国。我们这些以评论为业的人,在选题上也应该有这样的大视野、大关怀:将自己的选题与你身处的时代结合起来。在你的评论中,要能读懂中国。

## 四、新闻本位时代无法回避热点

在选题上,有时候我会故意远离新闻热点,从身边的事情和自己的经历说起,或从某种我观察到的社会现象谈起。——评论学者们称之为"非事件性选题"。

比如,我写一篇评论,题目叫《特权,不要误解人们看你的眼神》,是从自己参加某地举行的一次活动、警车在前面为我们开道的经历讲起。我非常反感警车开道,于是我就批评起这种在现实生活中非常普遍的"警车为领导开道"的现象,我说:"当特权车在万众注目下呼啸而过、绝尘远去的时候,我想,车上享受着这种法外特权的领导一定感觉非常爽,感受着特权带来的巨大快感和虚荣,认为那些给他们停车让道的市民和过客,一定是在景仰、羡慕、忌妒、尊重、敬畏和惊叹的注视中目送着特权车招摇过市的。"

我接着评论道:"每当这时候,我都有一种特别强烈的冲动想对那些坐在车上的领导、那些众目睽睽下加塞插队的特权者说几句:你真以为那些被迫停下来让行、被迫让你优先的公众,是在景仰、羡慕你、尊重你、敬畏你和惊叹你特权的高人一等和威风凛凛吗?这不过是你自欺欺人的幻觉罢了。你真的不知道吗?人们眼中其实冒着的是愤怒之火,心中涌动着的是鄙视和愤懑。因为你的特权破坏了公共规则,侵犯了别人的权利,影响了别人的正常生活,给平民的工作带来了极大的不便。"

这是典型的非事件性选题，触发评论的不是一个新闻事件，而是作者观察到的一个社会现象。在政论和杂文时代，选题主要都是针对某个社会问题和某个社会现象进行评论的，而评论发展到时评时代，就与时事新闻紧密地结合起来了，因时而评，是为时评，多数的评论选题都集中到对当下发现的新闻事件上，也就是"事件性选题"：就发生的某一件事进行评论说理。事件性选题，也就是我们平常所说的新闻热点和焦点。

随着新闻评论由"政论本位"到"新闻本位"的转变，对即时发生的新闻事件进行评论渐渐成为主流。正因为此，时评版的位置在一份报纸中也越来越前移。最早的时候评论版都在副刊中，后来前移到A叠新闻版中，许多报纸如今都更加前移到二版三版中，打开报纸就能看到评论版。评论成为新闻的一部分，评论的选题当然就得紧扣当下发生的时事新闻了。事件性选题成为主流，让评论的时效越来越重要，报纸的评论版只刊登针对昨天新闻的评论，隔一天就已经过了时效了。

对于这种追逐热点和焦点的"事件性选题"取向，我的观点是，不要回避热点和焦点。如果你以评论为业，在那些公众关注的大事情中，对那些每天最热的新闻，必须发出自己的声音，拿出自己的见解。我就经常说，作为一个时事评论员，在像汶川地震、玉树地震这样的大事件中听不到你的声音，你的评论缺席于这样深刻影响着中国社会的大事件，你肯定不是一个合格的时评员。

这种认知之下，如果某一段时间出差参加某个活动，没有时间关注新闻和写评论，漏掉了某个大热点或非常重要的新闻，我常会有很遗憾和失落的感觉。

对于热点和焦点，选题的人肯定特别多，那就是撞题。作为时评编辑，我的经验是，每天80％以上的时评作者会集中在2～3个热点话题上进行评论。我们评论版的邮箱中，每天能收到400多篇来稿，80％以上的稿件都只是集中在2～3个热点话题上。为了文章更可能发表，时评作者在写作时不妨分散热点，如果感觉某个话题很热，写的人肯定很多，不妨选择其他相对不太热的热点。当然了，如果对某个热点特别有感觉，也无须回避，如果你自信在这个话题上有优势，能提供更高的附加值，那就不必害怕与80％的同行进行观点上的竞争。毕竟，一个新闻有不同的阐释角度，不同的人从同样的新闻中可能看到不同的意义，舆论也需要多元的视角和多元的声音。

## 五、有冲突的话题更有评论价值

评判一个话题的评论价值最重要的一点在于,这个话题要有冲突性。要选择那些有冲突性的话题进行评论。

如果一个事件的是非很明显,对错很清楚,没什么好争议的,那就没有什么评论价值了。是非一看便知,读者自己能作出判断,就没有阅读评论的兴趣了。冲突和争议,才是评论家发挥自己理性的地方,通过自己的分析从冲突中理出思路,理清争议,从而提供一种清晰的判断和独特的认知视角。有争议,才有评论的空间,才需要评论家。没有争议,评论只能停留于道德层次,对于新闻中已经包含的判断进行一次重申和强调,这样的评论,就没有多少附加值了。

我在其他章节也谈到过,新闻虽然是对事实的客观报道,但由于报道者是有价值判断的,所以新闻中难免会隐含着是非判断,新闻中已经预设了某种价值信息。对于那些没有争议的新闻事件来说,新闻已经通过报道提供了价值判断,无须评论再做什么。而那些有争议的事件,新闻并不能提供完整的价值判断,或者给读者一个确定的判断,把有争议的问题说清楚,通过理清争议的迷乱将背后更深层次的问题揭示出来,这个任务需要评论家来完成。

比如像"深圳警方微博通报突发事件获好评""男子打死多条流浪猫""男青年手头缺钱劫杀卖淫女""文化部长连发六问谈反三俗:不能听之任之"之类的新闻就没有什么评论价值,没什么好争议的,新闻中已经给出了答案,没有什么评论者可以发挥自己理性的空间。而像"救人老汉要求被救者写信表扬""高考状元因造假被取消录取资格""交通肇事后做义工'脱罪'以善代罚""警车'潜伏'广告牌后测超速""表行失窃案失主向警方馈赠贵重财物""男子拒绝手术签字致孕妇死亡"之类的新闻就有评论价值,因为有很大的争议空间。

戏剧,有冲突才会有故事,才会吸引观众。评论,只有在冲突中才能凸显理性和逻辑的力量,理清冲突方能表现评论者的洞察力和智识。

比如说,我评论过这样一个有争议的事件。车在路上泊,醉鬼撞车死,人在家中坐,祸从天上来——世界上最倒霉的莫过于北京一位私家车主,她的车停在自家楼下马路边的正规车位里,结果一辆三轮板车撞了上去,醉酒的骑车人重伤不治。交警告知机动车主,作为无责任车主,要依据《道路交通安全法》负担死者10％的死亡赔偿金。没有任何责任,甚至是受害者,依照"交法第76条"却须负担死亡赔偿金,这个结果当然充满了争议,很多人说这很不公平,并把矛头指向了"交法第76条"中"机动车撞死人无责也要赔偿"的规定。

这个事件中充满着情理和法理的冲突,我是这样评论的:

> 这样的判决在个案中虽然不正义,在法律中却是正义的。公众之所以对这个判决有意见,因为公众对侵权责任的理解,还停留在"过错责任"的常识理性和感性经验层次上,坚信"无过失则无责任",其实"交法第76条"并非以此为基础,而是奉行"无过失也得承担责任"的严格责任。"无过失则无责任"是早期侵犯行为法天经地义的基本格言,在无过失之时免除责任是自由政府的固有权力。让我对邻居进行赔偿,并不比强迫我保证使他不受雷电的袭击更为合理。
>
> 然而随着法律观念的进步,这种天经地义的理论不断遭到怀疑,人们逐渐在许多领域接受了严格责任理论:使本身具有危险性的特定物品的保存者成为实际上的承保人。为了保护个人不受一些"超危险活动"的侵害,确定责任时并不以其是否有过失为必要条件,从事某种活动就必要对此过程中发生的一切伤害都作赔偿。正像施瓦茨在《美国法律史》中所言:火车和汽车驾驶员承担责任并不是因为他们在行车过程中有特定的"过失",而是他们的活动所固有的危险性质,会产生不可避免的后果。像汽车等工业文明本身隐藏的对人的伤害,并不是靠操纵者给予了合理的注意和正常的预防就能避免的,人在这个铁疙瘩面前完全是弱者,没有任何过失这个庞然大物都能将人碾得粉碎,所以必须对其课以严格责任。

所以,我的判断是:

> 立法者是出于保护弱者才订立了"交法第76条",他们立法时应该设想到无数种人车遭遇时的场景,可能完全没想到会出现这样的

个案：车在路上泊，醉鬼撞车死——这完全是一个例外，一个极端，一个小概念事件，立法者本意决非想惩罚这样的车主。法律很多时候只能保障绝大多数情况上的正义，那种小概率、例外情形、极端状况上的不近人情、不符情理之非正义，也许是人们为了享受法治这种"最不坏"的文明所必须支付的代价。

我通过我的专业理解和理性观察，在冲突中理出了思路。评论者多数时候做的事情，就是在冲突中给出判断，在不确定中给出确定。

当然了，正如我在其他章节讲过的，面对冲突性新闻时要注意分辨真假，许多冲突，正是迎合人对冲突的偏好而编造出来的，其中包含着很大的陷阱，一定要仔细辨别，不要看到冲突就被人家牵着鼻子走，评了别人制造出来的假新闻而贻笑大方。冲突，一定是要客观存在的，而不是臆造和想象出来的。

## 六、追逐热点之外拓宽选题途径

为了让你的评论更丰富，选题的途径要尽可能宽广。不要仅局限于媒体已经报道的那些事件新闻，要多从身边去发掘，从自己的经历去发掘，从媒体报道以外的途径去寻找。这种发现性评论，更能体现评论独立于新闻、超越于报道的理性力量。

如今时评写作的一大问题就是，写作的由头都是来源于报纸和新闻网站，时评作者每天蹲守在电脑前，在几大新闻网站中翻找评论对象，这既造成了题材的匮乏（热点只有那么几个，而且大家的选题惊人相似），又造成了对新闻报道的过度依赖（被新闻牵着鼻子走，成为新闻报道的附庸），当然，也使评论议题非常狭窄，非常浅薄，时事更新的节奏越来越快，热点此起彼伏，今天喧哗的热点明天很快就被新热点所淹没，跟着热点走的评论很难深入地探讨一个问题。

这就需要时评作者能多拓宽选题途径，不是只有新闻报道了的事件才可以评论，什么话题都可以评的，只要是客观存在的事实，只要有准确的来源，都可以成为评论的对象。

比如，我经常从微博中发现评论由头，从别人的微博发言中看到问题。2010年两会我的一篇引起较大舆论反响的评论《几个提议案对得起体贴的小黄瓜》中,"小黄瓜"的典故,就来自微博。许多政协委员和人大代表都开了微博,如今两会的会务安排越来越体贴,政协委员张晓梅就在微博中透露:每个委员房间每天都会有包括小黄瓜在内的新鲜水果,还在微博中上传了鲜嫩的小黄瓜的照片。正如政协委员崔永元也在微博中说:我们的会议给北京老百姓的生活带来了多大不便,提交与回复提案的态度要对得起这几天的交通管制。还有许多代表委员在博客中透露了他们不错的伙食:营养合理荤素搭配美味可口,有玉米笋黄瓜、蜜豆虾仁、油焖明虾、中式牛仔骨、蒸南瓜、烤红薯,一餐饭价格肯定低不了。

我就此评论道:"加上代表委员的交通费用和其他会务费用,纳税人每年花在两会上的钱财绝不会少,代表委员不能心安理得地享受这些福利,而要扪心自问一下:自己交的履职答卷对不对得起北京这几天的交通管制,对不对得起'中式牛仔骨'和'联想笔记本',对不对得起每天服务员送到你房间的那细微体贴的'小黄瓜'?"

这样的评论材料,在新闻报道中是看不到的,只有将你的选题视野拓展开来,才会有丰富的发现。

再比如,我还写过一篇题为《"任志强潘石屹被抓"谣传折射的社会心态》的文章,由头就来自潘石屹的博客文章。我开头这样说:"浏览房产大亨潘石屹的博客可以发现,小潘近来很有些不爽,因为社会上传言他被抓起来了,他不得不一次次向朋友解释自己'还在正常地工作和生活,没有被抓起来'。传言同时被抓起来的还有房产大鳄任志强,小潘打电话向任志强求证时任称'每天三四十个电话问我是不是被抓起来了',正在与潘通电话的时候,又有人给任打电话问他是不是被抓起来了,潘听见任在电话里跟对方发脾气:'他妈的,什么事呀……'——当潘石屹在博客中写下这篇《我和任志强没有被抓》辟谣文章后,觉得很哭笑不得。"然后我据这个谣言分析了当时社会对房产商人的心态。

而我那篇引起很大舆论反响的评论《那道带血的有奖竞猜让我颤栗》,由头则来自我看电视时注意到电视下方滚动的"有奖竞猜":9月6日晚,中央电视台四套节目在播放俄罗斯人质危机的新闻报道时,屏幕下滚动播出这样的信息:有奖竞猜——俄罗斯人质危机中一共有多少人丧生?答案:A××人;B××人;C××人;D××人,答题请直接回答至:××用户发送答案至×××,××用户发送答案至××××。看到这个有奖竞猜,我立即产生这样的评论冲动：竟然有媒体拿灾难的死亡人数做充满娱乐色彩的有奖竞猜！竟然有商人以死亡人数为竞猜由头从灾难信息上捞钱！

其实，只要你用心去观察，身边许多事情、现象都是可以评论的，可以当作评论对象或评论材料。对三农问题很关注，利用假期到农村走一走，你会发现许多值得评论的话题，虽然非常庸常没有新闻性，可是非常普遍，极具评论价值。参加饭局的时候，多与朋友讨论一些社会现象，讨论中你能发现许多值得评论的话题。在现实中，多留心身边人对时事和问题的一些看法，这就是民意，而这些平凡人的想法经常被媒体的报道所忽略，你的评论视野关注到了，就能够超越新闻而引领起舆论对某个"冷问题"的关注。

康拉德·芬克在《冲击力》中也谈到了选题。他说，在寻找社论所论议题时，没什么比阅读、聊天、走路、思考更重要。同你遇到的每一个人交谈。在超市结账口排队时，是不是有一段闲暇时光？同你旁边的人聊聊吧。同收银员聊聊吧。听听他们如何谈论食品价格、工作、交通及税收等话题。他们所说的也就是你的许多读者所想的……不要有了一个半拉子想法就急急忙忙去敲键盘。要仔细考虑，认真研究①。

## 七、带着问题意识，等待新闻由头

还有一类评论选题是这样产生的：对某个问题有自己的理解，形成了某种问题意识，但苦于缺乏新闻由头，无法与时事紧密地结合起来，这时候就需要等待，等一个合适的时机，找到新近发生的某个由头时，将自己的思考表达出来。

或者是自己一直对某个问题有自己的思考，但这种思考比较模糊，并没有形成清晰的认识，某天看到一条新闻时，突然触发了自己那种模糊的想法，对那个问题有了全新的想法和清晰的认知。

比如郭光东先生的经典名篇《国旗为谁而降》，就是这样由问题意识触发的选题，他后来回忆这篇评论的选题过程时说：1998年的9、10月间，我作为华东政法学院的一名三年级法学硕士生，为挣点零用钱，正利用课余时间为

---

① ［美］康拉德·芬克：《冲击力——新闻评论写作教程》，柳珊、顾振凯译，新华出版社2002年版，第41页。

自考生讲授宪法学课程,有节课就专门讲国旗、国徽、国歌。那节课上,当我讲到"对于严重自然灾害造成重大伤亡时,也可以下半旗志哀"的一瞬间,脑子里突然联想到当时最大的新闻事件——抗洪救灾,对呀,"九八"洪灾死了几千人之巨,国家难道不该按照《国旗法》的规定为他们下半旗吗?

讲《国旗法》时,突然联想到眼下的洪灾,进而想到"国旗为谁而降"的话题。许多选题,似乎都是像这样"突发灵感"而产生的。其实,这也不是什么不可捉摸的灵感,因为有了对《国旗法》的了解,有法律敏感,形成了模糊的问题意识,当想到眼下的洪灾时,就会激发出某种选题灵感。

不过,无论是什么选题,出于表达效率的需要,最好选择一个引人注目的由头、新近发生的事件或公众熟悉的现象作为"引子",即跟"时"结合起来谈。单纯"就问题谈问题",选题让读者感觉与当下的社会生活并没有多大的关系,你所选择谈论的问题再重要,也很难产生影响。

选题是写作的起点,选什么样的题,往往决定着你评论的认知高度。选什么样的题,也决定着你是一个平庸的作者还是一个有洞察力的作者。很多人认为选题存在很大的偶然性,撞上什么题材就写什么,这样的作者往往是三流四流的。上流的作者,能主动地把握和选择题材,能通过自己独到的观察力发现题材,带着问题意识去选题,发现话题、制造话题并引领讨论。而三四流的作者,只能被动地撞题,没什么目的性,没啥想法,撞上什么写什么,过度依赖媒体的报道,网站头条是什么,他就写什么,纯粹是被牵着鼻子走,可想而知评论会停留在怎样一种层次上。

## 八、平庸的评论时代需要现象级评论

新媒体时代,需要有"现象级评论"的选题追求。什么叫现象级评论?举几个案例,或者像《光明日报》的《实践是检验真理的唯一标准》那样,能够影响和开启一个时代;或者像《中国青年报》的《国旗,为谁而降》那样,推动舆论去关注一个被忽略的问题并改变了现实;或者像《人民日报》当年那组关于剖析社会心态的系列评论:《打捞沉默的声音》《宁要微词不要危机》那样,看到人心潮水的方向,看到隐性的问题,引发自上而下的反思。

今天的媒体比当年发达多了,评论的表达门槛越来越低,评论员人数翻了无数倍,每天从党报到都市报、到新媒体、到无数公号,生产无数评论,但像那种能够站在高处、于有声处触动时代和人心的痛点的现象级评论很少,都是一些鸡毛蒜皮、跟着新闻屁股后面跑的小评论、口水评论,新闻评论似乎进入了一个平庸时代。

所谓现象级,就是成为一种被人谈论的现象,一个跟新闻业八杆子打不到一起去的人都能看到这篇评论并去谈论它,你妈妈、奶奶、姥姥都在讨论了,就是现象级。比如 2018 年 12 月《中国青年报》"冰点周刊"刷屏的那篇报道《这块屏幕可能改变命运》就是现象级的报道——不只是媒体人谈论,也不只是教育界人士讨论,企业家、地方领导、山里的孩子、在美国读 MBA 的精英都在讨论,这就是现象级的。《人民日报》刷屏的"军装照"产品,那是现象级的融媒体产品。我们的评论往往只是跟着这种现象级的报道所形成的热点后面走,你跟着这种新闻走,点评几句,找个角度说几句,永远没法让自己成为热点,永远只会生活在新闻的阴影之中,是配角。

很遗憾的是,我们的评论基本上就处于这种配角的位置,配评论嘛。我一直觉得"配评论"是对评论员角色的一种贬低,我不是衬托你的、配你的,我是一种独立的文体,不依附于新闻,不依附于权力意志,不是当其他行动的风向标,不是某个"背景"的影子或信号。我就是我,我用我对事实和问题的观察,自己发出声音,设置一个议题,让自己成为被讨论的焦点。

为什么没有现象级评论,后面可能有很多问题,有很多制约,但一个重要的方面,是思维惯例的制约,我们的评论选题都跟在新闻的屁股后面,都去追逐那几个所谓的热点,在精神上没有摆脱被新闻和热点话题喂养。太追时效,太赶热点,太依赖新闻,总想蹭热点、蹭新闻,当然成不了现象级。我刚才举的那几篇现象级的评论,没有一篇是蹭着新闻热点的,都是独立地提起了一个话题。评论员不能成为被热点话题喂养的巨婴,不能陷入那种平庸、琐碎的话题追逐中去,让我们的评论平庸化和口水化。

评论这种文体只有拒绝被新闻和热点喂养才能独立地长大。我做评论编辑的时候,特别珍惜那些来自生活的评论,没有新闻由头的评论——以"我最近遇到了一件事""我注意到近来一种现象"开头,而不是"据报道"开头的评论。从这种开头中,我看到了一种"说人话"的努力,看到了在精神上逃避热点、不凑热闹的努力。

现在很多评论员好像已经失去了那种从身边发现问题的敏锐。赫拉利在《人类简史》中忧心忡忡地谈到了现代社会中人类感官的退化,他说:20世纪,科技让我们与身体的距离越来越远,逐渐失去了好好感受味觉和嗅觉的能力,一头扎进智能手机和计算机,对网络上发生的事比对大街上发生的事更感兴趣。在远古时代,人类绝不可以如此漫不经心。当时的采集者必须永远保持警觉、专心一意。走进森林里寻找蘑菇的时候,要注意地面是否有小小的凸起,还要注意草丛中是否发出了细微的声音,以免有蛇躲在那里。可到了现代的富裕社会,人类不再需要如此敏锐的感官意识。我们可以一边走在超市的走道里,一边发短信,一边在成百上千种食物中随意挑选。

同样,评论员也有一样的问题,网上热点话题太多,被喂养得太多,自己反而失去了去找题目的能力。你看云时热切,你看我时眼盲,明摆着很多问题不去评论,非要变成新闻、变成热点,才进入自己的选题视野,这种失盲就是被热点过度喂养的结果。我们要在话题和思维上跳出对新闻热点的喂养依赖,评论员基本是被新闻和社交媒体喂养选题,很少有能力能够跳出这种束缚,这是我们的温暖区和舒适区,能很快地炮制一篇评论。你整天跟着新闻的屁股后面跑,火的永远是新闻,评论只是配角。

怎么跳出来呢?问题导向而不是热点导向,不要脸上总是写满"10万+"的欲望。要有评论人的定力,一个人的死亡是悲剧,100万人的死亡只是统计学意义上的说法——热点,会关注那一个人的死亡,因为那是新闻,但你能不能看到背后的统计学?比如,湖南那个丈夫为了骗保制造死亡假象,妻子不明真相然后带孩子殉情的新闻,评论员能不能看到背后的真问题,不是骗保,不是殉情,而是农村妇女自杀这个残酷的问题呢。评论要有大关怀,碰大话题,写大评论,而不是陷于那种琐碎的愤世嫉俗的情绪中。

弗林特说,所有报纸都信奉烧掉一座大桥的新闻比建设一座大桥的新闻重要。另一句话说的是同样的意思,在某次市政厅会议上,一个大声辱骂的人比一个安静提出重要问题的人更有机会上电视。关注大声辱骂的人当然是热点,但你有没有能力关注那个安静地提出重要问题的人。现象级评论往往都是由那个"安静地提出重要问题的"人而不是脸上写满"10万+"欲望、喊打喊杀的人写出的。比如,特朗普刚当选总统时,中国人民大学杨其静教授一篇分析特朗普当选对中国影响的文章。特朗普意外入主白宫时,当时在中国舆论场上一片轻浮的乐观之声,一向对中国不友好的希拉里出局,一个政治菜鸟当选,中国评论家一片欢呼,对手是这样一个缺乏政治经验的商人,中国或成最大赢家。而人大教授这篇评论则提醒,特朗普是一个很难对付的人,将对中国形成很大威胁,成为中国的麻烦。这篇题为《特朗普当选,中国面临巨大挑战》的评论,当年陷于一片"美国人吓尿了""中国成最大赢家"的马屁评论中,可两年之后,这篇评论被网友翻了出来,网友震惊地发现,两年前杨其静教授对特朗普的分析,指出了他会对中国出什么牌,会怎么兑现自己的承诺,会制造哪些麻烦,这些全部应验了。

评论不在多,不是搞人海战术和数字标签,三评、五评、七评、八评,一年出一篇这样现象级的评论,就是成功。那么多"10万＋",有几篇能够让人在一个礼拜、一个月后再想起?但这种现象级的评论,两年、三年、十年后,仍然会被人提起,真正成了历史的底稿。

# 第五讲

# 评论的角度

> 一位教徒在祈祷时犯了烟瘾,就问神父:祈祷时可以抽烟吗?神父瞪了他一眼说:不可以! 另一位教徒在祈祷时也犯了烟瘾,他问神父:抽烟时可以祈祷吗?神父赞赏地说:可以!
>
> ——《角度》

选了题目,然后就是角度了。从什么角度切入最能引起舆论关注?从什么角度写作会更能提出新的观点?从什么角度观察会更深刻地揭示出问题,让读者看到更深层次的东西?这一讲就解决这些问题。

## 一、角度不是迷信,角度非常重要

对于角度,很多评论学者认为这是一个伪问题。比如人民大学的马少华就这么认为,他说:选题确定之后,同学们常常为了"选择评论角度"颇费工夫,希望老师能多讲些"选角度的问题"。其实,一个人的认识问题的角度,总是与他自己的知识结构、情感结构、他的"敏感点"紧密联系的。实际上,所谓"角度"是认识的结果。评论的不同的角度,恰是对事物不同的认识。一个人最终写出来的,恐怕就是他能够选择的角度;而别人写不出来的,恐怕不是他能选择的角度。因此,马少华希望评论者在写作新闻评论时不应该有一种"角度迷信"。

这种否认角度的观点,显然是不对的,是混淆了"角度"与"认知的深度和高度"。一个人认知的深度和高度,当然是已经决定了的,你的阅读、学习和经验所积累的认知水平,决定了你对某个问题只能认识到某种深度和高度,

## 第五讲 评论的角度

而不可能认识更深更高。要想把问题看得更加透彻和深入,只能通过更多的阅读、学习和体验来达到。克伦威尔说,人不可能攀登到比自己不知道的地方更高。同样,评论的认知水平也是如此,评论写到什么样的水平,是由你的知识积累所决定的。

而角度则不一样,横看成岭侧成峰,远近高低各不同,看待一个问题要不同的角度,不同的角度就能见到不同的景象和问题。不同的人,看到的可能是同样的角度,而一个人,如果转移一下视野,则可能看到不同的角度。不同的角度会呈现出不同的问题,不同角度的分析会呈现不同的表达和传播效果。所以,评论的角度不是迷信,而是真实存在,并对一篇评论非常重要。

举个例子,中国不少人大代表只会鼓掌和举手,而不会提反对意见和投反对票。对于这种现象,有许多可以阐述的角度,比如,(1)可以笼统地呼吁代表要不辜负公众的期待而认真履职;(2)可以通过赞美某个敢于说不的人大代表来倡导以其为榜样;(3)可以某个从来没投过反对票的委员为反面典型展开批评;(4)还可以通过国外议会反对声不断的场景来批评我们的人大代表。

这些切入"人大代表为什么不投反对票"这一问题的不同角度,会产生不同的评论效果。第一种最弱,呼吁,倡导,期待,这样的角度很弱,近乎哀求。第二种相对较强,通过对正面人物的赞美,先立,然后再批评,让那些不敢投反对票的向这个榜样学习,批评比较间接和委婉,让人容易接受,可读者可能觉得不过瘾。而第三种就比较强了,直接指名道姓地批评某个从不投反对票的代表,树立了负面的典型,就有了更强的批评性和传播效果。最强的应该是第四种,直接通过中外的对比,来检讨我们的人大代表制度存在的不完善之处。

第一种是从以倡导来传播价值的角度,第二种是从赞扬的角度来批判,第三种是从批判的角度来强化,第四种是从对比的角度来直接批判,批评的强度随着角度的不同和切入点的差异而不断递增。角度不同,批判的效果和引发的舆论反应及其对代表的触动当然是不一样的。

我在写作两会评论时,选择的是一种介于第三种和第四种间的角度,我在标题中就直接追问"代表告诉我反对键在左还是右",我从这样的角度切入:

某媒体在微博上代代表委员向网众征集意见,一位学者留言说:问问部分委员们,当您坐下,面对主席台,哪边是反对的按钮?左边还是右边?问题问得比较尖锐,代表委员听着可能比较刺耳。不过,如果让记者站在人民大会堂外等着代表委员散会出场时轮流问他们这个话题,能答出来的人应该不多。

这个代表了多数公众疑问的问题,饱含着纳税人对代表委员这样的期待:请完整地使用人们赋予你们的权利,记住你的手不仅是随时准备跟着别人一起举手投赞成票的,履行权利不仅有支持,还有弃权和反对。你得知道反对按钮的位置,你得有"不认同就反对""未被说服就弃权"的问题意识和履职准备。

这是一种"制造冲突""制造问题"的角度,通过"代表告诉我反对键在左还是右"这个很醒目、很尖锐、很新颖的议题设置,将"我们的代表为什么不敢投反对票"这个问题提了出来,起到了很好的评论效果。

在新闻评论的角度问题上,我的基本观点是这样的。如果新闻事件本身有足够的新闻性,那么评论无须在角度上费过多的精力,充满新闻性的事件本身就让读者有了关注的兴趣,无论你如何切入,读者都会因为事件的荒唐而关注你的观点。比如,某地为了腾出土地,准备炸掉一座没建几年的新大楼,针对舆论"这样是不是浪费"的质疑,政府回应说"反正政府不吃亏"——这个回应是足够荒谬的了,于是,我的评论题目就是《惊闻"政府不吃亏"成为炸楼理由》,没有角度,直接开门见山地进行批评。类似的评论还有《惊闻"百姓举报信被官员争相传阅"》《惊闻高管天价薪酬是"做给外国人看的"》《一万个理由没想到邮资会涨》《"改革即裁员"——我反对》《提示语拖死:2006最具中国特色的死法》,等等。

当事件本身缺乏足够的新鲜性和引人注目的新闻价值时,就需要新的角度进行弥补了,以新角度来补充旧话题或抽象问题带来的关注疲劳。

## 二、新角度切入,提起对老问题的关注

评论写作时,一般都会遇到这样的问题:一个老话题、老问题,问题一直没有得到解决,隔段时间舆论就会提出来,公众已经有了"审丑疲劳",如果简单地重复谈论这样的话题,评论效果会非常差,读者一定会感觉你是老调

重弹。

虽然是旧话题、老问题,可同样的话题却可以有不同的切入角度。以新的角度切入,则可以提起舆论对老问题的关注。问题虽然不是新的,可你切入的角度非常新颖,就可以补偿人们的"审丑疲劳",从而提起舆论关注和讨论的兴趣。

举个例子,中国的两会缺乏应有的监督性和审议性,人民选代表来开人大会议,不是听领导们来做报告和作指示的,而是来监督政府花钱和监督官员的。人大会议的仪式,是一种政府接受代表们审议和监督的仪式,而不是像平常那样领导站在主席台上向下级发号施令。这是一个老问题了,是政治体制的问题,每年都会遇到,每年都要评论。如果再简单地重复这样的问题,老调重弹,旧话重提,公众就不会看了,评论就不会产生效果。

我选择了一个比较新的角度切入,就是"从总理政府工作报告数掌声谈起",通过批评"数掌声"来说明:我们的代表听政府工作报告时,主要应该用审议和监督的眼光,而不能一味充满赞美地去热烈鼓掌。

我的题目是《淡化数掌声,主要应强化审议》是这样评论的:

> 我注意到如往年一样,许多媒体都格外关注总理报告的掌声。电视转播从总理报告的画面切换到专家解读时,专家立刻数共响起了多少次掌声,纸媒也迅速发出消息"报告中共响起30次掌声",网媒更利用自身的传播优势迅速一一盘点哪些话赢得了掌声,甚至掌声的热烈程度和持续时间的长短。每年的总理政府工作报告,"多少次掌声"都是一大新闻点,每次报告后习惯性动作都是数掌声。
>
> 虽然在听总理报告时,我也在心中为总理的话鼓了很多次掌声,也觉得总理满含民生情怀的报告无愧于这些掌声,但我不太喜欢媒体这种"数掌声"的习惯性动作。总理的政府工作报告主要是让代表委员审议和接受公众监督的,应该更多地强化审议的氛围,而淡化这种"数掌声"。
>
> 不错,审议、监督和讨论不仅是批评和提意见,表达认同和赞美也是审议的一种方式。从这个角度看,掌声也代表着一种民意,掌声也是代表委员们表达意见的一种方式。不过,掌声再热烈,我们还是应节制对这种数掌声的欣喜,不是停留于浅层的赞美上,而应

更多地去倾听理解总理的话，带着问题意识，带着理性思考，认真履行审议的职责。

由大家喜闻乐见的"数掌声"谈到"只赞美无监督"的两会老问题，这就是新角度切入，避免了老调重弹，而是以新的关注角度来引领舆论注意这个非常重要的旧问题。

旧问题每年都在重复，评论需要不断重申一些常识，重复一些老调，单纯重复是没有评论效果的，必须有新角度的切入以提起关注兴趣。我连续为《中国青年报》写了好几年两会评论了，每年都会触及"代表把官员当上级"这个老问题，我每年的切入角度都不一样，都会选择新的角度来评论这个老问题。

比如，2008年两会时，我选择的角度是"总理为什么不坐在椅子上作报告"。有细心的网友发现总理一直站着作了那么长时间的报告，认为总理一定很累，于是发帖建议："为什么不给温总理搬把椅子？"没想到这个建议在博客贴出后一呼百应，网友纷纷在回帖中表示了对温总理的敬意，表示"有这样的总理是万民之幸"，有网友表示"想上去搬把椅子的人很多"。

我敏感地抓住了这个角度，重申了"领导是向代表作报告，不是向下级作指示"这个常识。我说：

如果总理看到了网友这个提议，一定会在表达谢意后婉拒这把椅子，坚持站着作政府工作报告。作为总理，他清楚地知道自己此时置身于人大场景中的角色：他不是在向下级作指示和下达命令，不是向自己的下属讲话，而是向选举他当总理的全国人大代表报告工作，汇报自己任职5年来政府做了哪些事情，接受人大代表的评价和审议，看代表和人民对自己的工作满意不满意。向下级讲话可以坐着，但向监督自己工作的人大代表汇报时得站着，以示被监督者和汇报工作者的身份，以示对监督者和审议者的尊重。

也就是说，让总理站着作政府工作报告，这不是一个疏忽和缺乏人性化，而是一种制度化的要求和仪式需要。总理站着和人大代表坐着，这不是一种简单的姿态，而体现着一种权力关系，反映着人民主权、议会至上的政治架构。

这样的角度，与"数掌声"谈论的问题其实是一样的。"总理的椅子"是一个非常新的切入角度，既形象，又容易让人理解。虽然谈论的是年年都谈的老问题，可许多新闻网站转载中都选择了我这篇评论作为头条。

某年的两会中，我还选择了另一角度切入这个问题。当年两会的人大代表中第一次出现了农民工人大代表，我从他们的话语中敏感地发现了这样的细节：三名农民工人大代表相约集体为农民工的权益鼓与呼，于是来到了国家劳动和社会保障部，受到了有关领导的接见。从该部出来后，三位农民工代表显得兴高采烈，表示见到国家劳动和社会保障部的领导后对未来充满了信心。

从农民工无意识说到的"被领导接见"，我想到了同样的问题，于是从这个角度切入，再次谈到了"代表是监督官员的，不是受他们接见的"，我的题目是《农民工代表，你不必屈尊受人"接见"》，我在评论中说：

>　　相关部委亲切接见，农民工代表兴高采烈，似乎是一幅其乐融融和谐无比的官民沟通场景。——然而，这个看似和谐的场景却让笔者感觉很不舒服。尊敬的农民工代表，作为人民委托你行使主人权利的人大代表，你们完全不必这样屈尊受人"接见"，不必为表达意见而"上赶着"登部委的门，不必为见到国家部委大官而兴高采烈，你们应学会以"主人对待雇员"的方式与国家部委沟通，这是你们神圣不可侵犯的权利。
>　　理解三个农民工代表为什么会登劳动和社会保障部的门，也许这是他们的习惯，平常维护权利和表达诉求时就是这么做的；也理解他们为什么那么高兴和激动，对他们来说，能走进国家部委并见到这么大的官太不容易了。——可别忘了自己今天的身份，你们今天不是部委行政权力治下的平民，而是代表人民对部委权力实施监督的人大代表，完全不必降低自己的身份，像平民拜见官员那样被部委领导"接见"。全国人民代表大会是我国最高的国家权力机关，而各部委是执行权力者，人大代表向部委表达诉求，首先可以选择在大会上向该部门提出询问或质询，也可以选择在闭会时约见该部门领导——是约部门领导来见你，而不是相反；即使是你登门拜访，也属于你视察相关部门，而不是什么"受到了有关领导的接见"。

不同的角度切入,让读者有一种很新的感觉。这样谈论老话题,就不会让人有老调重弹、年年如此的反感了,起到了很好的评论效果。评论是写给人看的,如果你写出来的东西让人觉得旧话重提,人家看到题目就不想看内容了,那你的评论就等于白写了。这就是角度的重要性。

## 三、小角度切入,让大问题有贴近性

写时事评论,难免经常会遇到一些宏大的政治、经济、社会问题等。政治问题,诸如政治体制改革、国家领导人选举等;经济问题,如金融危机、房市调控等;社会问题,如三农问题、医疗问题、社会保障问题等。这样的宏大叙事,往往比较抽象和高端,如果生硬地谈这样的话题,就容易让人感觉高高在上,与自己没有关系,抽象空洞,不容易理解。

为了让宏大问题对读者有贴近性,让人感觉这个话题的每个方面都跟自己密切相关,拉近与读者的距离,你在写作时得寻找一个较小的、生活中非常普遍、让读者很容易理解的角度切入。

比如,我在为《中国青年报》撰写 2008 年北京奥运系列评论时,就遇到了这种怎么写宏大题材评论的问题。奥运会第一次在中国举行,承载着许多意义,又是展示 30 年改革开放的成果,又是大国崛起的标志,又是中国走向世界的里程碑式事件。如果空谈这些意义,文章肯定会流于空洞,流于凌空蹈虚华而不实,堆砌一大堆空话套话,流于无病呻吟的矫情和煽情。为了让这样的宏大话题对每个人产生贴近的感觉,我从一个普通人的梦想谈起。开头讲了一个故事:

> 看过许多国人抒发奥运梦想的文章,一个网友的帖子深深地感动了我:父母在改革开放初期双双下岗,父亲做小生意不断赔钱,妈妈在一家血汗工厂赚着微薄的工资。那时的他曾满心怨恨国家和憎恨腐败,和官员孩子大声辩论控诉种种社会不公。随着自己长大,他看到自己的家向着阳光发展,爸妈通过努力都找到不错的工作,自己读研后出国留学并找到了一份很好的工作。他虽然仍在痛恨腐败和诅咒不公,但他看到了改革在自己一家身上留下的渐进印迹,看到了身边许多人的日子在蒸蒸日上,看到了自己强大的祖国

在国外越来越受尊重。当北京奥运圣火经过他所在城市的街头时，热泪盈眶的他在漫卷的红旗中情不自禁高声地喊出了"中国万岁"。

这不是虚构出来的故事，而是我在网上看到的一个让人读来非常感动的帖子。我接着这样评论：

> 我被他的那份深沉而真挚的情怀深深地触动了。这是一个平凡的中国人关于改革和奥运最真实的个人叙事，因为平凡和真实，我们许多人都能从他的叙述中找到自己在改革开放中成长起来的影子，看到改革在自己身上和身边留下的发展印迹——在阵痛中成熟，在渐进中成长，在筚路蓝缕的历程中看到果实慢慢地结出，这不仅是一个中国人的改革成长史，而且是一个国家 30 年改革开放的历史缩影。北京奥运，正值中国改革开放 30 周年，这不是一个偶然的巧合，而是一个必然的收获。30 年的风风雨雨，30 年的高歌猛进，经过 30 年的改革开放中国取得了让世界瞩目的成就，北京奥运就像这个世界专门为中国收获 30 年改革成果举办一场盛大的仪式。

这样，从一个很平凡的个人小叙事，通过这样的角度切入，就过渡到了国家梦想的大叙事，从我们很熟悉的经历谈到了改革的光荣与梦想，发展的阵痛与成熟。我这样强调：

> 30 年的改革开放远远不是一马平川、高歌猛进的坦途，而是充满荆棘、彷徨、阵痛和曲折的试错之旅。多难兴邦，苦难砺人，这是一个民族在点点滴滴的前进中战胜阵痛、超越自我、寻求救赎的伟大历史。30 年后改革果实慢慢结出，30 的改革开放赋予了这个国家新的精神和新的灵魂，于是，北京奥运这个大舞台大事件，从物质到精神上全面地展示着这个国家的进步。

小角度的切入让宏大主题的文章与每个读者熟悉的心路历程联系了起来，从而有了一种击中每个人内心的力量。

美国大报的评论员在操作宏大的主题时，也都会尽可能地从小角度切人。评论金融危机时不会一开始就写波澜壮阔的危机和影响,一般会从遥远的东南亚一个家庭这个月的经济支出谈起,一笔账一笔账地算,然后引出金融危机,既形象又贴切地告诉了人们金融危机是怎么回事。然后还是从这个家庭的命运谈金融危机的危害,以一个家庭及其周围人的命运来阐述自己对金融危机的理解和判断。

康拉德·芬克在《冲击力》中提到了另外一种"小角度切入"的例子,通过个性化的"你",把巨大复杂的事物简化为可操控的简单事物。评论的话题是比较难懂的关于最低工资的争论,数十亿美元和数百万家庭都会受到这一争论的影响,如何让读者弄清这一复杂情况呢?《今日美国》的社论撰稿人是从这样的角度切入的:

> 你想尝试用每年 8 840 美元养活一家吗?
>
> 那就是联邦最低工资法案让你在 52 个 40 小时工作周里打扫办公室、提供饮食或照看小孩所挣得的钱——比一个单亲和一个小孩的贫困线收入还要少 1 135 美元。
>
> 对于这基本的不公平的愤怒,最终带来了大范围的改变。这改变并未发生在华盛顿(那里的国会自 1991 年起就让最低工资卡在每小时 4.25 美元上面),而是那些对联邦的迟迟不行动产生厌倦的社区和州。

正如芬克所分析的,上面的"你"结构有两个优势:第一,对你——读者——说话,把一个模糊的、遥远的问题加以个人化处理,邀请你参与聊天。第二,数十亿美元这么一个超乎理解力的数目被简化为 8 840 美元——每位读者都容易把握数字,而且你几乎可以听到读者的反应:不!我可不愿意尝试靠每年 8 840 美元来养家糊口①。

写宏大和复杂主题的评论,一定要学会讲故事,仰望星空的时候,一定要先脚踏实地地从地上的故事讲起。大主题往往是高度抽象的,小角度操作,就是要求你首先将抽象的化为具体、形象的,可以在现实中触摸到的具体事

---

① 〔美〕康拉德·芬克:《冲击力——新闻评论写作教程》,柳珊、顾振凯译,新华出版社 2002 年版,第 88 页。

物。大主题还是普遍和宏观的,你要将其转化为个人性的。比如,写一场汶川大地震那样的大灾难对一代人心灵产生的影响,你得从具体、鲜活、有感染力的事例切入,由小及大地再谈论一代人的精神创伤和精神磨砺。

## 四、跳出思维局限——"无话可说"也是一种角度

新闻虽然是新闻,但很多时候并不新,无非是重复一些老问题、旧问题。报纸上多数新闻,都是以前报道过的,不过换了个地点、形式、时间、人物或者由头而已,新闻的核心内容是一样的。评论者在写作中会经常遇到这类选题,应该从什么角度切入才不会让人有阅读疲劳呢?

虽然是老问题,但确实是很重要的问题,作为一个职业评论员,无法在这样重要的问题上失语,不能不去关注去表达自己的见解。

前面提到过,对于这样的旧话题,尽可能寻找新的元素、新鲜的由头去切入,可如果实在"乏新可陈",找不到新元素时怎么办?绞尽脑汁也找不到新的角度,实在不知道从什么角度切入,实在不知道说什么,这难道不也是一种可以切入的"新"角度吗?

比如,中国矿难应该是个老大难问题了,此起彼伏,这里刚处理完,那里又发生了。一个个严厉的规定,都很难阻止悲剧的不断发生。甚至同一个煤矿,去年刚发生了矿难,一番整顿后,今年又发生了。对于矿难,该说的道理都已经说了,该提的建议都已经提了,尖锐的批评,连续的追问,理性的分析,这些都已经重复了许多遍了,已经完全失语,不知道还有什么道理可以讲了,变得无话可说。

无话可说,对评论者来说,也是一种可以言说的角度,为什么让人失语,为什么让人审丑疲劳,为什么"无话可说",这本身就非常值得玩味。比如,2004年某次矿难发生后,我就写了一篇评论,题目就叫《对矿难,我已经无话可说》:

> 记不清这是今年第几次矿难了,也记不清今年的矿难已经死了多少人,只知道自己打开搜狐网看到这条新闻时的第一感觉:对矿难,我已无话可说。
>
> 差不多每次矿难发生后,我总会写文章说些什么,总结点儿什

么,顺着媒体调查的真相,把批评的矛头指向唯利是图的矿主、贪得无厌的官员、得不到实施的制度、落后的安全管理体制、触目惊心的利益链,等等。可到如今,话已经说尽了,道理也讲烂了,制度也分析透了,警钟快敲碎了,"理性、建设性"也榨干了,可一个个催命的矿难依然接踵而至,我还能说什么?还能怎么说?重复说那些众所周知、说了也白说的话吗?我们对于矿难的理解,已经没有了多少对生命逝去的痛感,没有了灾难下的人性震撼,更多只是一套习以为常的程序。在频发的矿难中,一切都变得那么轻飘,轻如鸿毛:正义感疲惫了,理性厌倦了,愤怒蒸发了,同情心都变得非常慵懒。

鲁迅当年的《纪念刘和珍君》,走的也是这个路子,在"无话可说"中分析那让人失语的现实。失语,其实并不是无话可说了,而是一种愤怒的状态。

"无话可说"是一种角度,可以选择的类似角度是"为什么难以成为新闻":某个问题虽然非常重要,很可恶也很荒唐,可为什么很难成为新闻,或者很难成为公众关注的新闻。本该成为新闻的新闻,却不被新闻关注了,"难以成为新闻"本身也可以构成一种思考的维度。

针对学术抄袭事件,我曾写过一篇题为《不搭院士身份,抄袭已很难成为新闻》的评论,就是从这个角度切入的。我说:

不得不说,随着学术圈的日益糜烂,学术道德越来越堕落,抄袭和剽窃行为泛滥成灾,在媒体曝光过无数起"竞相比丑"的学术丑闻后,舆论和公众对学术圈的这些破事儿烂事儿已经有了严重的审丑疲劳。这样的审丑疲劳下,如果抄袭者没有特殊的身份,没有特别荒唐、特别反常的剽窃事迹,一般抄袭已经很难成为新闻了。人们对抄袭已经见怪不怪,只有当抄袭者有着特殊的身份,是一所高校的校长,是一个工程院院士,起码是一个中科院院士候选人,或者起码与这些身份挂上钩,人们的眼皮才会抬起一下并惊呼一声:竟然连校长都剽窃了,连院士都抄袭了。

我的评论《"天上人间"被查何以成为大新闻》,选择的也是这个切入角度:

## 第五讲 评论的角度

在扫黄打非常态化的舆论语境中,警方出击查出个色情场所,早不算什么新闻,对此早有审丑疲劳的媒体和公众都不会注意——不过13日一则类似新闻却成为当天的大热点,几大网站置于首页醒目位置,成为点击率最高的新闻。一条警察突查夜总会的新闻何以引发这么大的关注?皆因标题中有"天上人间"四个字。

这样的思维,可以逆向使用。对于一些本身没什么新闻价值的事件,很正常、很平常的事情,却登上新闻纸成为公众关注和热议的新闻,也是很耐人寻味的。比如我在《"开通评论功能"何以成为新闻》中就说:

> "广州公安局的微博开通网友评论功能",不熟悉我们国情的人一定看不懂,微博开通评论功能,这算什么新闻呢?评论功能,本就是微博这种互联网新交流工具一种不可或缺的功能。无反馈,非交流,无评论,不微博,微博一时风行,最大的魅力即在其那种平等、即时、快捷的交流诱惑。你说话,我评论,你评论,我跟评,以高效率的表达和传播实现高效率的沟通和交往。没有了评论功能,就与最传统的公告板毫无差异了。微博开通"评论功能"成为新闻,这是对微博技术的羞辱。"开通评论功能"成为新闻,这不符合微博技术学,却符合中国的微博政治学——在不少政府部门严重缺乏沟通意识,仅把微博当单向度信息发布平台,限制和拒绝评论的情况下,"开通评论功能"确属不小的进步,有资格成为新闻。

"无话可说"相对应的是"重复絮叨"。简单的常识,理所当然的道理,却需要不断地重复、不断地言说、不断引起舆论的争论,这本身也有评论价值,可作为一种思考的角度。

在该不该对杀人犯邱晓华进行精神病鉴定的问题上,许多网友认为"就算邱晓华是精神病也该杀",评论员郭光东写了一篇题为《为什么疯狗可以杀,疯人不可杀》的文章,阐释杀人犯的人权。长平先生看到这篇文章,撰文《雪花为什么会融化》表达自己的态度,他说:

> 看郭光东兄一本正经地讨论"为什么疯狗可以杀,疯人不可

杀",有一种哭笑不得的感觉,忍不住再确认一下手里拿的是不是少儿读物。我并非反对讨论问题,恰恰相反,我认为任何问题都应该允许讨论,而且都应该经过充分的讨论。但是,正如"雪花为什么会融化""花儿为什么会凋谢"一样,"为什么不能杀人""为什么民主比专制好""为什么要同情弱者"这类问题,应该在我们长大成人之前就已经问过、讨论过、思考过、总结过。事实并非如此,无数本该由一张稚气的脸以"妈妈,为什么……"开头的问题,一再在成人世界里出现,成人媒体也就常常兼做少儿节目。

只要能跳出框架思考问题,总会有新的角度可以切入,让你的观点在一种引人注目的新角度中表达出来,提起舆论对一个旧话题、老问题的关注。

## 五、见人之未见——在细节中寻找新的角度

在大学给学生讲评论的时候,我给他们讲得最多的一个词就是"细节"。评论的水平,除了知识储备的比拼外,另一个比拼就是对细节的关注,谁抓到别人没有注意到的细节,评论就成功了一大半。因为抓到了一个意味深长的细节,就意味着你的评论有了一个非常棒的角度。

一个新闻事件可以有不同的观察角度。评论的角度不同,很大程度上就是不同的评论者关注的细节不一样。于是针对一个新闻事件可以有许多评论。

许多评论者写评论时,都不喜欢看新闻细节,一条新闻出来后,他们根本没有耐心去细读新闻,只是粗略地看一下新闻导语,就开始匆忙作出判断,有的甚至连导语都不看,仅仅看一下新闻标题,就已经选择了评论的角度。这样写评论,既容易误读新闻(因为现在网络标题党大行其道,新闻说的其实与标题不一样,充满噱头的标题只是为了吸引公众的眼球),在判断上出现偏差,角度也容易流于浅表和平庸。对新闻没有深入细致的阅读,仅仅粗略地看大体的事实轮廓,可以评论的角度自然就非常狭窄了,无法伸展开来,无法产生新的洞见。

一条新闻出来后,时事评论之所以呈现出越来越同质化的可憎面孔(不同的作者,所选的角度惊人相似,文章除了表述不同外,观察的角度和基本观

点都差不多),之所以会"同质化",除了见识都很平庸外,浮躁是更重要的原因:不细读新闻,为了赶在媒体评论版截稿前写出文章投出去,看到标题就想当然地想象出整个新闻事实,并迫不及待地写出文章。大家都不关注细节,而是对着大体的新闻轮廓寻找角度,评论自然就同质化了。

评论员不在现场作出判断,而判断又需要事实支撑,在现场的记者所写的新闻常常是评论员作出判断的唯一依据。所以,必须细读新闻,关注细节,才会有差异化的角度,并从差异化的角度中提升出差异化的观点。

比如,2009 年 11 月 30 日《中国青年报》一则题为《浙江高考加分政策调整至今未有定论遭质疑》的新闻,报道的是浙江"三模三电"加分腐败曝光后,当地政府未有反应,继续执行这一政策。粗看这个标题,许多评论者心中就已经有了角度:批判加分腐败,批判作为加分腐败既得利益者的政府官员对加分腐败的纵容。

可是,对加分腐败进行批评的评论文章已汗牛充栋,再从这个角度写文批评,已经让读者产生了疲劳。我没有停留于对新闻事实的笼统和模糊的认知,而是细读新闻,注意到其中一个很有意思的细节:浙江省体育局群众体育处处长在接受采访时说,本来知道"三模三电"(高考可以加分的项目)的人很少,媒体大肆报道后,参加活动的人更多了——媒体的报道和批评,不仅没有遏制加分腐败,反而让更多的人知道了有这个叫"三模三电"的政策可以加分,于是更多的人钻这个腐败漏洞,通过让孩子参加这个活动来获得加分。

这个细节,难道不比简单地批评加分腐败更有意思吗?从这个角度去切入,写出的评论会更有认知价值。我针对这个细节写的评论题为《"媒体曝光反成加分广告"的反讽》:

> 能怪那些从媒体曝光中知道"三模三电",从而也去参加活动以争取加分的公众吗?当然不能,他们本就对高考公平有一种根深蒂固的焦虑,害怕这底线的公平也会被践踏。而媒体对"三模三电"的报道则在印证其猜测中加剧了他们的焦虑,知道自己的孩子确实从这时起就不是站在一条起跑线上。这种焦虑下,为了让自己的孩子也能获得公平的机会,不输在高考加分这条起跑线上,他们只得去顺应那种潜规则——既然无法改变规则,无力消除加分腐败,只能去顺应和利用这种规则,为自己的孩子也争取一个加分机会。这种

集体焦虑所驱使的结果,就是媒体曝光反而成为"三模三电"最好的广告。

细节,往往易于被人忽视,而细节中往往又隐藏着最有意味的冲突。媒体报道四川白庙乡"政府吃喝账目全部向民众公开"的典型新闻时,评论作者基本上都把目光聚集到"白庙乡的财政全裸"上去了,而没有注意到另一个细节,也就是该县其他的乡镇和部门为什么不公开,理由是什么。新闻中其实也有这样的细节:

> 这一政策的主要推动人之一透露,透明曾面临四处碰壁的窘境,他就"公开不公开"询问交通局、民政局等部门时,都遭遇到了回绝,甚至白庙乡起初也担心:如果公示财务后,村民发现招待费较多,可能会有意见,引发不稳定因素。

从这个细节切入,评论地方政府吃喝财政公开的问题,比单纯地谈"政府应该全裸"更有张力和厚度,更能揭示出政府的"吃饭财政"背后的体制障碍和真问题。

## 六、寻找最能体现新闻价值的角度

一个新闻事件,往往有很多可以切入的角度,选择什么样的角度对新闻进行解读,有时是一个颇让人为难的选择。我的建议是,寻找最有意义、最能体现新闻价值、最符合社会的"问题意识"的角度。

比如,2010 年 6 月 22 日,媒体报道了这样一条新闻:民政部慈善促进司司长王振耀辞职了,在李连杰的游说下,出任北师大壹基金公益研究院院长,引发舆论热议。作为一个官员,王振耀对推进中国慈善的发展作出过不少努力。近年来中国发生了好几次大的灾害,慈善越来越引人关注,王振耀也更多地出现在舆论视野中。

对于这个在推动慈善上作出过不少努力,也因言论引发过不少争议的官员,可以有许多角度进行评论。比如,可从"政府慈善"和"民间慈善"的角度去谈,因为中国公民社会的发展一向被挤压,政府慈善居于主导地位,民间慈善的发展相当缓慢,王振耀作为一个政府慈善的主管者,变身为一个民间慈善人士,这种转变,是不是有某种象征意义?比如,还可以从官员的人生理想去谈,从"社会上多了一位不懈追求的公民"的角度去分析,从"一个官员为什么会辞职"的角度去探究官场生态。

我选择的角度是"官与民的身份转换",评论题目叫《更多的王振耀,更常态的官民转换》,因为我觉得这个角度对当下中国更有意义。走进官场就不再走出,走上仕途就不再回头,不管能不能上,宁愿碌碌无为,宁愿退休终老,宁愿出问题了等着被撤,也不会主动选择辞职,这是我们所熟悉的官场和熟悉的官员,也是见惯的官场浮沉故事。王振耀另类的选择,让我们看到了官员一种新的观念。其实这样事情在西方许多发达国家非常平常,官与民、官场与民间之间有着一种很常态化的转换机制,就好像商场的旋转门一样,官民转移就好像走旋转门那样平常。今天的部长,明天就可能成为哈佛法学院的院长。总统卸任了,第二天就成了平民。当官无需什么职级等差,平民可以被提名为部长,部长卸任后没有了任何级别。

因为官本位思想在中国根深蒂固,许多人的人生理想就是当官,就是当人上人,当了官以后就永远不会退出官场。在这种语境中,王振耀的选择非常可贵,所以,有必要抓住这个典型,阐释"官与民应该有一种常态的转换机制"的政治常识。这种典型价值,远远高于局限于慈善层面的理解。这个报道最大的新闻价值也在于此,慈善问题上,有许多可写的由头,而"官员退出官场"的新闻太少太少了,尤其是在年轻人争当公务员的热潮下。

很高兴的是,我与编辑的判断非常一致。《新京报》评论编辑约我针对这条新闻写一篇评论时,并没有讨论和约定角度。我在权衡了各个角度的意义后选择了谈"官民身份转换"。编辑约稿后不放心,怕我把这个题目写偏,于是又打电话跟我说:他在邮箱中看到作者的投稿基本上都写偏了,都是就王振耀的身份谈慈善的问题,最好还是就"他的主动辞职"谈身份转换的问题。我跟他说了我的理解和角度,他就放心了。我们的理解是一致的。

许多新闻,都有很多角度可以切入,为了最大限度地体现评论的价值,最好选择最能体现新闻价值的角度去切入。这不是被新闻牵着鼻子走,而是评论价值与新闻价值的一种共鸣。记者发掘出这个新闻的价值,但作为记者只能客观描述而不能加入过多的评论,这个发掘新闻价值、将新闻价值充分表达出来的任务,需要评论员去完成;新闻未能充分阐释的价值,需要评论深入、透彻地阐释出来。

当然了,仁者见仁,智者见智,不同的人对同一条新闻的新闻价值和评论价值可能有不同的评估,因为每个人的问题意识都不一样。一个长期关注慈善问题的人,可能从王振耀的辞职中看到更多与慈善事务相关的意义。不过,如果对社会问题有宏观的视野和宽广的认知,是能够在新闻价值和评论价值上产生共鸣的。

## 七、不同角度分析问题的几个案例

同一个新闻事件,有不同的切入角度;不同的角度切入,会有不同的问题指向。举个例子,下面是一条关于"选民罢免人大代表"的新闻:

罢免议员,在发达的民主国家是常见的场景,在我们这里却并不常见,好久没看到选民罢免人大代表的新闻了。近来湖南溆浦倒是曝出一起,不过人大代表前有一个修辞:获刑人大代表。今年4月15日,溆浦一选区6 444名选民投票罢免了米晓东的县人大代表资格。15天后,该县人大常委会发布公告,终止了米的人大代表资格。(2010年5月26日《新京报》)选民罢免米晓东,源于其挪用公款罪而获刑。选民们义愤填膺:一个犯罪分子怎么能继续当人大代表?!

分析这条新闻,起码可以注意到三个有新闻价值的地方:(1)选民罢免人大代表;(2)罢免的是获刑的人大代表;(3)一个很有意思的细节,主要推动罢免的不是选民,而是当地官方。一个报道中有新闻价值的点,也就是有评论价值的点,也就是可以选择切入的角度。

这条新闻也体现出了一般新闻报道所拥有的三个基本层次的新闻价值点:普遍性、特殊性、细节,也就是具有普遍价值的新闻价值、特殊个案上的新闻价值、细节上有新闻价值的地方。其一,选民罢免人大代表,这种最能体现议会政治特色的场景在我们的人大政治中很少见到,很有新闻价值;其二,可这个罢免不是一般意义上的罢免,其特殊性在于,它罢免的不是正常的人大代表,而是一个获刑的人大代表;其三,这个罢免过程中,有许多耐人寻味的细节,比如最积极的不是选民,而是当地官方。以往的罢免中,选民很积极,而官方倒是很消极。

这三个角度都是值得写的,我写的三篇文章分别是:

第五讲 评论的角度

第一篇：《罢免获刑代表，打死老虎亦是演练民主》：

　　说是罢免，其实打的是死老虎。根据代表法规定，获刑且未被剥夺政治权利的代表，服刑期暂停执行代表职务，但"代表资格"仍在——不过这"代表资格"已没什么意义了。选民们罢免的，不过是"代表资格"这个空壳，所以与打死老虎和鞭尸无异。不过，虽是打死老虎，但由于中国选民能成功罢免人大代表的案例寥寥，在此情况下，溆浦案例的意义就很大了。罢免的虽是获刑代表，重要的是成功罢免了。这样的罢免，是一次成功的民主演练，让中国的选民们对这种生疏的权利有了基本的认知，熟悉了罢免的程序，找到了民主的感觉，更坚定了民主的信心：对自己不满意的代表是可以罢免的。

这个角度的评论，阐述的是"罢免人大代表"这个稀缺案例的普遍意义，强调"罢免的虽是获刑代表，重要的是成功罢免了。这样的罢免，是一次成功的民主演练"。它的切入角度是宏观和正面的，肯定了这种选民的罢免行动。

第二篇：《罢免获刑代表，特殊个案如何制度性复制》：

　　虽然罢免有法可依，溆浦此次的罢免也是严格依选举法的程序进行，但显然，"获刑代表"的特殊身份，让这起罢免案的成功带着鲜明、浓厚的个案色彩。如果选民罢免的不是一个获刑的人大代表，而是一个没有犯罪的硬污点，却让选民觉得不负责任的人大代表，罢免能这么顺利进行并获得成功吗？选民罢免人大代表，毕竟"获刑代表"是很少遇到的，绝大多数是那种没有犯罪污点的普通人大代表。——选民成功罢免特殊的代表，只有个案意义。

　　因为有官方的大力支持，所以溆浦的罢免只隔着薄薄的一层纸，选民一捅就破了。而更多情况下，由于官方的不支持，罢免远比钻一座山更艰难。在许多罢免案中，由于只有选民的执著，而没有来自官方的支持，罢免案寸步难行，拖着拖着选民被拖疲惫了就不得不自动放弃了。

这是质疑的角度，突出强调其个案性，毕竟，我们所要追求的是事件的普遍性，能不能复制到日常制度中，能不能将个案变成普遍现象。

第三篇：《罢免获刑代表，可惜主角不是选民》：

> 按理说，选民罢免人大代表，主角应该是选民，不过细看溆浦成功罢免获刑代表的新闻，总觉得主角不是选民。——因为人大代表"挪用公款获刑"的特殊身份，有一种比选民更积极、更主动、更尽心、更活跃的力量在推动着罢免进程。实际上，成功罢免获刑代表并非选民之力，恰恰是那种选民之外的力量。
>
> 该县人大官员坦言："毕竟米晓东是罪犯，如果罢免不成功，县人大将会面临舆论批评。"所以，为了促成罢免的成功，人大做了许多工作，用他们的话来说就是"法律有规定的，一定做到位"，又是从其他经费中抽调近万元作罢免经费，又是为了方便选民投票而设流动票箱，又是动员选民参加罢免。正因为有人大的一路绿灯并大力推动，罢免最终成功。所以，与其说是选民罢免了获刑人大代表，不如说是人大助推选民成功罢免，是事实上的主角。

这是从细节中看到评论的价值，抓住了"人大过于积极"这个反常的细节。从细节中进行评论，往往能找到很刁钻的角度。"可惜主角不是选民"的角度就比较独到和刁钻。

再举个例子：大拆大建是当下中国许多城市的常见景象，不过真没见过邯郸广平这么疯狂的。一个年财政收入仅1.3亿元的贫困县，竟宣称要投资20亿搞"三年大变样"，轰隆隆的推土机无坚不摧。央视《焦点访谈》曝光说，该县成立了"三年大变样指挥部"，用10天就完成了33万多平方米的拆迁任务，使1000多户群众的房屋被拆，土地被征用。而这些拆迁都是在没签订补偿协议、没对群众进行妥善安置情况下进行的，属典型违法拆迁。

同样，这条新闻起码也有三个可以切入的角度：(1)普遍性的问题，政治的拆迁运动；(2)特殊性的问题，该县提出"三年大变样"这个疯狂的口号；(3)细节，这是一个贫困县。

我写的三篇文章分别如下。第一篇：《政治赌徒可怕的推土机政治》：

如今体制下,可以理解官员何以如此急功近利。为官一任,官员任期只有3到5年。这种任期中,他们是没有耐心去经营民生的,没有耐心去改善基层医疗水平,没有耐心去投资社会保障,更没有耐心去投资教育。十年树木,百年树人,这种蜗牛速度对他们来说太慢太慢了。要赶在任期内做出让上级看得到的政绩,最便捷的途径就是上马大工程,大工程、大变化、大动静、大折腾,越大越好。

　　正因为这样的短期政绩驱动,许多地方领导对推土机有一种根深蒂固的依赖,他们的政治不过就是"推土机政治"。为什么?因为推土机是那么符合他们对政绩的需求,符合权力的审美,符合他们能在短期内见效的偏好。大工程、大变化、大动静、大折腾,这一切都需要推土机的帮忙,大拆大建,短期内要发生大变化,没有推土机绝对不行。

这是从普遍意义上谈拆迁背后的政绩驱动机制,这样的分析,因为是普遍意义上的,所以用在每一个城市的拆迁上都可以。

第二篇抓住"三年大变样"这个个案性的口号,《当"禁强拆"法律遭遇"大变样"政治》:

　　无独有偶,就在媒体曝光邯郸强拆丑闻的当天,国务院办公厅下发《关于进一步严格征地拆迁管理工作切实维护群众合法权益的紧急通知》,要求程序不合法补偿不到位不得强制拆迁。

　　地方利益的阻碍让政令出不了中南海,这已经不算什么秘密;可即使政令出得了中南海,也到不了邯郸广平这样的地方。在这样的地盘上,一个"三年大变样指挥部"官员的话,远比中南海的政令和法律更加有效,一份地方红头文件就可以让国法失效,一个地方领导的批示就能成尚方宝剑,说拆就拆毫无讨论余地。这就是现实,当"不准强制拆迁"这样的法律,遭遇到"三年大变样"这样的地方政治,往往会一败涂地。

第三篇抓住拆迁中的细节,从细节中发现问题,《"三年大变样"与贫困县官员的策略》:

城市要大变,首先在拆迁——该县到处播放着"三年大变样指挥部"制作的宣传片。这真是绝妙的讽刺,一边是领导们在接受采访时雄心勃勃、兴致盎然、意气风发、极其亢奋地大谈"三年大变样",一边是房屋被强拆的百姓向记者哭诉:辛辛苦苦一辈子就攒了这两间房都没了。三年大变样,推土机开道推倒一切阻挡权力意志的障碍,那是官员的大政治大手笔;顷刻房屋倒,房子一瞬间在轰隆隆的推土机前灰飞烟灭,那是民众的小政治。在官员的大手笔面前,民众的疾苦微不足道。

"三年大变样"的宏伟计划,是当下体制下地方官员的一种策略。首先是捞钱的策略,借上马大项目、大工程创造腐败机会的浑水摸鱼策略。然后是短期内创造轰动政绩、吸引领导眼球的策略。

当然了,角度并非完全是技术性的,也确实与一个人的知识密切相关,并不是每个人都有相同的视角,并不是通过技术性的训练就可以在每条新闻中找到新的角度。你的知识积累,你的思维习惯,很大程度上就决定了你看问题的角度。坐井观天,视角永远只能是那样,站得越高,看得越远,就能有更广阔的视角;占有的知识、掌握的信息越多,经验越丰富,就越能从新闻中发掘出别人看不到的视角。

视角的差异,形成了评论境界和评论家层次的高低。

## 八、评论写偏多是违反了批判的次序

这个世界上什么都有顺序,权利有先后顺序,有些权利就是比另一种权利更优先。道德有先后顺序,某种道德就比另一种道德更重要——同样,在批判的问题上,也存在价值次序,一个事件上可能有许多值得批判之处,远的、近的、弱的、强的、直接的、间接的、明显的、隐含的,这样的排序就是批判的价值次序。

之所以提起这个话题,源于以时评家为主的批判者们似乎越来越藐视这种价值次序,批判的逻辑混乱不堪。

比如某年网络疯传一则新闻,称某地某医院的一名医生婚前体检时查出感染艾滋病病毒,牵出一名女医药代表,然后又牵出包括科室主任在内的一串医生,且都与这名医药代表有染,医院潜规则瞬间毁掉该医院4把主刀手——然而记者追根溯源的调查则显示,这纯粹是一则谣言,发帖者已承认这纯粹是自己编造的,造谣者已被警方拘留。

这是一个有着多重阐释空间和丰富问题含量的复杂案例,有诸多值得反思和批判之处。但复杂归复杂,值得批判之处的价值次序却是很清楚的。首先最值得批判的是始作俑者的网络造谣者,无中生有地编造新闻中伤别人是绝对违法且极不道德的。其次值得批判的是传播者,为什么不问真假就轻易相信了这个传言并四处传播,从而对医院造成伤害。接下来该批判的是作为受害者的医院的信息透明度,封闭的信息给谣言的散播提供了土壤。最后是医疗潜规则和体制弊病,人们为什么轻易相信了这一谣言,因为这个谣言反映了真实的医疗镜像,加上人们对医院失去信任,谣言于是发酵并疯传。

可在我们舆论的批判文本中,这种价值次序被颠倒过来了,很少有人去批判造谣者、传播者这个在具体案例中最近的、最强的、最直接的、最明显的、最应先受批判的人,大多数人都对造谣之恶视而不见,而习惯性地把矛头指向了医疗体制和医疗潜规则,执着地追问"为什么人们会相信谣言",而刻意回避"因为首先有人制造了谣言"这个原初性的问题。

同样,这样颠倒批判次序的逻辑在另一则新闻中表现得更为明显。某地城管局的网站被黑,网页上被替换了充斥着侮辱城管的字眼和照片,警方迅速介入调查。应该说,这也是一个价值次序非常清楚的案例,最先被批判的是黑人家网站的黑客。然后才是其他间接、隐含、微弱相关的问题。可在舆论的批判文本中最多的批判却是:人家为什么会黑你城管的网站而不黑其他网站,说明城管是存在很大问题的,城管的执法制造了许多对立面,城管应该反思自身不招公众待见。显然,这样的批判逻辑也颠倒了。城管是有问题,可具体到某地这家城管有问题吗,为什么要黑人家?即使人家城管也有问题,采取这种非法手段报复对吗?

可怕的是,舆论中充斥着类似毫不尊重批判之价值次序的谬论。这种谬论因为迎合了一些人仇富、仇官的愤怒情绪,迎合了一种"反抗代表正义"的民粹热情,迎合了一种多数人暴力的正义幻觉,招摇过市且赢得无数掌声。殊不知,这种貌似深刻、实则混淆是非的逻辑,正把这个社会推向民粹的深渊。

为什么要强调批判的价值次序,因为这样的次序与一个社会的道德生态秩序密切相关。直接的恶比间接的恶,关系强的恶比关系弱的恶,大的恶比小的恶受到更多、更先在的批判,不放过真正的恶人,给恶人以与其恶行相适应的批判,这是维持一个社会的道德秩序必须有的基础。否则的话,对眼前最直接的恶视而不见,却把问题都推给那个远处非常间接的恶,比如体制和制度,这只会对社会形成非常恶劣的暗示,纵容一些恶行。纵容了造谣者,却舍近求远地去批判医疗体制,宽容了黑客,却去批评在具体个案中作为受害者的城管,这样颠倒了是非的批判次序,其实是在为恶行寻找借口。

有人可能会辩称,之所以不去批判造谣者和黑客,是因为法律会惩罚他们,而隐含的体制问题却是法律管不了的,所以舆论会颠倒次序从而把矛头指向远处的体制——这不能成为理由,道德应该比法律有更高的要求,法律惩罚在很多事上是不能替代道德批判的,不能用"法律已惩罚"回避道德上的批判。

再说一条新闻,前段时间有朋友称一毕业生在应聘时遭遇地域歧视,考官听说他来自某地后表现出了轻蔑的态度,且出言不逊,该生随后怒而拍案而起、指袖而去。这件事在同行间引发讨论,有人批评地域歧视,也有人批评这孩子脾气太大。后来有一个同行作了一个价值排序,我觉得这个排序也属于批判的次序。

他说:在是非上进行价值排序,面试这个话题,第一,任何人不能地域歧视、性别歧视、宗教信仰歧视,这是放之四海而皆准的人格平等原则;第二,社会中优势地位的人不能任意欺凌弱势地位的人,这是弱者保护原则;第三,两个处于同等地位的人,在社会交往中不能恶语相向,这是公序良俗原则,此案中是面试官先挑起争执;第四,年轻人不能年轻气盛,举止要尽量文雅,这个被面试者显然反应过激,这是公平原则。四个位阶排下来,面试者的错误是前三条,而且都是高位阶的规则,被面试者的行为瑕疵只是在第四个位阶出现。所以我判断是非是这样判断的,因此我认为我们首先要全面批判面试者的问题,然后才是较真被面试者的反应是不是过激。

有了这个排序,是非判断就清晰多了,那种"抓小放大""求全责备""吹毛求疵"的偏锋思维就看得很清楚了。魏则西事件中,后来有媒体把矛头指向了患者,批评患者遇到绝症时"倾家荡产也要治病"的不理性,称"尊重自然规律,放弃不切实际的幻想,坦然地面对生与死,是最理性的选择"——这篇文章之所以让读者极不舒服,除了缺乏人性的温度,很大程度也源于违背了批评的次序,舍近求远无视基本的是非,而把板子打向了作为事件受害者的患者。

作为读者，我们之所常会感觉一些评论"写偏了"，偏了——就是违反了批判的价值次序，无视根本矛盾和核心问题，而把很间接、很小的问题当成关键问题过度阐释，盯住芝麻而无视西瓜，舍近求远，刻意标新立异，太想反弹琵琶，最终剑走偏锋。看问题需要不同的角度，但这个角度不能扯太远，不能脱离新闻和事件所呈现出的基本是非和核心问题，跑得太远，读者跟不上你的思维，也离原初的命题越来越远。

## 九、避免刻意标新立异的天使角度

刻意显得与常人常情不一样，以贬低常人常情来凸显自己的冷艳已经成为一种病。时下一些网红的文章很火，动不动就"10万+"，但很多评论读着总感觉不对劲，跟普通人认知的常情、常理、常识有一定的距离。似乎有一定的合理性时，却又总会把那么一点儿合理性推向极端，以真理在握、其他人都是傻子的绝对口吻和粗暴方式说出来，这在情绪传播中能迅速赢得很大的阅读量，却根本经不起事实和逻辑的推敲，那种以高贵冷艳的姿态示人的网红评论都让人很反感。

比如，大众表达朴素的爱国热情，这很正常。爱国是一种本能，当国家利益受到损害，或在某个特殊的国家性节日中，民众以自己的方式表达对国家的热爱——这是人之常情。可立刻会有一种高贵冷艳的评论出来嘲讽这种爱国表达，仿佛大众都是被"洗脑"的二货，而自己才是清醒理智的。谈爱国的都是肤浅的、谄媚的，像自己这样永远保持一种批判的、不同的、反对的姿态才是高贵的。评论可以指向那些非理性的爱国方式，可以痛骂那些抵制的、砸车的、搞内耗的人，但对普通人正常的爱国表达，应该保持一份尊重。

比如，有享有盛誉的文化名人去世时，网友为表达哀悼，在微博微信里给逝去的名人点蜡烛，这也很正常。即使没有读过名人的书，不认识名人，点个蜡烛表达一下哀思，这也是人之常情。可立刻会有人站出来批判普通人点蜡烛，称其是跟风，或者是附庸风雅，装得好像看过很多书的样子。这也是典型的高贵冷艳，以跟大众不一样来显示自己的精英姿态，以批判大众来表现自己的优越感。大众并非不可以批判，但"大众"是一个集合名词，应该尽可能地将矛头缩小为精准的个体，而不是一棒子打倒一群人。

比如，魏则西事件发生后，在批判了相关企业、相关医院和相关部门后，有评论把矛头指向了患者，提出一个问题：假如一个人得了绝症，究竟该作出怎样的选择？是不惜一切代价治疗，还是顺应自然规律？然后得出一个让很多人极为反感的结论：医学是有限的，也是不完美的。虽然医者的技术追求是永不言弃，但这并不代表医者具有起死回生之力。因此，尊重自然规律，放弃不切实际的幻想，坦然地面对生与死，是最理性的选择。——多冷漠的判断啊，这样的观点未必是错的，但这是人之为人所做不到的。人都怕死，你让人得了绝症后别去治而"坦然面对生死"，就是高贵冷艳的上帝视角。评论需要在认知上有超越性，但不可没有人性关怀，理性如果反人性就容易成为冷血。

再比如，南方洪灾中，湖南某地发生溃口，紧急中只好用卡车堵住决口：身系安全绳的抢险人员驾驶着载满麻石的卡车驶向溃口，在卡车坠入溃口前跳下卡车。——应该说，这种敢死队堵决口的行为，是紧急情况下的无奈之举，就像当年九江决口时沉船堵决口一样。有评论批评了这种方式，质疑"说好的科学抢险"呢？甚至质疑"以'敢死队'之名冲向溃口，是不是一种现场作秀？"这些判断就有点儿站着说话不腰疼了，评论者远在千里之外的安全之地，无法感受到现场的危急。不在场者在下判断时应该多一份谨慎，高贵冷艳的评论不仅让人排斥，有时还会成为笑话。

评论看问题要比普通人更深入一些，那样才有附加值。但又不能超越常情常理常识太远，超越太远，又没有在逻辑层面自圆其说，就走"过"了。好的评论总有既出乎意料的角度又合乎情理的判断。

高贵冷艳的评论主要源于以下几种创作态度：其一，刻意标新立异，非要跟别人不一样；其二，自诩精英，非要显得高大众一等，在大众面前表现智识优越感；其三，认知上有缺陷，不接地气，缺乏与常情常理常识共情的能力；其四，网红吸引眼眼球的策略，语不惊人死不休，明知道观点出来后舆论会炸，就想追求爆炸性的争议效果。职业评论员的理性训练，很多时候就是为了克制这种高贵冷艳不接地气的毛病，使自己的判断更接近常情、常理和常识。

评论不是快餐，不应该只有一两天的生命，不应该只追求几个小时"10万+"的爆款效果，而应该能经得起理性的审视和时间的考验。今天网上那些所谓的爆款火，有几篇能够在多年后还被人翻出来再去阅读的？那种看似"高贵冷艳"的评论更容易速朽。坚守常识，立于中道，好好说话，才会更有生命力。

　　有人说,自媒体时代人人都有麦克风,人人都是评论员,不再需要职业评论员了。这种看法是肤浅的,职业评论员是不可替代的。评论员有作为一门职业的门槛,你有自媒体,能写评论,甚至篇篇阅读量"10万+",成为网红级写手,但你不一定具备评论员的素养。评论员的核心素养就是:好好说话,说人话,站在公共立场平和地表达理性、中立、客观的观点。这既没有迎合民粹情绪的草根腔,也没有高贵冷艳的精英腔,既不感性泛滥充满文艺腔,也没有过度理性的上帝视角,总能在理性与感性、常情与常理、精英表达与大众认知间找到一种平衡,不一惊一乍,不标新立异,不走向极端,不迎合某个群体,立于中流,做一个公正的旁观者。

# 第六讲

# 评论的观点与判断

> 关于评论写作的判断次序,一个资深媒体人是这样说的:一事当前,先问真假,再断是非,再说利害。这句非常精辟的话,基本上涵盖了评论中最普遍也是最重要的判断。先问真假,作的是事实判断。而"再断是非"和"再说利害"涉及价值判断中两种最重要的判断:是非判断和利害判断。
>
> ——作者

观点,是一篇评论中最核心的要素,是评论的灵魂和核心。读者看新闻,想看的是"发生了什么""事实和真相是什么",而看评论,则是为了知道"应该怎么看这件事""新闻反映了什么问题"——那就是评论的观点。新闻往往是提供事实,而评论则是提供判断。

一篇千余字的评论,可以缩减成百字以内的内容一言以概括之,这种能概括文章意思的精粹内容,往往就是文章的观点。

作者写评论,往往都是先有某种概略、粗糙、模糊的观点。评论写作中所谓的"写作灵感",其实就是妙手偶得的某个观点,由观点产生表达冲动,然后组织资料、寻找论据、梳理逻辑、构思结构、谋篇布局,最后由"百余字的观点"在论证中扩展成一篇完整的评论。编辑选稿,往往也主要先看作者的观点,然后再评判文章其他的要素:逻辑、文字、结构、文本,等等。

举个例子,我写过一篇题为《假新闻不能全赖到媒体头上》的评论。针对的新闻事实是:

> 在近日的武汉市记协常务理事会上,该市记协强调全市各类新

闻媒体必须采取有力措施防范虚假新闻产生,凡无中生有虚构新闻者一律除名。记协将严格执行虚假报道责任追究制度,加大虚假报道者的违规成本。今后凡属记者由于采访不深入不细致造成报道严重失实的,一律先下岗再处理。

看到这条新闻,我脑中立刻闪过一个评论灵感:"不写虚假报道"也是记者的一项权利——这个模糊的灵感,就是我这篇文章观点的雏形。我的判断是这样的:一般人都是把"不写虚假报道"当作记者的一种职业道德要求,一种赋予记者的义务,武汉市记协的这个规定也预设着这样的前提,把记者当作道德训诫的对象。而我觉得,许多假新闻并非出于记者之手,而是政府瞒报和操纵媒体的结果。比如,矿难明明死了上百人,地方政府害怕被问责故瞒报死亡人数,导致记者写了虚假报道。地方上发生了群体性冲突后,群体的情绪明明不怎么稳定,政府非要求媒体登通稿,称群众的情绪"非常稳定",等等,用假象来粉饰太平。

所以,我由"'不写虚假报道'也是记者的一项权利"的粗糙灵感形成了这样的观点:

> 在中国"媒体受到很大管制"的新闻语境中,假新闻不仅源于记者失德,很多时候都源于权力的失德和政府的霸道,媒体和记者只是替罪羊。"不写虚假报道"不仅是媒体道德自律问题,它也是一项记者的权利。记者有接受真相的权利,有权不写虚假报道;媒体有报道自由,有权拒绝刊登假消息,可很多时候迫于权力的淫威不得不无奈地去写、去登。

所以,观点是评论的核心。评论最重要的附加值,主要体现在观点中。作者的见识和积累,主要通过观点表现出来。评论的优劣之分,也主要是通过观点的优劣和深浅表现出来的。

## 一、观点是对事实或价值的明确判断

我们经常问一个人:你对这件事有什么观点? 实际上是在问:你对这件

事有什么判断?观点,其实就是一种判断,利用自己积淀的智识、积累的经验、掌握的信息、专业知识和严谨的逻辑对事物、事件、事理作出判断:媒体报道的是不是真相?我理解的事实到底是什么?这件事背后有什么背景?他这样做到底是对还是错?导致这个问题的原因是什么?会产生怎样的负面影响?谁将从这件事中受益或受损?真正的凶手到底是谁?……

判断,判,是分析和推理,断,是作出明确的结论。判断,就是对事物或事件进行肯定或否定,或指明其某种属性。这个"断"很重要,一定要有一个明确的、不含糊的决断和结论,才能叫"断"——读者看你的评论,主要就是看你的清楚、明确的判断。

在哲学和逻辑学中,判断是一种很复杂的概念,有许多种判断,不过那些判断新闻评论中一般都用不着,新闻中用得最多的两种判断是事实判断和价值判断。新闻评论的判断一般都不会超越这两种基本的判断。

所谓事实判断,顾名思义,即对事实本身作出的判断。比如,事实是什么、不是什么,事情将会朝着什么方向发展,导致这件事发生的原因是什么,这件事跟那件事之间有什么关系,这种行为违反了法律的哪一条规定,等等,都属于事实判断。

事实判断,因为是对事实作出的判断,事实客观存在,所以判断往往最终是可以用事实进行验证的。如果判断与事实不符,会被证实,那就是一个失败的判断和一篇失败的评论。如果事实与判断相符,会被证实,那就是一个成功的判断和评论。因为存在这种可证实或可证伪性,所以事实判断存在较大的风险,对评论者素质要求比较高。

马少华先生在其著作中谈到,1911年2月1日,邵飘萍为清军将领联名电奏请清帝退位而写的时评,其中最关键的一句判断是:"清帝退位而后祸中国者,必袁世凯其人矣。"这就是事实判断,数年后果然应验。

2009年5月杭州发生了富二代胡斌飙车撞死白领的事件,引发舆论哗然。胡斌7月受审时,许多人感觉站在法庭上受审的那个胡斌与案发时从媒体上看到的胡斌判若两人,于是舆论疯传"被告席上的胡斌是替身"。在一片声讨"胡斌替身"的浪潮中,我举出许多理由证明"被告席上的胡斌不是替身而是其本人"。后来,事实证明了我的判断完全正确,胡斌本人在狱中接受了媒体的采访,现身说法证明了法庭上的那个年轻人就是自己。这就是一次成功的事实判断。

## 第六讲 评论的观点与判断

2010年8月北京准备恢复中断了3年的广播体操,届时机关、企事业400万职工将随"大喇叭"集体做操。职工集体做操的盛况将重现京城。我立即判断,恢复广播体操并不是一件简单的事情:"起码寻找那种集体做操的场地就不是很简单,当我们想寻找一起做操的场所时,会猛然发现,地都被圈得差不多了,本来留给人活动的场所,都已经被开发商挤走了,寸土寸金,到处是高楼大厦,到处是钢筋混凝土堆起来的丛林,到处都在拆迁和建设,哪里能找到一块可供全民做广播体操的净土?"一周后,当实施这一政策时,媒体果然报道,遇到的最大问题就是"场地问题"。这也是我根据自己的理性和经验作出的事实判断。

作这样的判断还不算难,对复杂的事物或宏观经济形势作出判断是较难的,风险也更大。比如,经济学家徐滇庆2008年判断,深圳房价肯定要涨,并断言"如果2008年7月11日比2007年7月11日低一分钱,即用整版篇幅向深圳市民道歉"。随后知名评论人牛刀说,我和你打赌,肯定跌!若涨也用整版道歉!最后事实是那个区间中深圳房价跌了一点儿,徐滇庆输了,不得不向深圳市民道歉。不过,牛刀也没有赢,不久深圳房价又经历了一次猛涨。

价值判断,就是从某种价值观、情感、原则、道德、伦理、审美标准出发对事实作出的判断。比如,这样做是不对的,事实应该是怎样的;某种行为是违反道德的,政府这个规定是不正当的;等等。事实,有客观的标准可以衡量,所以可以证实或证伪。而价值观、道德观、审美之类是多元的,往往不同人有不同的理解和认知,不同的人对道理的理解和审美水平是不一样的,不同的人对价值有不同的排序,所以,价值很大程度上是主观的,并没有客观的共识和量化的标准。

也因此,一件事也许会有许多事实判断,而事实只有一个,但是,一件事,不同的人有不同的理解,存在着很大的价值判断空间,一万个观众眼中有一万个哈姆雷特,每一个人的判断都可能是对的,在价值上都没有高于其他判断的优越性,这,就是价值判断的特征。因为事实判断与价值判断的这种区别,所以,对一条新闻,进行事实判断的很少,而进行价值判断的却很多,因为价值判断的空间更大。

基于价值判断有着较大的发挥空间,所以评论中最多的判断就是价值判断了。我在这个章节中会对价值判断作较详细的分析。

## 二、法律判断是一种事实判断

随着法治理念的启蒙和普及,"我们都被置于法律的统治之下"越来越成为一种共识,所以,对事件和行为以法律进行衡量、以法律作为标准判断其是非,或从法律专业角度对事件的正当性进行评判,成为评论写作中较普遍的一种取向。法律判断,应该是最常见的一种事实判断。

法律判断到底是价值判断还是事实判断,评论界存在着很大的争议。不少人把法律当成一种价值标准和价值准则,认为这种价值存在可多元阐释的空间,一种行为,是否违法,适用什么法律,违了哪种法,存在较大的自由衡量和争议的空间,所以,法律并不是某种客观的标准,而是一种价值,法律判断自然是一种价值判断了。

我坚持认为,法律判断是一种事实判断,判断一种行为是违法还是合法,不是对价值作出的判断,而是一种事实。关于司法,我们常说的一句话是,以事实为依据,以法律为准绳。评论就行为的合法性作出判断,虽不是法官断案,但作为判断在本质上是一样的。

以事实为根据,也就是说,你判断的依据都必须有准确的信源和确凿的依据,必须是有"法律证据"证明的事实。你每一步的推理,判断涉及的每一个信息,都要是事实。这是我说"法律判断"是"事实判断"的第一个原因。

第二个原因是,以法律为准绳。也就是说,你引用的每一个法律条文,都必须是现实中存在的、公开的、合法的、有效的法律。在这个问题上,我一直坚守法律实证主义的观点,罪刑法定,这个法是实实在在存在的法,不是道德法,不是自然法,不是古代的传统的法,不是某种抽象的原则,更不是引用美国的法律来判断中国行为的合法性——分析当下中国现实中发生的行为,就必须用具体的法条进行分析。法律既然客观存在,而且法律规定往往也是刚性的,严格依据这样的法条进行判断,就是一种事实判断。

有人之所以认为法律判断是一种价值判断,很多时候其实是将"合法性"与"正当性"混淆了。评判一种行为正当不正当,有许多价值标准,比如,一个人不堪侮辱而愤而还击,打了另外一个人。这种行为正当不正当呢?站在不同的立场和角度,依据不同的价值标准,甚至可以援引美国的法律、古代的法律、自然法的要求等,来评判其正当与否,这属于价值判断。可,这种行为合法不合法呢？就不能见仁见智了，所依据的标准只有一个，那就是写在纸上明确的法条，他是在怎样一种情况下还手的，打人违反了什么法，符合不符合正当防卫的法律要件，这些只能根据事实和法律作出判断，"违法不违法"也是一种客观事实而非主观判断。这，就是事实判断。

之所以强调法律判断是一种事实判断，是因为事实判断和价值判断有不同的论证要求。事实判断，往往对事实有着非常严苛的要求，论证必须是句句有依据的强论证，判断必须经得起严苛的审视。而价值判断的要求则弱很多，因为见仁见智，不同的人可能有不同的标准，标准并非是客观存在的法，而有着很大的解释和探讨空间，论证可以较弱，论据并没有很高的要求。你依据某个事实评论说某人是一个道德上有欠缺的人，这是一种价值判断，见仁见智。可你说某个人行为严重违法，你就要非常严谨地推理和判断了，因为这是一种事实判断。

如今不少人因为对法律判断缺乏作为一种"事实判断"的敬畏，经常容易信口开河，既损害了媒体判断的公信力，也埋下了侵权的隐患。

比如2010年8月的重庆李一事件。媒体调查发现重庆缙云山绍龙观道长李一与刚被媒体推下神坛的养生大师张悟本一样，很可能是一个骗子。在信息并不充分的情况下，评论可以作较多的价值判断，比如，在道义上对其虚假宣传、违规办学之类经调查已证实的行为进行评论。可一些媒体和评论，仅仅根据某些媒体"有弟子举报李一强奸"的报道，就把李一当成了一个强奸犯。可后来重庆市民宗委经调查后向媒体披露：经向举报人及举报人提供的相关人员的全面深入调查，目前尚无任何证据指向李一涉嫌强奸，其举报内容失实。

仅仅根据"有弟子举报李一强奸"的报道，就判断李一是一个强奸犯，这就是媒体和评论人缺乏对"事实判断"的敬畏而犯的错误。强奸犯成立有明确的法律要件，媒体虽不是法官，但在作法律判断时必须有法官的严谨和负责，既没有事实，又没有法律依据，李一怎么就成了强奸犯了呢？

进行道德、审美之类的价值判断时，面对某个事实，可以根据自己良心的理解。而进行法律判断时，必须严格尊重事实和言必有法律依据。这就是强调法律判断作为事实判断的关键所在。

所以，在邓玉娇和张剑案的问题上，著名评论人童大焕先生与我争论其行为到底属于不属于"正当防卫"，我一再强调，我们是在中国的语境中讨论

"正当防卫"问题,所以不要引美国的法律作论据,只能谈中国的法律;"正当防卫"是一个法律概念,而不是文学和道德概念,咱们只就法律对正当防卫的定义进行讨论,而不必站到某个道德高地上(比如说邓玉娇是穷人家的孩子),也不能脱离现实进行文学想象(什么民女反抗淫官),就事论事,就法律谈法律,谨慎地推理,严谨地用词,为判断留有余地,这就是事实判断。

## 三、价值判断中最普遍的判断:是非判断

关于评论写作的判断次序,资深媒体人刘健是这样说的:一事当前,先问真假,再断是非,再说利害。这句非常精辟的话,基本上涵盖了评论中最普遍也是最重要的判断。先问真假,作的是事实判断。而"再断是非"和"再说利害"涉及价值判断中两种最重要的判断:是非判断和利害判断。

这种行为是对的还是错的,对在哪里错在哪里,是有利还是有害,利大于弊还是弊大于利,人们对事物在价值上的判断最常见的无非就这两种。

先来看是非判断。是非,看起来是很简单的两个字,很简单的一种判断,其实不然,由于是非很多时候并没有客观公认的标准,是非间也存在着许多冲突和模糊的空间,每个人对同一事件关注的重点也不一样,要想说服与你有不同价值观的人接受你的是非判断,不是一件容易的事。是非,虽只是简单的两个字,两者间却有着很大的张力,可以延展出很大的辩驳空间。

### 1. 简单的是非

一种情况下,简单的是非是不适合作评论选题的。如果一个事件和一种行为,每个人都能轻易地看到对错、是非、善恶和美丑,那就没多大的评论价值,既然每个人都能看出明显的是非,那还要你评论干什么,你的评论就不能向读者提供有附加值的内容,不过是在大众平庸的层次上重复一些简单的道理。比如,杀人放火,当然是错的,每个人都知道,无需你的评论告诉别人"杀人放火是错的"。

但有的情况下,当一些简单的是非,由于被某种愤怒的情绪笼罩、被一些歪理邪说扭曲、被某些流行的偏见遮盖,或者被某种狭隘的民族主义和暴戾的民粹主义操控时,简单的是非变得很模糊,这时候,负责任的评论家就应该站出来重申这些简单的是非,通过自己的分析拨去覆盖在"简单的是非"之上的那些迷雾,给舆论一个明晰的是非判断:不要强词夺理,不要抬出美丽的借

口,那,就是错的。

举个例子。2009年7月,甘肃兰州一位年过七旬的老人站在某小区门口的斑马线上,只要见到车辆闯红灯经过,便用板砖砸违章车,媒体报道时他已怒砸30多辆违章车。那段时间连续几起飙车血案,加上一直以来的人车路权之争,老人的砸车行为引起了社会的高度关注,尤其在网上掀起了轩然大波。全国各大网站对报道的跟帖超过100万人次,由此引发对老人砸车行为是与非的大讨论。

对这一事件,法律专家多称老人此举是不对的:司机闯红灯和老人砸车都是违法行为,后者更是以暴制暴,故意损坏他人财物。老人没有执法权,司机闯红灯应由交警处理。可舆论和公众则多站在老人一边,支持老人的砸车行为,认为法律专家仅仅一句"砸车是违法的"太无力,这样正确的废话等于没说,老人就是要以这样极端和轰动的方式给违章者一个教训,否则闯红灯会更加肆无忌惮。可以注意到,因为陷于对闯红灯者深恶痛绝的情绪中,舆论在"砸车违法"这个问题上已经不愿意正视最简单的是非。

这时候,评论不能迎合这种情绪,而应该站出来强调这个简单的是非。砸车确实是违法的,这是一个无法回避的核心问题。他的动机也许是好的,意图也许是想引起舆论对行人闯红灯的关注,初衷也许是给闯红灯的人一个教训,他的行为也迎合了多起飙车血案后公众对此类事件的痛恨,客观上也可能对乱闯红灯起到遏制作用,但从正义的角度审视,他这样做是对法律秩序的破坏,是故意损坏他人财物。——这是最简单的是非,没什么多深奥的道理,也没什么可回旋的和能商榷的空间。

中国当下的社会舆论,在简单的是非判断上经常陷于混乱和模糊,所以,在很多时候不得不倡导一种"简约的判断学":在判断中强调一种最简单的是非,对就是对,错就是错,不要含糊其辞左右摇摆。这个时代的对与错,因为阐释的狂欢和多元主义的喧嚣,它的界限已经变得非常模糊,许多明显违法的行为,杀人抢劫,因为披着弱者的外衣,或有着善良的意图,或有着多数人的优势,或是指向人们所痛恨的人或行为,常常会赢得舆论的同情并被追捧为舆论英雄。一些正当合法的行为,因为是公众所痛恨的人所为,常常也会被仇恨的口水所淹没。舆论强调这个值得同情,那个值得考虑,立场偏见中分析来分析去,最简单的是非往往被忽略和遮蔽掉了。舆论在最简单的是非判断上含糊不清和暧昧不明,缺乏恒定的价值判断,易于被情绪所左右,易于受多数人暴力的引诱,根据身份而不是原则作出是非判断,自然就向社会传播了一种非常恶劣的暗示。

经常让我们对简单的是非失去判断的有如下几种场景。如果一种坏事是有钱人做的,我们会明白那是错的,可如果是穷人做的,我们下判断时就变得踌躇起来。一种坏事,如果伤害的是一般人,我们会毫不犹豫地去批评,如果伤害的是国人痛恨的某国人,那就不会坦然面对简单的是非了。如果一件坏事,是与自己没有利益关系的人做的,会观点鲜明地批评,如果与自己有千丝万缕的利益关联的话,就不敢面对简单的是非了。

因为简单的是非经常被这些情绪、偏见、利益和立场所扭曲,所以,强调简单的是非在很多时候是非常有意义的。

**2. 完整的是非**

"完整的是非"与"简单的是非"是相对应的。当简单的事情被复杂化时,需要评论在"简单的是非"上作出判断,可当复杂的事情被简单化时,需要评论能够突破那种"简单是非"的思维,对复杂的事情进行一一分解,就完整的是非作出判断。

无论如何,打人就是不对的,就是"简单的是非"。而"完整的是非"就是不仅仅把事情看成"打人"那么简单,而要分析为什么打人,打人的背景,打人之前发生了什么事情,打人之后又发生了什么事情,就事论事,对每一个环节上的是非进行逐一分析,这就是完整的是非。"完整的是非"所对应的句式是这样的:打人确实不对,可事情并非打人那么简单,需要从整个过程来看是非。

显然,"简单的是非"是一种化繁为简、只看根本的思维,而"完整的是非"则是瞻前顾后、注重全面的思维。

"完整的是非"是基于这样一个现实,许多事情的发生并不是单纯的某个情节,而是由一系列有相互联系、互为因果的事件组成,无法只揪住某个环节而对整个事件作出是非判断,必须对事件进行细细的分解,逐一分析每个环节上的是非,一一界定责任和是非。"无论如何,打人就是不对的"这种简单是非的思维,将是非都混在一起说,眉毛胡子一把抓,是在混淆视线和遮蔽事实的真相。

遇到比较复杂的事件时,就需要这种"完整的是非"判断。比如2010年8月的郭德纲事件。

有业主举报"非著名相声演员"郭德纲别墅侵占小区公共绿地,北京电视台娱乐频道的记者前去采访,在郭家门口采访时与郭的弟子李鹤彪发生冲突,李鹤彪动手打了记者,记者将偷拍的打人录像剪辑后传到网上并召开新闻发布会谴责,郭德纲发表博文力挺打人的徒弟并痛骂北京电视台,北京电视台对郭进行封杀并邀请专家在节目中痛批郭德纲,有媒体上纲上线将郭德纲树为"三俗"典型(庸俗、恶俗、媚俗),有报道称郭的书和音像制品在北京书店被下架,还有报道称北京广电部门在北京封杀了郭德纲。

舆论都称这一事件为"郭德纲事件",并开口闭口郭德纲事件如何如何,全部一边倒地批判"郭德纲支持徒弟打人"。这样笼统地判断就不符合事实。因为这一事件非常复杂,并非只有"郭德纲徒弟打人和郭德纲支持徒弟"这一个情节,而是由一连串的事件组成,不能一概而论地判断谁是谁非,只能对这一连串事件进行分解,分别评价每个环节上各人的是非。笼统地说"无论如何,打人就是不对"对郭德纲是不公平的。

首先是郭德纲别墅侵占绿地:如果真的侵占了小区绿地,当然是违法的。可事实并没有这么简单,郭德纲说那些绿地是当初自己买房时开发商许给他的,如果是这样,问题是出在开发商为了牟利而私许小区绿地上,郭也是受害者。

然后是北京电视台前去采访:采访,当然是媒体和记者的权利。可郭德纲称,报道有不少失实的地方,比如,拍了其他人家别墅侵占绿地的画面,然后说这是郭德纲家的别墅。如果媒体报道失实了,当然是不对的。

再就是北京电视台在郭家门口的采访:扛着摄像机推门去采访,郭德纲后来说这是"私闯民宅",事实上并不算"私闯民宅"。可是,记者一边说不拍摄,一边却藏着摄像机进行偷拍,而且态度并不好,还带着堵门逼访的意味,这也是并不道德的采访手段。

接下来就是郭德纲的徒弟李鹤彪打记者,这绝对是错误的,并且是违法的。

接着郭德纲不仅没有批评和严惩打人的弟子,反而在相声和博文中力挺徒弟为"民族英雄",并且用恶语痛损北京电视台和记者。艺人如此,当然也是错误的。

北京电视台高调宣称封杀郭德纲:这是不对的,因为北京台不是哪个私人的,而是公共媒体,这是挟公器报私仇。

某与郭德纲有旧怨的电视台上纲上线将郭德纲定为三俗典型:这也是不对的,是公报私仇。将一个相声演员写了篇文章力挺打人的徒弟,上升到"三俗"的批判高度,这样的上纲上线显然是很不妥的。

最后,又是封书,又是封人,公权部门介入这一事件,当然也是错误的。治理失德的艺人得依法而行,没有法律依据地去打压一个艺人,这种公权暴力之恶要恶过郭德纲万倍。

这,才是完整的是非。这样一连串事件,岂能化约为"无论如何,打人是不对的"这么简单的是非。

### 3. 深浅的是非

"简单的是非"和"完整的是非"是就事件的横向层面作判断,而深浅的是非,则是在一个事件的纵向层面上,在所涉及的现象与本质、直接与间接、浅层与深层、个人与制度的对比中作是非判断。

有些错误,虽然是个人犯下的,却有着深层次的制度原因,所以本质上是一种制度之恶。有些问题,表象上看是谁的责任和罪恶,透过现象看本质,却是另一种错误。有些事件,从浅层次上看是一种"非",而深入地发掘,可能是一种"是"。这需要评论者不满足于表象上的道德幻觉,用自己所掌握的理性、信息和知识去拨开表面的迷雾,去揭示出平常人看不到的、误解了的、更深层次的是非。

比如,2010年7月,舆论曾热议过"坏消息综合征"的问题,说中国人患上了"坏消息综合征":美国尼尔森发布用户习惯报告,称中国网民最喜欢发布负面产品评论,也只有中国网民发表负面评论的意愿超过正面评论。媒体上暴力、凶杀、灾害、灾难的新闻总能激起更多人的关注兴趣,微博和论坛上,往往是那些负面的消息和批判性的评论更能引起转发和评论。这样的"坏消息综合征"似乎正在改变新闻的定义:坏消息才是新闻,无负面不新闻。

为什么会患上"坏消息综合征"? 许多判断都只流于浅显和表象的层次,有的说是源于我们社会的不完美,因为体制问题、腐败问题,坏消息太多,人们才患上了"坏消息综合征"。或者说媒体为了炒作和吸引眼球,而对报道坏消息有特别的偏好。我觉得,这都是浅层次上的理解,"坏消息综合征"有着更深层次的人性因素和利益因素。

我是这样看的:说"中国人患上了坏消息综合征",只是一种幻觉,一个伪问题——哪里只是中国人偏爱坏消息? 哪个国家的人都偏爱坏消息。许多人视美国为"最不坏、最接近完美的社会",可看看美国的报章,他们报纸上的坏消息和负面新闻,他们的暴力、凶杀、灾难比我们多多了。他们的网络上,充斥着更多的负面评论和耸人听闻的消息。不仅美国,全世界的报章和网络都是如此,每个国家的人对坏消息都比好消息有更强烈的关注兴趣。

人们为什么偏爱坏消息,我觉得,这可能首先源于一种自私的人性本能,因为坏消息虽然对别人是不利的,对听到坏消息的人却是有利的。网络戏言,得知你过得不好我也就安心了——其实并非戏言,而是真实的人性体现。通过外在的坏消息来凸显自身的相对幸福感,这是第一层人性。其二,坏消息有助于一个人释放压力,当遇到不顺心事情的时候,起码可以将那些坏消息拿出来安慰自己,自己已经很幸运了;当失败的时候,可以用坏消息为自己推卸责任,将不满都推给社会。最后,偏爱坏消息可能还有更深层次的人性,生于忧患,死于安乐,进化中,抱怨和对坏消息保持关注成为一种防止自满的生物保护机制。

更深的利益原因是:发布坏消息更能让人赚到钱。其一,现代社会中的人们普遍相信,只有把事情夸张到极致才能挣到钱,"金钱只存在于极端之中"。环保主义者如果不把环境恶劣形容到似乎明天"2012"就要来到,他们很难从资本家那里募捐到足够他们支配的钱;政客如果不将某种问题描述得非常严重,不解决的话明天就会导致大灾难,他们的政策很难获得支持。其二,社会精英在传播坏消息上推波助澜,对精英来说,情况很糟糕才可以让他们感到比别人更聪明。人们如果都安居乐业,对专家和精英的依赖就会大为减少,人们都会安享自己的生活而不会求助于所谓的"拯救者",求教于专家渊博的知识和寄望于精英"引领人们走出危机"。其三是媒体对坏消息的偏爱,坏消息更容易引起轰动效应,坏消息更容易凸显"媒体在揭露社会丑恶"的正面形象,坏消息可以提升媒体的重要性。

这,就是透过现象看本质的深掘思维,不满足于对表象的浅层认知,而在别人思考止步的地方再进一层,就能看到更深层次的是非。看到了在"坏消息综合征"上这种源于人性和利益的深层是非,就会对坏消息有更客观和理性的判断:不要把坏消息太当回事,不要以为坏消息这么多,社会就腐败不堪,社会真的像政客、专家、媒体描述的那样糟糕了,仿佛天就要塌下来了。坏消息很多时候只是一种媒体和精英营造出的幻象,生活中的好消息还是居多。

我们的思维中有许多为了节省时间和方便判断而形成的刻板成见，比如，这个问题是体制问题，那个问题是社会问题，这个是由于贫富差距导致，那个是由于权力腐败引发——这些已形成根深蒂固的成见，以至于一看见与以前经验相似的问题和现象，就会条件反射般地归于这些刻板成见。透过现象看本质，就是为了反抗这种偷懒的思维。平庸的大众在判断时，也许可以偷懒，但作为引领人们思考的评论家们，绝不能偷懒，绝不能让刻板成见去主导自己的思维，而要在大众停止思考的地方作进一步的思考，纠正那些浅见、偏见和谬见，用自己的理性和洞见提升整个社会的认知水平。

　　评论家是社会理性的引领者，是舆论领袖，而不能反被乌合之众的非理性所引领，以迎合大众非理性的狂欢而"被舆论"领袖。浅层的是非，永远只是浮于舆论表层的道德泡沫，只有挖掘深层的是非，才能对问题的解决和社会的进步有所助益。

　　当然了，这种对深层是非的挖掘一定要尊重客观事实、常情常理和逻辑，而不能为了表现自己很深刻，对事件作偏离于事实和逻辑的阐释，那就是过度阐释了。对一些个案进行无限的发挥，对一些特例进行上纲上线的批判，动辄上升到制度层面和体制层次进行貌似"深刻"的反思，这些过度阐释反而会遮蔽真正的是非，在"故作高深"中让真正深层的是非反而被忽视了。

　　比如，像校园杀人案之类的罪恶，明明是偏执、偏激、病态的人做出的，非要上升到"贫富差距引发的阶层分裂"的层次，将个人的恶归咎于社会之恶和体制之恶，这明显是迎合偏激思维的过度阐释。这时候，我们看到的浅层的是非其实就是真正的是非，无须故作深刻、牵强附会地去挖掘并不存在的"深层是非"。透过现象看本质，需要以事实为依据，以逻辑为准绳，而不是迎合某种偏见和情绪。

### 4. 比较的是非

　　"简单的是非"和"完整的是非"针对的是一件事中一连串事实，"深浅的是非"是针对一件事的表象和本质，而"比较的是非"则是对两件事或更多的事情进行比较，在比较中分辨是非，在对比中作出价值评判。

　　我们常说，就事论事，这确实不对，可相比另外一件事另外一种行为，这已经算好的了。还有的人说，某种制度确实有缺陷，但相比以前的制度，已经有很大的进步了。还有的说，相比某种罪恶，这个恶只是一种小恶，我们必须把眼睛盯着比这个罪恶恶百倍的那种行为，追问大是大非，不要被小恶遮蔽了双眼……这些，都是在比较中凸显是非，在反衬中彰显价值。

"比较的是非"信奉这样的原则：很多是非不能单纯去论，要在比较中才能凸显出更丰满、更有张力、更现实、更有说服力的是非。

"比较的是非"喜欢对现实中存在的诸种价值进行排序，比如，自由和平等，个人利益和集体利益，法律和道德，在这些价值发生冲突的时候进行排序。某种行为，虽然违反了道德，在道德上看是恶的，却没有违反法律，甚至能在法律上带来善的后果，"道德至上论"者可能视此行为为非，而"法律至上论"者可能会视此为是。不同的人，对价值的排序是不一样的，于是有了"比较的是非"。

炸掉大堤淹掉万亩良田，单纯地看，当然是一种恶。可如果炸掉大堤能分流洪水，挽救下游城市数百万人的生命和财产，当然是一种善。大善和小恶、大利和小弊的比较权衡中，能凸显出"大是大非"。

民主是个好东西，可民主制度有没有问题？当然有，可能有多数人暴力，很多时候也缺乏效率，可相比不民主所带来的问题，对民众权利和利益的伤害，民主那点儿危害已经算不上什么了。所以，有人说，民主是个最不坏的东西，或者说，民主是既有制度中最不坏的东西。很多时候，我们并不能追求完美和至善，只能去追求"避免最大危害"这个次优的、最不坏的结果，这就是"比较的是非"。

罗尔斯在《正义论》中说过一句话：自由只有因自由的缘故才能被限制——这句话的意思是说，在罗尔斯的价值排序中，自由是居于首位的。只有一种限制和约束能给人带来更多的自由，或者是为了保护自由时，这种限制和约束才是正当的。这也是"比较的是非"。

在2008年汶川大地震中著名的"范跑跑事件"上，"比较的是非"就非常重要。

都江堰光亚学校的教师范美忠，地震时弃学生于不顾第一个冲出教室。——如果说这种求生本能可以理解的话，那么事后接连写文洋洋自得、沾沾自喜地为弃生逃命辩护就让人难以理解了，仿佛这是值得炫耀无比光荣的事，他发帖说："在这种生死抉择的瞬间，只有为了我的女儿我才可能考虑牺牲自我，其他的人，哪怕是我的母亲，在这种情况下我也不会管的。"——"范跑跑"这番言论引发轩然大波，一时成为众矢之的。当时，我也写了好几篇文章批评"范跑跑"，不过后来当我看到"范跑跑"学校的校长说的一句话时,我改变了自己的批判取向。

当媒体就"范跑跑"那番言论采访都江堰光亚中学校长卿光亚时,这位校长说:希望骂那些修楼修垮的人。这句话的言下之意很明显:与其在这里集中舆论炮火讨伐和痛骂范美忠,不如去骂那些修楼修垮的人。我觉得,在对范美忠一边倒的舆论围殴中,这是非常冷静和理智的一句话。他没有沉浸在某种简单的道德义愤中,没有被某个抽象的道德议题遮住双眼,而是敏锐地紧盯住关键问题;他不是在为自己的下属开脱,不是借机转移话题和矛盾,而是提醒公众不要停留在某种群殴快感中,而应去关注最关键的问题。

出卖耶稣的犹大固然可恶,但人们不能忽视了背后指使犹大的总督。房子倒塌时老师丢下学生逃跑确实不道德,应受道德谴责,但在把矛头指向"范跑跑"的时候不能忽略一个更关键的问题,即房子为什么会倒塌,是什么将学生置于这种危险之中,又是什么使老师陷入这种选择的困境?是纯粹因为震级太大,还是因为房子是偷工减料、不堪一震的豆腐渣?如果是后者,老师和学生都是受害者,最应该痛骂的是那些修楼修垮的人。卿光亚校长并非不知道"范跑跑"的那段话是错误的,可那毕竟只是一种出位的言论,相比之下,当时最关键的问题还是在"为什么楼会倒塌"的问题上。

还有,在高考改革的问题上,判断时也要有"比较的是非"。高考是带来了许多问题,又是应试教育,又是一考定终身。应试教育,人人喊打。可是要意识到,高考在中国不仅是一种考试选拔机制,更已经变成底层人实现向上流动的唯一通道,成为社会公平中最底线的公平。这时候,考虑高考改革时就不能只当作教育问题去考虑了。高考虽然带来了应试之弊,但起码是公平的,在公平制度和公平通道稀缺的当下中国,这是至为重要的,即使高考有弊端,但也是每个人公平地承受这个弊端。考虑到这一点,高考改革应非常谨慎。这,也是"比较的是非"。

政府出台一个政策,从制度设计和逻辑上能看出不少问题,可如果相比过去的政策有进步,也能看出政府解决上的诚意和善意,这种进步还是值得肯定的。这同样是"比较的是非"。

当然了,比较得是符合逻辑、符合基本价值的比较,如果不符合这个原则,就是偷换话题了。明明说的是 A 话题,通过不恰当的比较,将话题转到 B 上去了,明明本身是一种"很大的罪恶",却以"更大的罪恶"来衬托自身,在"比较的是非"上要防止这种话题偷换。

比如新华社曾曝光过辽宁弓长岭区的公车改革，竟然给区委、区政府的正职领导每年发过8万元的货币补偿。针对舆论"补偿高得离谱"的批评，该区宣传部的负责人表示，车改之后确实比以前省钱了。还给记者算了一笔账：本区车改之前公车支出占正常办公经费的70%，车改第一年就综合节支320万元。

这就是一种诡辩的逻辑，如今官场盛行一种逻辑，就是为了营造"起码比过去有进步"的次优幻觉，喜欢把过去描述得一团糟，尽可能地展现过去的缺点，以此论证如今有许多缺陷的改革措施尚不是最坏，什么"禁酒令省下了4 300万""38个会议省1 000万"，这种逻辑在车改辩护中被用得最多，辽阳弓长岭区的官僚就把这种逻辑用到了极致。

本人并不苛求完美无缺的改革，认同次优思维，即使存在很多缺陷和不完美的地方，但并非比过去有所进步就一定值得赞赏。次优思维是一种务实的思维，但这样一种思维正被官场某种贪得无厌之辈所滥用，成为遮掩其惊人贪欲的遮羞布。比如某些地区的车改就是如此，他们利用公众对财政花费的不知情，反正过去的集体之恶也无法去追究，于是尽可能去丑化过去，把过去的情况说得很糟，从而论证如今并不算太坏，甚至算得上可以接受的次优。他们所做的不是论证改革本身的正当，而是在顾头不顾腚的丑化过去中为自己辩护。无论车补如何过分，但比过去还是有节约啊，"次优思维"就是这样被滥用。

使用"次优思维"本有两个原则：一是信息是充分透明的，过去的那些缺点和问题是现实存在的，人们可以基于充分的信息进行今昔对比；一是本身要有独立的、站得住的理由，本身要能经受得住起码的理性拷问，不能完全与过去相比来凸显正当。

**5. 现实的是非**

这个层面上的是非，关注的是"应然"与"实然"的冲突。我们写文章作判断的时候，一般都喜欢用"理想的状态"来要求被评论的对象，去教育被批评者应该怎么样，而现实可能根本达不到"理想的状态"所要求的前提，不具备条件。这种情况下，我们只能舍弃对理想标准的过度苛求，不得不把眼睛转向现实，用务实的眼光审视身边发生的一切，作出现实的是非判断。

评论家很多时候写文章，因为心中有一个理想的道德想象，所以写作时不免会流于高蹈。谈到某个立法，动辄喜欢说美国如何如何，可我们是在中国谈中国的现实问题，中国的体制和国情与美国是不一样的，美国的许多制度在中国根本行不通，直接用美国的理论家以美国现实为蓝本创造出的理论套到中国头上，以美国理论来说中国的是非，很多时候并不适用。

李方先生就曾写过一篇文章论这种现实的是非。

有一则报道说，有回美国副总统戈尔来到纽黑文市，市长却根本不出面接待。因为美国市长是对下、对选民、对议会负责，而不太对上负责，所以不把副总统放在眼中。于是中国许多评论家借此批评中国官员见到上级就点头哈腰，应向美国学习。

李方的评论一句话就点中了要害：你让狮子去老虎家学什么呢？官员对上级领导的态度如何，这绝不是胆量的问题，甚至不是觉悟或者说作风的问题，实在是体制问题。倒是有报道讲，前不久哪里诞生了一只杂交的小狮虎兽，各方都很兴奋，可惜没两天就夭折了。制度是无法这样不顾国情而全盘移植的。

再举另一个例子。关于高考改革，在前面刚说过，高考对于中国不仅是一种人才选拔机制，更是底层人向上流动的通道，通过高考改变命运是许多人最后的选择。所以，涉及高考改革问题时，一定要把现实国情置于优先的价值衡量位置上，不能光依着理想的状态去进行改革。

比如，如今自主招生方兴未艾，许多大学都进行了面试招生的改革，即高校尝试甩掉高考直接通过面试招生，高考分数第一次与高校录取脱节。高校在进行这种改革时，就应充分考虑到现实环境的约束。

可以看到，几所试点高校在报道中都竭力展示对面试的精密安排，又是体制保障，又是程序设计，又是技术保证，甚至抬出了名誉作担保，保证不会出丑闻，总之是竭力说服舆论相信面试录取的公平。我想，这些学校再科学严密的面试程序设计，也难以消除舆论对面试录取人为不公的质疑。因为"面试录取隐藏着的不公"是一种大环境，高校也许可能通过努力改变小环境，做到力所能及的公平，但对"大环境"却无能为力。

哪些大环境呢？比如，面试录取属高校自主招生，可当下高校在许多方面并没有实现自主，如何在"招生"方面就能单兵突进地实现自主呢？比如财务不自主，许多名牌高校的招生大幅度地向本地倾斜，正是源于财政上对地方财政的过度依赖；比如教学不自主，开什么专业、用什么教材、教师的考评、教授职称的评审，都受到上级事无巨细的干预；比如校长不自主，大学校长嵌在行政序列之中,校长的任免权牢牢掌握在教育行政部门手中。这种不独立的大环境决定了"面试招生"很难实现自主。

另一种"大环境"是当下的整体制度环境和道德水平。基于制度约束的失范,社会当下的伦理环境并不能让人放心,潜规则横行、暗箱操作流行的现实让不少人对制度失去了信心。由于社会在公平性、透明度、法治化、规范性、诚信度等基础秩序上不够完善,各种领域的权力未得到有效的约束,一项初衷再好、设计再缜密、考核再科学的制度,在这种基础秩序中运行时,都会在说情、找关系、递条子、塞票子中发生扭曲和变异。同样,"面试招生"由于过多依赖人为、主观因素,更容易发生这种变异。

也就是说,面试录取的公平只是一种想象的公平:脱离了社会大环境,想象面试有一个科学公正的程序,想象考官精心设计的问题能"考"出考生的素质,想象面对面交流的灵活考问能突破僵化的"人纸较量"——这实际仅仅是一种想象,回归到现实环境中之后,"想象的公平"会因为整体环境的复杂而变得不可控。公平并非想象得越完美越好,它最重要的品质是现实中的可控性。很多时候,大环境决定着公平实现的路径选择,现实的大环境下只能选择一种次优的公平实现方式。从这个角度看,既有的高考虽然有许多弊端,也存在许多不公,但在既有的"大环境"下,通过它实现的公平却是相对最可控的公平;面试录取虽然在想象中更公平,但"大环境"使其带有太多不可控的东西。

在这个层次上,现实的价值次序远高于逻辑想象和理论推演,评论家应把判断扎根于现实土壤中,而不是缥缈、理想的云端。

当然了,尊重现实的逻辑,并非一味臣服于现实,如果不向"理想状态"迈进,只看"实然"而无视"应然",社会就很难进步了。我强调"现实的是非",是推崇一种在尊重现实中谨慎推进理想的进步观和改革观。既要仰望星空,更要脚踏实地,在脚下一马平川、没有陷阱的情况下,要保持仰望星空的理想,两者不可偏废。

比如高考改革,如果总担心改革会带来不确定因素、可能隐藏腐败空间,那我们只能永远停留于原地,永远承受应试教育之害。公众也要在心理上戒除对"统一高考"的心理依赖,而对高校推出的寄望消除应试之弊的尝试保持一种信任。毕竟,我们不可能完全消除了那些可能蕴藏着的腐败空间再来着手进行高考改革,制度需要在实际执行中不断完善,而不应等所有问题都有了确定答案后才敢动手改革,质疑需要勇气,但有时候信任更需要勇气,中国当下高考改革就需要公众的信任。

## 6. 辩证的是非

"辩证的是非"是想超越那种非黑即白、非善即恶、非敌即友、非是即非的二元思维,而能够在"非"中看到"是",从"是"中看到"非"。并不是全是全非的全称判断,不是全盘肯定或全盘否定,而是讲究辩证法。

中国人过去拍电影,就是一种非黑即白的思维,一个好人,他就是高大全,没有任何缺点,比如雷锋,甚至连谈恋爱的事情都不让说,觉得这会影响他的形象。说一个人坏,那就是万恶不赦的,没有任何优点,一定要把他踩在脚下踏上一万遍让他永世不得翻身。其实世界根本不是这样的,人也不是这样的,世界就蕴藏在矛盾中,时时处处都处于矛盾冲突之中。评论,也应该包容这种冲突,真实地反映事物内在的矛盾。

戏剧和小说讲究冲突性,有冲突才有情节,评论也是一样,你评论层次的高低,决定于你的观点能不能包容更多的冲突,能不能在化解冲突中阐释一种价值,而不是在完全否定一种价值中坚持另一种价值。所以,我不喜欢看到类似这样的评论,什么"坚决反对什么什么""坚决倡导什么什么"。因为这样的评论的思维肯定是非黑即白的。

用句大家更熟悉的表达,也就是说评论要讲究辩证法,评论的思想性体现在超越是非对错的层次,而提升出一种更有包容性的判断。当然,我说的辩证法,不是如今那种已经庸俗了的辩证法,变得完全没有立场,完全走向相对主义,你说一个东西不好,他说要辩证地、一分为二地看问题,不承认有公认的对错,一切都有正反面,最后变得没有了是非。我说的辩证法,它是有旗帜鲜明的立场的,只不过你在坚持某个东西时不能完全否定相对应的东西,不能霸道地把其他的一切都说成是不正当的东西。

评论员在写作中经常遇到不同观点的交锋。我觉得现在许多交锋之所以产生,都源于那种"非黑即白"的思维,在观点上缺乏包容性。一方坚持一种观点,认为一个人完全是对的,没有任何妥协,不承认这个人有任何一点错误。而另外一个人,坚持相反的观点,认为这个人完全是错的,也没有任何妥协。其实,如果双方都退后一小步,客观地看到自己观点中"是"的部分,并意识到自己的思维可以隐含着某种"非",双方就能寻找到共识。陷入理性的自负中,只看到自己的"是"和对方的"非",交锋就变成了自说自话。

观点交锋，其实是为了在沟通和说服中寻求理解和寻找共识，各持己见，分别强化自己所认为的是非，只会加深分歧。用"辩证的是非"去看问题，带着包容尝试反思自己和理解对方，才能够寻找到理解和共识。

比如，我写过一篇题为《体贴"穷人的无奈之恶"是一种善》的文章，就是尝试在"辩证的是非"中探寻一种价值。这篇评论的新闻由头是：2004年12月江苏省公安厅出台了《关于办理卖淫嫖娼案件的指导意见》，公安机关查处卖淫嫖娼案有了"细杠杠"，今后办案不能仅罚款了事，还应区分不同的情节，根据宽严相济的原则进行处罚，其中一个最大的亮点是：对因生活所迫初次卖淫的予以从轻处罚。

"卖淫"从道德和法律来看都是一种"非"和"恶"，可很多时候不得不承认，这是一种"穷人的无奈之恶"。贫困不是一个单纯的事实，它不仅意味着物质资源的匮乏，还意味着精神状态和权利的贫困，以及为了生存所进行的种种努力中的非理性状态，"无奈之恶"就是非理性状态中的一种：比如说一个饿急的人在街上抢食物吃，一个身无分文的人通过偷窃或出卖肉体的方式得到金钱，一个穷人违章占道躲避城管在街边卖烤红薯，一个讨不到工资的农民工爬上高高的塔吊向包工头讨薪，等等。我们体贴贫困和关注弱势群体，不仅要体贴物质匮乏意义上的贫困，更要体贴依附于物质贫困的种种非理性状态，把它们同其他的"恶行"区分开来。

对一般恶行严惩的示范作用可以抑制社会的犯罪冲动，而对"穷人无奈之恶"不加区分严惩呢？只能让他们陷入更大的贫困和更无助的绝望：被赶出城市后无处容身，被罚款后生活雪上加霜，被踢翻摊子后生计无存。——法治的目的不在于惩处，而在于秩序和公平，对"穷人的无奈之恶"毫无体贴的态度会让社会远离公平和秩序，从而远离正义。这种法理上对"穷人的无奈之恶"的体贴体现了成熟文明的理性之美，是一种莫大的善。

从"恶"中看到"无奈"，从"容忍无奈"中看到"善"，这，秉持的就是辩证的是非。

我的另一篇题为《对有些恶放弃干预，有时也是一种法治》的文章，也是典型的"辩证的是非"。针对有人提议设立"见死不救罪"，我在这篇文章中强调：基于某种道德理想，我们对恶要有"除恶务尽"的道德洁癖，但不得不说，基于对人类有限理性、人性复杂、现实限制、成本约束的认识，有必要务实地放弃对一些恶的清除和根治情结，不得不容忍一些恶的偶然发生；戒除我们脑子中"用法律手段扫荡这社会所有的恶"的法律专制诱惑,不要一看见什么恶就想着用法律根除之。极少数的见死不救行为,可能就是目前社会不得不容忍的一种恶,人性非常复杂,即使再高尚的社会都不乏这种丑行。

正如认识到自身不足的人才真正有理性一样,真正的法治,并非自信法律万能、法可摆平一切,而是首先认识到法律理性的有限和法条的局限性,社会中有许多事情是法律力所不能及的,只能通过其他手段进行调整,有所不为才能有所作为。法律一般只适用于有客观依据鉴定的情形,而见死不救强烈依赖于主观认定,凭中国当下的法律技艺和司法水平,很难区分"不为"与"不能"、"无意"与"恶意"。所以基于既有的道德水平和法律理性的有限性,我们可能不得不暂时容忍这种恶。

### 7. 反躬的是非

反躬,就是反求诸己,己所不欲,勿施于人,尝试站到当事人的利益立场来看是非,而非执着于站在自己的利益立场看问题。很多时候,随着视角的转换,设身处地去看问题,会看到更加客观、更符合人情常理的是非。

一般人看问题,都喜欢置身事外去看问题,不看当事人身处的现实情境,也不顾当事人面临的种种约束,而仅凭自己的道德想象和道德审美去思考问题。比如,我就看到过这样一条新闻。

一场毁灭性的大地震让中国四川西部本不知名的小镇映秀因遭受灭顶之灾为世界所瞩目。据报道,在灾后重建的规划中,该镇将巨大的灾难化为巨大的机遇,将建成吸引中国乃至世界各地游客的著名旅游景区。规划者介绍,这里将会建成地震遇难者公墓、地震遗址公园、地震遗址观景平台、地震纪念馆、地震纪念广场等,待村民的房子都盖起来了,全村将家家"农家乐"。

震区建景区,这是一个非常敏感的话题。记得之前四川省彭州市某景区建了一个CS真人游戏基地,其实并非在地震废墟上,也远离居民区,只是很正常的景区重建,可到了某些媒体和批评家那里就成了"在遇难者遗体上娱乐""在死人身上玩游戏",被批评为太不尊重死者,太不尊重历史,是对死者的亵渎。——对于震区建景区,我们一定要站在灾区人的利益立场上来看问题,要考虑到灾区人的现实处境,而不能凭着道德想象去作是非判断,在道德上将"震区"与"景区"、"灾难"与"娱乐"对立起来。

认为震区建景区是不尊重死者,这种联想其实只是我们内心一种非常自私的审美趣味(就好像我们为了满足自己的道德审美,会竭力赞颂寡妇的终身不嫁、烈女的以死抗争,而丝毫不考虑她们的现实生存一样),一种只顾自身的道德洁癖而不顾别人死活的旁观者思维。灾难已经过去,可灾难后幸存者的生活还要继续,身处其中的、从灾难中走过的当地人,他们的利益和感觉才是最重要的,他们有权利重新开始生活,该娱乐的娱乐,该赚钱的赚钱,该重操旧业的重操旧业。要求灾区无娱乐,也许只是为了满足自身的某种道德审美和道德抒情。

这就是一种"站到别人的立场上思考问题"的反躬思维。单纯地以旁观者的道德视角来看"震区建景区""废墟上建游戏基地",确实有点儿不妥。可如果超越这种自私的审美视角,而设身处地地从灾难民众的现实利益角度去看,就会意识到这是他们的生活。灾难中死去的都是他们的亲人,没有谁比他们更尊重那些逝去的生命,没有谁比他们的心中更苦,可他们要咬着牙在废墟上继续生活下去。他们不能只迎合别人对苦难和灾难的观感而保持痛苦的表情,只能靠自己勇敢地活下去。

尝试着站到别人的立场去看问题,设身处地地想,己所不欲,勿施于人,就会看到更客观、更有人情味的是非。写评论,切忌那种事不关己、高高挂起的心态。

朱达志先生写过一篇题为《你也上那高高的塔吊去"秀"一把》的评论,也是在反躬中来谈是非的。农民工被欠薪,无奈地以跳楼的方式向老板讨薪,许多媒体报道时都用了诸如《外来工频演跳楼秀,为讨薪成跳楼专业户》的标题,相关政府部门也谴责"跳楼秀"严重影响了交通,并声称会严打农民工"跳楼秀"。

朱达志先生于是评论:只要有点自尊的人,若不是走投无路,谁也不会去"频演"什么"跳楼秀"。我们什么时候听说或见过机关事业单位的人为了讨工资而去跳楼,哪怕就只是去那高高的塔吊上,顶着猎猎寒风,忍受着"文明人"的奚落,冒着可能因"破坏公共秩序"被拘留的危险,试"秀"一下?

你也上那高高的塔吊去"秀"一把——作者就是想通过这种"设身处地"的吁求,来让那些"动辄称跳楼秀的人"明白,这是一种多么冷漠的称呼。不是被逼无奈,不是求救无门,谁愿意冒着那么大的危险爬上高高的塔吊?

## 四、利害判断

最后简单说说利害判断。这也是时事评论经常要作的判断：一件事的利益格局，对谁有利，对谁有害；谁得到的利益最大，谁是最大的受害者；利益应该如何分配，利弊应该如何权衡，利害应该如何看待。一个人身上纠结着许多符号，是社会人、政治人、经济人……最广为认同和普遍的身份是"经济人"，每个人都是经济动物，最基本的理性是追逐最大利益，利益是人的"最大公约数"。所以，作为经济动物，趋利避害是人的本能，身处经济社会中，一个人最本能的判断就是"利害判断"：什么对自己有利，什么对自己有害，这件事对谁有利对谁有害。

面对公共事务，每个人都会产生一种"利害判断"的癖好。一事当前，会本能地首先去判断其利害关系，甚至无视真假，不顾是非，将利害判断置于首位。虽然缺乏理性，却是人之为人与生俱来无法避免的弱点。

利害判断，要遵循以下两个原则。

其一，要分清主观上的利害和客观上的利害。比如，对于沙尘暴，全国政协常委、防沙治沙协会常务副会长夏日某年接受记者采访时提醒说，沙尘暴有害也有利。比如，沙尘一方面污染空气，一方面也净化空气。一般沙尘天气和沙尘暴过后，尘埃落定的天空是最洁净、最晴朗的。原因是沙尘形成的气溶胶里面钙的含量较高，沙尘在降落过程中对空气中的氮氧化物、二氧化硫等物质具有一定的中和作用，可以有效地减少酸雨。此外，沙尘暴所迁移的沙尘一定程度上弥补了一些地区的土壤不足。

这只是专家客观地分析沙尘暴的有利一面，在主观上对沙尘暴并无价值判断。可不少评论家据此批评专家，似乎专家是喜欢沙尘暴的，是为沙尘暴和环境恶化辩护。这是对利害判断的误读。

其二，要注意利害判断的边界和局限，不能对利害判断作无限的推理。你可以分析一件事客观上对谁有利对谁有害，在利害格局上作出判断，但不能因此就判断：因为这件事对这个人有利，所以一定是这个人做的；因为这件事对那个人有害，所以那个人不可能做。利害判断一定要言之有据，以事实为依据，而不能停留于利害本身的逻辑推演上，否则很容易陷入阴谋论的逻辑谬误中。

同时，也要警惕进入动机论的思维陷阱，以利害猜测一个人的动机。评论也是新闻，要以可以辨识、证据确凿的事实为依据，而不是去猜测人的动机。比如媒体对陈光标高调慈善的动机质疑，利害判断是，这样的高调慈善有助于扩大其公司的影响力，有助于拉到更多的工程，然后就判断陈光标做慈善的动机，就是做生意。这样的动机论，显然是不负责任的，是对慈善和爱心的伤害。

## 五、北大学生讨论王海的"打假与正义无关"

"新闻评论的表达效率"这一节课前的讨论题目是关于王海打假。课前我已经把这个题目发在了"课程微信圈"里让同学们做好讨论准备。新闻评论重在实践，即使有所谓的"评论理论"和"写作规律"，也是在个案分析中梳理和总结出来的。老师从自己的写作中总结出来的经验再鲜活，到了学生那里，也会成为不可复制的"死的教条"——所以必须通过热点新闻的课堂讨论，让学生一起思考，积极参与讨论，在话题交锋形成的"课堂舆论场"中与学生一起总结，那样才能在启发和思考中沉淀为学生的积累。

现在课堂的讨论已经越来越热烈和激烈，每次同学们都积极举手要求发言，有强烈的表达冲动，而且形成了针锋相对的辩论，每次都有"刹不住"的感觉。因为课堂时间限制，有时不得不暂时叫停。课后有学生跟我说：老师，我今天实在太想说了，表达冲动很强烈，可还是没点到我。

### 职业打假人王海：花巨款买假货1年赚400万

这些年，职业打假人已成为一个行业。现年42岁的职业打假人王海有四个打假公司，他透露，去年的打假成本在400万左右，总索赔理论上有1000万。今年王海打算加大投资，买1000万假货，王海称打假和正义无关，赚了钱才能更高尚，并给公司定了30万元的"打假起步价"。王海在微博的自我简介里写着：一个清道夫，以赚钱为手段，以打假为目的。王海承认会向所打假企业索要赔偿，他说，打假与正义没什么关系，其实是一场商业交易，并且是公平交易。拿到高额赔偿后，王海坦言，利益受损的企业可能变本加厉地生产假冒伪劣，但"我没有义务继续管下去"。"我不赚钱，哪来钱去打假？与我们这些职业打假人相比，假货和欺诈对消费者的危害更大吧。"王海说。

**课堂讨论规则：**
（1）每人发言在一分钟内；
（2）第一句话介绍自己的观点，考验学生提炼标题和梳理思路的能力；
（3）最好每人只说一个观点；
（4）观点最好不重复；
（5）欢迎不同观点的争论；
（6）一个同学负责记录，最后花两分钟进行观点综述。

**讨论前我作了这样的分析：**

"王海打假"这个话题有很多争议点、评论点和吐槽点，一般人会觉得这种话题"比较好讨论"，比较"有话可说"。其实，越是争议性强的话题，想把它说清楚，想找到一个有价值的评论点，越是难。因为评论点太多，评论者可能有很多点想表达，很多问题搅在一起说，往往说不清楚了。评论点太多，容易形成对思维和逻辑的干扰，不知不觉就容易从这个层面飘移到另一个层面。想说的很多，思维也难保持集中，明明说着这个论点，很容易受到另一个论点的诱惑，从而使思维发散。

评论这种争议强性的话题，一定要保持逻辑的同一性和集中性，盯住一个点，攻其一点不及其余，不必面面俱到。把一个层面的论点理清楚，就非常容易了。人们对这种争议性强的事情本来就判断模糊，需要评论员给一个清晰的判断，思维发散的跨角度、多层面剖析，只会让人更迷糊。复杂话题要简单化处理，从反常中看到正常，从一个论点切入去廓清争议产生的价值混乱。

**同学们开始了热烈的讨论：**

**同学A：**水货和假货没有公平交易的资格，假货首先侵犯的正品的知识产权。王海的打假并没有让被侵犯的企业得到保护，却有点姑息养奸。

**同学B：**打假更应该由政府公共部门来做，不妨大胆地设想，他为了赚钱可能会不择手段，以假的方式去打假。打假是公共产品，还是应由公共机构去执行。

**同学C：**我觉得这个不能完全交给政府。比如柴静的报道就是民间参与治理的绝好案例。可以交给民间来做，可以把打假的人组织起来成为一个组织。

**同学D：**为什么会存在打假这个职业，打假可不可以变成一个职业？第一个问题，有很大的利润空间，市场上的乱象和监管不力导致了这种情况。

现在没有法律规定,打假不可以作为职业,但这是否合情合理呢?即使打假可以成为一种职业,也要有自己的坚守。

我想总结一下,这个报道没有展示全部的信息。我觉得王海和老百姓心中的期待有些差距。但王海打假需要成本,为了打假雇了很多保镖。纯粹追求公共利益,应该是国家政府投入来做的。

我也看到了王海接受一些媒体采访所说的,他在采访里只说自己是打假,没有把自己描述成见义勇为的打假英雄形象,而《新京报》这篇报道就是故意突出了王海对利益的追求,设置了争论性议题。

**同学E**:王海是以打假为名行敲诈之实。打假是为推动社会的进步,保护知识产权。王海以此谋利,完全歪曲了打假的意义,以打假为手段,以赚钱为目的,实际是一种职业敲诈,利用了当下的一些法律漏洞。

**我这时插话说**:这位同学说得非常重了,起码从报道来看,王海完全按照相关法律进行索赔,这种行为是合法的。你说人家敲诈勒索,是法律判断。不像价值判断,可以站在一个道德高地挥舞道德大棒,而法律判断是一种事实判断,说一个人违法,说一个人犯了什么罪,需要拿出相关的事实和法条依据。

**同学F**:我觉得大家刚才的讨论对王海有点太苛刻,为什么王海有这么大的利润和市场,显然是工商部门的监管缺位。喊了这么多年的打假,每年只是"3·15"晚会看了很爽,过了之后一切如旧,20年之后还在谈王海打假,还是一个热点话题,有点儿悲哀。假货猖獗,应该感谢王海的打假。

**同学G**:这种事情应该论结果不论动机,世上无完人。为什么职业打假这么有效率,因为有利润空间,一些监督政府部门呢,可能就是曝光几个案子。王海的打假公司赚这么多钱,民间打假比官方来得有效率,打假公司可以到处搜集信息,可以请侦探,在打假方面有优势。我觉得王海这种打假方式有时比政府更有效率。

**我插话说**:这位同学的发言很符合经济学思维,市场在很多事情上比政府更有效率,一些国家甚至连监狱都可以由民营公司承包,为什么打假不可以?

**我的总结**:

各位同学从不同角度进行了分析,很有意思。讨论这种争议性强的话题,有太多的元素在干扰着我们的判断,需要我们自己要有强大的逻辑场,要有坚定的是非判断——也就是对是与非要有基本的认知,这个"关键的基本认知"不要被那些"非关键因素"所干扰。

我想说在这个问题上的三个"干扰源":一,王海自己说"打假和正义无关";二,标题说王海通过打假赚了很多钱;三,有人说"因王海打假而利益受损的企业可能变本加厉地生产假冒伪劣"。要分析这三个"干扰源",避免被这三个问题制造的烟幕牵着鼻子走。

当然,我说这些并不是想为王海辩护,也不是觉得王海打假没有问题,而是针对舆论场和今天课堂讨论中所忽略的问题进行分析,让同学们在以后对其他热点问题进行分析时避免这些思维陷阱。

### 1. 超越动机质疑,去看客观的社会效果

其一,在这个事务中,我们要看当事人说了什么,更要看他做了什么。不要纠缠于一两句话,不要盯着别人的动机,而要看做事产生的客观社会效果。

打假和正义无关,赚了钱才能更高尚——显然,王海接受采访时的这段不符合网友期待的话,使他成为媒体争议的焦点,很多讨论都纠结于王海的这段话。人们都喜欢把自己的工作与"正义"联系起来,切割与"赚钱"的联系,从而站在道德高地上,在迎合公众的道德期待中寻求正当性。而王海竟然高调地与正义切割,声称"赚了钱才能更高尚",难免会在这个网络键盘侠和道德家当道的舆论场里被喷一身口水。

我倒觉得,不必听其言去作道德鉴定,更应该观其行,看王海打假的行为所产生的效果,才能对其职业打假行为做出客观的评价。我倒是理解王海为什么这么"矮化"自己,他是看过太多的道德表演、经受过太多争议的人,这是在道德上自我防卫的一种方式。很多行为之所以引发极大争议,是因为这种行为常赋予自身强烈的道义色彩,使公众对其道德期待太高了。在当下的社会,一种事物,越是强化其崇高的道德色彩,越容易被架上神坛,也越容易被一种强大的力量往下拉,被消解、被质疑、被批判和被嘲讽。把自己说成圣人就容易成为众矢之的,被以圣人的要求去苛刻地审视。

20年前王海打假就引发巨大的争议,经历过舆论大风大浪的王海可能已深谙舆论此道,知道舆论会从道德上去质疑自己——好吧,那我就先矮化自己,把自己完全塑造成一个只为赚钱、不为正义的商人,把自己降低到"赚钱才更高尚"的认知层面,可能反而会免受很多"道德烧烤"。你说职业打假不那么正义,我本就不是为了正义,而是为了赚钱。王海说,别标榜崇高正义,

那是骗人——这是自我防卫的一种方式。

我觉得，即使王海打假无关正义，但从客观上看，这一行为带来了正义的社会效果，起码没有违法，对公共利益没有产生危害。这种职业打假是对官方打假的有益补充——正如王海所称，他与官方的关系已经从对抗到合作，从不了解到了解，从不支持到支持。官方之所以接受王海，就因为这种民间打假作为一种补充，消费者和职业打假人的高额索赔能够对造假企业形成威慑。

纠缠于动机是没有意思的，评论员尤其需要超越对别人动机的质疑。难道王海说：我是一个高尚的人，一个脱离低级趣味的人，一个脱离了铜臭的人，我打假完全是为了公共利益，是为大众谋幸福——这样的道德演讲，你信吗？所以，还是分析其打假产生的客观效果，那是可以判断和衡量的。动机无法判断，动机也不应该被架到道德审判台上。

**2. 别一听到"职业打假能赚钱"就皱眉**

一谈钱就伤感情，一听到"王海通过打假赚了那么多钱"，很多人就皱眉头了。中国很多人一边自己拼命钻钱眼儿里，一边用圣母的标准要求别人，不管别人做什么好事，一谈到"能赚钱"立刻就皱眉了。是非判断容易被"受益"所干扰。

故事如果换一个剧本，如果王海打假不仅没有赚到钱，反而赔了很多钱，但他为了打假，虽赔了很多钱而不惜——这样的王海打假，一定会被捧上正义和道德的神坛。（可实际中并不存在，一来如果赔钱，就不可能持续下去，如果赔钱，也没人学王海一样去参与打假了。）人们需要这种"无私"的想象来滋养自己的道德洁癖。可是，当人们看到现实中王海通过打假赚了很多钱，看到打假成为一种生意，态度可能就变了。在人们的想象中，一种事情如果和金钱利益挂上钩，就远离道德了。在很多人的认知中，赚钱仿佛与道德格格不入。仿佛道德必须是高冷、悲情和贫穷的，为了某项事业散尽家财穷困潦倒，那叫英雄——竟然赚钱了，竟然过了那么滋润，人们还没有习惯于接受一种赚钱的道德，不习惯把赚钱跟道德联系在一起。

很多人的眼睛会盯着王海的打假收益，觉得一种事情如果跟钱挂上钩，好像就不正义了。其实这是错误的观念，为什么不能一边给个人带来收益、一边又给社会带来公益呢？不能苛求人的无私，在追求私利的同时，不破坏公共利益，甚至能够带来公益增量，这有何不可呢？一事当前，还是应该先问真假，再说是非，再谈利害——真实情况和基本的是非是，假冒伪劣就应该去狠狠地打，至于打假给个人带来了利益，那是下一个价值层面的事，不能因为个人得利而去否认"打假"这个基本的是非。

"是非判断"是高于和先于"利害判断"的，我们常常把利害判断放在第一位，看到"谋利"就有心理障碍，一个人做某件事"为自己谋利"了，仿佛就是坏事了——应该先去判断做的事对不对，这是基本的是非，然后再去衡量社会公益和私人利益的双赢。

### 3. 判断须以事实为依据，警惕纯粹的逻辑推演

此次王海打假被争议，也与他说的另外一句话有关系。有人说，被职业打假索赔而利益受损的企业，可能变本加厉地生产假冒伪劣产品——将此作为"职业打假"产生的危害，王海的回答是"我没有义务继续管下去"。

企业会变本加厉地生产假货——这成为一些人攻击王海打假的点，称其只管自己的营利，而不顾对社会产生的危害。这种评论貌似有理，其实不然。因为"企业会变本加厉地生产假货"并不是一个客观存在的事实，或者说，并没有得到事实的支撑，而是论者根据自己的逻辑推理出来的。这种推理的逻辑是：企业被王海索赔，王海拿到赔偿后又不继续盯着，企业为了寻求补偿，会生产更多的假冒伪劣来补偿王海打假给自己带来的损失。

从逻辑上推理出来的结论不一定符合现实情况，因为现实往往比逻辑复杂得多。比如还有另一种可能：企业被王海打假后产生畏惧心理，担心王海继续打假，或者担心其他消费者也像王海一样追着企业打假，必然会有所忌惮，不敢生产假货。也就是说，并没有事实证明"企业被打假后会变本加厉地生产假货"，这只是想象和推理出来的，我们不能仅仅根据逻辑推理出来的恶果去否定一种行为。我们在评论的时候，一定要进行严格的区分，哪些是客观存在、被调查证实的事实，哪些只是主观想象、逻辑推演出来的"事实"。

再说了，即使存在"变本加厉地生产个货"这种可能，问题也不是王海打假导致的，而是后续的对企业的监管没有跟上。不能苛求王海永远只盯着一两家企业，王海能够做到的只能是通过自己的打假索赔，对企业形成一定的约束，让造假的企业付出沉重的代价。但如果相关部门没有引起注意，没有和王海合作，接过王海提供的线索，对相关企业加大监管，那是职业打假者无力左右的。

我在总结完这三个层面的分析后,还评析了报纸上几篇关于此事的评论,让同学们在判断时避免陷入同样的误区。

**第一篇评论:**
- "打假英雄"成了"打假老板"真可悲。
- 作者的观点是:"打假英雄"成了"打假老板",打假成了很赚钱的长久职业,身负管理职责的相关管理部门踪迹不在。国家设置了专职的管理部门,它们应该是打假的主力军,它们比王海之辈更有力量、更有条件。

**我的分析是:**

这个作者的大部分观点我都认同,但并不赞同把王海打假与管理部门对立起来,有人说,王海打假暴露了监管部门的缺失和缺位。这有一定的道理,但是,即使政府监管再严格的国家,也需要消费者和公民的监督作为补充,消费者更有动力去索赔,更能发现问题线索。所以政府监管与公民打假应该是合作关系,他们是一个战壕的战友。

有人把王海打假的存在作为政府失职的表现,用对立的思维来看待,这种判断虽然能凸显王海的英雄形象,但其实反而把王海架到了火上烤,使王海与政府无法合作。其实,即使王海打了很多假,但现实中扮演主角的还是政府部门。因为王海打假很高调,这使他成为新闻人物,而政府打假都比较低调,做了很多事,似乎还不如王海一次打假所产生的"存在感"强。但客观来看,王海打假只是很小很小的一部分,政府还是主力。这篇评论说"管理部门踪迹不在"是不客观的。

有人喜欢把某个新闻人物推到政府的对立面,反而容易形成很不好的舆论环境。借推到政府对立面树立某种正义形象,形成了对抗。就像当初南方科技大学的朱清时,舆论把南方科大当成"反行政化"的先锋,处处用对立角度看待南方科大和当下的教育体制,反而使南方科大的发展处于敏感尴尬位置。无论如何,南方科大发展无法脱离当下中国的教育体制,寄望于南方科大另立炉灶,根本不可能。这种思维只会强化朱清时与官方的对立,使南方科大的生存环境更加艰难。这种对抗化的舆论环境反而成为改革向前推进的阻力。

**第二篇评论:**
- 不应忽视职业打假的灰色属性。
- 这位作者在文章中强调:所谓的打假实质上是"假打",甚至不排除有制假售假企业花钱买通职业打假人不再为难自己，进而变本加厉地制假售假，而事实上职业打假人所做的也就是"打一枪换个地方"，在对某个企业商家打假赚到钱之后，便更换目标或换个地方继续打假赚钱，至于被打过假的企业商家是否再继续制假售假，没有职业打假人再去"找后账"。这就可以看出，职业打假人实际上"寄生"于制假售假，甚至是"利益共同体"。

**我的分析是：**

文章所提到的"甚至不排除……"纯粹是一种想象，并没有事实的支撑，纯粹是逻辑推理。不能根据这种想象和推演去否定一个人的行为。

作者说，职业打假人所做的也就是"打一枪换个地方"，在对某个企业商家打假赚到钱之后，便更换目标或换个地方继续打假赚钱，至于被打过假的企业商家是否再继续制假售假，没有职业打假人再去"找后账"。——这是对职业打假人的苛求，公民索赔形成惩罚压力，后续应该是政府的监管，不能把问题推到打假人身上。

作者说，职业打假人实际上是制假售假的"寄生"——这个判断过于武断，打假获益是对制假的惩罚，而不能推理为"利益共同体"。

**第三篇评论：**

- "王海成功"未能普惠消费者。
- 作者说：职业打假的兴旺并未催生整个消费环境的明显改善，这不过是意料之中的事。须知，一个正常的市场环境中，消费者权益应该是指得到可以确定的、无差别的法律保障，而无需某种"职业化"经营。而只有凭借某种强势操作才能成功维权，本身就说明消费维权仍旧缺乏"普惠"式的制度保障。在某种程度上可说，职业打假群体的兴旺恰恰印证了普遍性的可确定的日常式维权的式微。

**我的分析是：**

职业打假的兴旺并未催生整个消费环境的明显改善——这本来就是一个伪问题，因为打假人的目的本就不是"催生整个消费环境的明显改善"，这种目标是论者强加给职业打假者的目标。还有，作者所言的"未能普惠消费者"，也是一个伪问题，这也不是王海想做的和能做的。

时事评论忌讳这种用一个高远的目标去度量一个本不以此为目标的事物，比如，很多政策的目标本就不是治本，就是为了治标，但我们的评论常常说"某某政策治得了标治不了本",这不是废话嘛?

一个朋友针对这种自设靶子的伪问题写过这样一条微博:我最讨厌的一种评论逻辑是,最高法等要求严惩食品安全领域犯罪,有人就评论道:光靠重刑遏制不了食品犯罪,关键要去除GDP崇拜并加强日常监管。废话!人家说遏制食品犯罪光靠重刑了吗?再说,去除GDP崇拜、加强监管是最高法下发的文件应该涉及的内容吗?这种不讲理的逻辑在时评中普遍存在。

评论家张天蔚先生也在微博里批评过这种把"稻草人"当矛头的没话找话型评论。《环球时报》说,"高铁成就再大,刘志军也平反不了",某评论家说,"说中国高铁主要是刘志军的贡献是颠倒黑白",这都是正确的废话。有谁说过要给刘志军"平反"吗?有谁说过中国高铁"主要是刘志军的贡献"吗?这种自己立靶子、自己打的评论方式,除了让评论者自己显得很敏锐、很深刻之外,没有其他营养。

# 第七讲

# 评论的思维

> 大爷挑了三个西红柿放到秤盘里,摊主说:"一斤半,三块七。"大爷说:"我就做个汤,用不着那么多。"说完去掉了个儿最大的那个西红柿。摊主迅速又瞧一眼秤:"一斤二两,三块。"正当我看不过去想提醒大爷注意摊主秤时,大爷从容地掏出了七毛钱,拿起刚刚去掉的那个大的西红柿,扭头走了。这就是逆向思维。
>
> ——网上段子

每个学科、专业和行业都有各自的思维,以至于他们一旦把自己的思考以语言的方式表达出来时,我们就能从他们的思维表达窥探到他们的行业密码。

比如,当一个人嘴中不断冒出成本与代价,言必称收益的时候,甚至能从狗屎中看到价值的,他应该是一个搞经济的,因为他流露出一种十足功利的经济学思维。

当一个人不断地把利益放在嘴里,不断地说"谁是我的敌人,谁是我的朋友",强调"没有永恒的朋友,只有永恒的利益"时,我们知道他是一个政客,因为他处处表现出了政客思维。

当一个人一直不断重复着法律的格言,习惯用法律语言和法律条文说话,我们会知道,他是一个法律工作者,他的法言法语和法学思维暴露了他的身份。

当一个人看了某个新闻,就喜欢说"要让每个人知道真相"时,毫无疑问,他是一个记者。

网上有个段子说:小时候,把"English"读为"应给利息"的同学当了行长;读为"阴沟里洗"的成了小菜贩子;读为"因果联系"的成了哲学家;读为"硬改历史"的成了领导;而我不小心读成了"应该累死",结果成了程序员!——这个段子就是用"行业思维"编排的。

所谓思维,学理上的理解是,高级生物的大脑对客观事物的本质和事物之间内在联系的规律性作出概括与间接的能动的反映。所谓能动的反映,很多时候就变成了一种潜意识、下意识的习惯性反应,因为长期从事某个行业,受该行业的熏陶,固化为一种规律性的模式,以至于形成了带着这个行业浓厚特征的思考习惯:一看到某个事物,就会条件反射般以这个行业习惯看待事物的方式进行分析和评点。

那么,评论从业者的思维是什么呢?评论思维应该是怎样一种思维?我想,评论思维可能有许多表现,但最重要的思维,应该是批判思维。

## 一、评论的批判思维

什么是批判思维?就是当面对一件事物时,不是用欣赏、赞美、鼓吹、叫好之类的眼光和角度,而是保持一种怀疑、质询、审视、揭露和批评的视角。一事当前,即使看起来是好事,也当以质疑为先,而不是忙不迭地去叫好。

肯定有人觉得我这样去界定评论思维,很有些偏激,为什么非要质疑和批判呢?如果是值得赞扬的好事,如果真是一种进步,为什么不能去赞美和叫好一下呢?现实中确有不少朋友这样地反问过我:你的眼中难道就没有光明的一面吗?你的心理难道就不能阳光一些吗?明明是好事,你还是要质疑。甚至有人嘲讽评论员的这种批判思维,称:成为时评家的一个必要条件就是,心理要足够阴暗。

对这些批评,我不以为然。时评这种文体,时评家这种职业,其存在最大的价值就是批评。

社会有许多文体,不同的文体有不同的分工,在诸种文体分工中,太多的文体主动和积极地承担着"歌德体"的功能:歌功颂德,粉饰太平,塑造典型,以赞美和表扬为主,从悲剧中寻找能体现正面形象的元素,尤其以把悲剧变成喜剧,将丧事办成喜事,将罪恶洗成闪光点为能事。批评和质疑成为一种极为稀缺的品质,于是,时事评论,要责无旁贷地承担起这种批判的任务,在政客夸夸其谈的鼓吹中,在宣传家的一片粉饰之声中,在软乎乎的赞美泛滥成灾的时候，做一个不合时宜的批判者，承担起"啄木鸟"那样的功能。你的声音一定会让人感觉很刺耳，但是，你的声音又是这个社会进步所最不可或缺的。

政府出台了一个对百姓有利的好政策，体现了一种进步，难道评论家们不应该去赞美和鼓励吗？不要怕缺少鼓励和赞美，在评论家准备动笔进行评论之前，赞美的声音早就铺天盖地了，宣传干事们早就把政府这个政策的意义进行了充分的阐述，进行了远超出其现实价值的拔高，一二三四，首先其次再次最后，表现了，体现了，彰显出，展示出……当许多文体早已充当了吹鼓手，时评还能怎么去赞美呢？在众多溢美之词的基础上再添加一些形容词，再上升到更高的高度？

当其他文体都取向赞美之时，这个社会需要有一种文体去扮演质疑和批判的角色，时评无法推卸这种挑刺的责任。为了社会的进步，时评要担当起那种让人感觉不舒服的角色。

一个再完美的政策，由于人的有限理性，它也可能有缺陷和漏洞，有政策的设计者没有想到的地方，有某种思维的死角和理性不及之处，需要目光锐利的时评家毫不留情地指出其缺陷。指出缺陷，既是为了补上漏洞，也是为了提醒决策者对制度可能导致的问题进行先在的防范。

一个再客观的制度，由于决策者的利益立场，也可能隐含着某种利益偏向，隐藏着既得利益者某种自利的安排，这时候，时评家要目光敏锐地发现这种包裹着利益的规定，并将其挑出来，吁求更公平的制度。

一种再完美的善，它也可能隐含着某种问题，它可能在个案上满足人们的某种道德感，符合人们的直观感觉，却不符合普遍的正义价值。正义优先于善，时评家这时要突破那种浅层的道德感和廉价的同情，而选择追求一种更深层、更普遍的正义。

公权力需要怀疑，而且是不惮以最大的恶意去怀疑，这应该是时评家永远的格言。基于公权力的侵略性和伤害性，还有其巨大的合法伤害权，应该永远对公权力的所作所为保持质疑的目光，正像政治学常识所告诫我们的，要将其想象成一个随时会作恶的魔鬼，而不是想象成天使。不用担心这种怀疑和批判会伤害公权力的积极性，只有以不信任和"最坏可能的想象"为制度起点，才能在制度上保障一个有公信力的、好的结果。

人性需要怀疑，因为人性是复杂的，人性是自私和幽暗的。歌颂人性伟大的任务交给那些宣传家和鼓动家们,时评家应致力于发现和揭露那些幽暗的一面,并不留情面地去防范和鞭策。只有这样,才能提升这个社会的整体道德水平,评论家应该就是这个社会的牛虻。

那些被赞美的事物需要怀疑,被捧上神坛的东西需要质疑,包裹着道德优势的人值得怀疑,喜欢把正义放在嘴里的人需要质疑,拿弱者和穷人说事的人需要怀疑。不是只批判强者,只批判制度,只批判别人,弱者也需要批判,个人也需要批判,自己骨子里那些劣根性和偏见同样需要反省和批判,不放过所有的恶,一切成为某种定论的东西都不能逃避质疑。这样的批判才算彻底,才是真正的批判。

常有人拿"缺乏建设性"来指责时评家的批判思维:你总是在批判,那你有建设吗?你总是站着说话不腰疼,你设计出一个完美的政策出来试试?这种反问是很没有道理的,社会分工不同,一部分人去从事政策的制定,也要有人充当对政策进行质疑和批判的角色,否则的话,决策者就会陷入封闭之中。我也许设计不出更完美的政策,但我能看出问题所在,于是我就把我的疑问说出来。决策者制定政策,这是一种建设,时评家进行批判,指出可能的问题所在,这也是一种建设,没有这种批判性的建设,政策不可能完善。

还有人喜欢用"善意"和"恶意"来对批评进行区分,说"善意的批评"我就接受,"恶意的"就不理睬。这也是不对的,你怎么能区分批评是善是恶呢?作为一个被批评者,只能是有则改之无则加勉了。除了私人恩怨,在公共事务上,没有人是恶意去批判某个政策的,只有语言上的尖锐与温和,而没有动机上的善意和恶意。这个问题上,被批评者面对批评时要有正确的态度。

时评家,是知识分子这个群体中很特殊的一部分。知识分子有两种,一种是钻在书斋中研究高深学理问题的专业知识分子,另一种是喜欢在公共事务上运作自己理性的公共知识分子,对社会问题保持着毫不妥协的批判精神。时评家在气质上与公共知识分子更接近,不过,他们比公共知识分子更贴近这个社会,他们每天关注时事,对这个社会每天发生的事件保持着密切的注视,于是有着更强的现实关怀。这种与现实的贴近,需要他们保持更为彻底的批判精神,用自己锐利的目光和敏锐的观察力,指出一个个政策中的缺陷,一个个新闻事件中的恶,一个个社会现象中的问题所在。

我之所以强调评论者要有批判思维,还基于这样一种认知:批评不自由,则赞美无意义。在一个批评不太自由的舆论语境中,当批评成为一种禁忌的时候,时评家更要争取那种批判的权利,争取更多的批判话语空间。不能自由地批评,那么,赞美就没有意义了。

## 二、经验思维:不能空谈抽象的事物

批判思维之外,我最经常强调的就是评论的经验思维了:时事评论,它与现实有着密切的贴近,它需要经验理性的支撑和事实的证明,时评家需要臣服于现实的逻辑和经验的知识,而不是进行纯粹的理论推导和抽象的逻辑推理。

纯粹从理论上去推导,狗屎是可以吃的,但是,现实中没有人会去吃狗屎。当现实中的结果与理论推导出的结论不符合的时候,需要时评家去正视现实,而不是去坚信自己的理论推导。

我不喜欢某些评论,云里来雾里去,不是把自己的论证建立在深厚的现实土壤中,而是就理论谈理念;抽象地谈许多概念,而不是就事论事地谈事实。就像数学公式那样,一步一步地进行抽象的逻辑推理,看不到事实。这样的评论是失败的,即使逻辑非常严密,推理完全符合形式逻辑,但也是失败的,因为它没有人间的烟火气。

写评论需要理论支撑,需要诸种学科的知识成果,但不能全是理论的照搬,要与你所要分析的事实结合起来,用你所理解和消化了的、公众能听懂的常情常理常识去说服人,而不是仍停留于高深晦涩的理论层次。

读者都是尊重常情常理的一般大众,而不是喜欢在艰深的概念中遨游的学术界的专家教授研究者们。这些读者,他们理解时事主要依赖的是实践理性,是日常生活中的认知和常识。所以,你的推理一定要契合他们的这种实践理性和经验认知,当你的那些抽象的空谈和纯理性的推导完全脱离了现实的土壤之时,读者就会产生强烈的排斥心理。

最关键的是,你所从事的评论写作,是一项需要强烈的现实关怀精神的工作。你评论的每一件事,都是现实中正在发生的事情,公众需要你的解析,事件本身也需要你的评论去推动。这样的现实命题,活生生的人,活生生的现实,需要你融入这个现实世界中,站在这个事件的土壤和语境中去说话,而不是飘到天空和云端上去。

从逻辑上看,市场似乎是万能的,市场的自由竞争和资源配置能自动地带来高效率和公平,可中国却不是这样的。这时候,你就不能死守那套西方的古典自由主义的市场教条,用那些教条来分析中国现实,而必须用更符合中国实际的理论来谈论中国问题。

从逻辑上看,宪政能解决一切问题。可中国问题并没有这么简单,不是把西方的宪政体制照搬到中国就万事大吉了。中国特殊的国情,中国的传统,中国的现实,中国人的追求,这些都是很复杂的因素,用西方经验解释中国问题,注定会有很多悖论之处。

还有,像三农问题、户籍问题、就业问题、医改问题等,在分析具体某个问题时,都不能将这些抽象和笼统的概念直接往某个事件上套,而需要针对具体个案具体分析,就事论事,就理说理,某个专家谈的三农问题,可能跟你所要谈的三农问题的所指是不一样的。

时评家要少谈抽象的主义,多谈具体的问题。这个事情,它的具体问题出在哪里,需要哪方面的补救,就事论事具体地、有针对性地谈,不要轻易地就上升到某个宏大的立场和抽象的理论。

时评家要多些务实精神,少些浪漫的思维。空想者所幻想的那些乌托邦事物确实很美好,但在现实中不可能实现,拿到时评中去,说了也是白说。时评可以谈理想,但不能沉醉于那种道德理想中不能自拔而忘记了现实的逻辑。套用一句话,不能缺少仰望星空的人,但更需要脚踏实地的人。不要沉迷于"理想中应是什么样子"的想象中,更应更多去说"现实可行性"。

时事评论,紧贴现实,为时而作,这样的文体规定性,注定了其经验写作、务实写作的特征。思维上必须有这种经验主义的自觉,养成用经验思维去思考时事的习惯。

## 三、不可不重视的求新思维

求新思维,在时评界有较大的争议。我一直坚持认为,一篇评论中应该有某种"新"的东西:评论者在就某个议题写作时,一定要有"求新"的意识,有一个新的角度,有一个新的观点,或有一个新的发现、新的信息、新的表述等。总之,一篇评论中,总得有一个"新"的东西,这样你的评论才会有价值。新闻,只有"新"才能吸引受众注意和体现新闻价值;而评论,也只有观点"新",观点和观察独到,才能让你提起的议程被关注,让你的观点吸引公众的眼球,从而推动事件的发展。

简单重复一般常识和进行道德表态的评论有没有价值？关于这个问题几位评论编辑在博客上有过一次讨论。讨论源于对湖北汉川"小糊涂仙"事件的反思（政府为支持本地企业发展，发红头文件下达喝酒指标），评论作者的来稿都缺乏新意，都只是简单地批判这种行为不对。

《潇湘晨报》评论主编杨耕身先生随即在自己博客中对此表示了认同，他认为这些文章"所表达的无非是众所周知的观点，所说的亦无非是正确无错的废话"。他认为，针对小糊涂仙事件的批评，这些作者来稿中所强调的观点，新闻报道本身就已经包含了，评论再重复新闻已前置的观点并没有什么价值。

《新京报》评论主编王爱军先生看到我们的博客讨论后，在博客中表达了不同观点，他提出了几条反对意见：第一，时评是新闻的一种。新闻是要重复的，有人三年前讨薪跳楼，现在还有，不能因为曾经报道过，就不报道。第二，时评不是供人当花瓶欣赏的，那是副刊的某些特性，时评必须为时而作，干预生活。有什么样的社会事件，就可能有什么样的评论。第三，一些荒唐事继续荒唐着，时评没有完成任务。对"显而易见"的荒唐闭口不谈，正是作恶者所期待的。第四，其实，世界上没有什么道理是新的，重复是必然的。启蒙时代的中国，或许更需要天天讲，年年讲。第五，时评有两个功能，一是阐述理念，更新观念，所谓挖掘别人没有挖到的宝。还有一个，就是推动事件的合理发展。事件最后在舆论的推动下合理结束，即使是没有深刻的含义和高深的道理，也功莫大焉。第六，时评的最大的特点是公民化，千万不要搞成孤芳自赏、圈子里的东西，这是要警惕的，离开了市野街巷，时评行之不远。

王爱军说得有一定的道理，不过我认为，从传播效率上看，新的观点能起到更高的传播效率。时评确实是一种公民表达，但时评既然刊登在报章上，就不仅只有传者，眼里更要有受众，不是光表达出来就行了，还要讲究一种传播价值和传播效率。

这方面，《中国青年报》"青年话题"内部曾与领导有过一次博弈。报社出台版面考评体系，把评论的"独家"放到了一个很高的评价位置，也就是说，只有文章独家，这个版面的评分才高，编辑才能多拿奖金。后来我们几个编辑认为，不能用新闻版的评价体系来要求一个评论版：首先，相比那些每天都出评论版的市场媒体，我们每周只有三个版，用稿速度根本赶不上市场媒体，要求独家是很难的;最重要的是,评论跟新闻不同,新闻在于报道事件真相,真相只有一个,所以独家对新闻很重要,而评论不一样,对同一新闻事件有很多思考角度,观点是一个竞争的市场,所以,评论最大的价值在于独到,独到的评论才能体现一个评论版的品质。

评论要避免成为新闻的配角和附庸,必须具有超越新闻的独立价值,这就是观点和观察的独到,要有某种"新"东西。避免重复那些众所周知的大道理,避免写那些每个人看新闻第一眼就能想到的观点。简单的道德批判是思想懒惰的表现。在一般人能想到的地方再作进一步的思考,你就会有新的发现。

## 四、时评写作需要开放性思维

开放性思维,可能不仅是时评写作需要的,每一种写作都需要一种开放的姿态。不能抱残守缺和自我封闭,要能够接受新的事物和新的观念,并具有反省的精神,不谋求话语霸权,不自恃掌握着真理,怀疑自己也可能犯错并随时纠错,保持一颗开放的心灵。

为什么时评写作特别需要开放的思维?

因为时事是不断变动中的,每天事件都会有新的变化,新闻事件并不是一下子就揭露出来的,事实的展示是一个连续不断的过程,今天揭示一点儿真相,明天再揭示一点儿,甚至可能今天曝光的会推翻昨天的报道,明天新的报道又会不写今天的事实。

时评,多是根据最新的新闻由头作出的评论,因为时事处于不断变化的进程中,那么,时评家一定要对这种不断变换的时事和新的报道保持一种开放的思维。不要刻舟求剑,而要根据时事的全面信息来作出判断,并根据时事的最新进展来修正自己不准确的判断。保持开放思维,这样才能让你的评论更加客观。

时评家并非专家,读的书往往比较杂,知识多是碎片化的知识,理性和认知水平往往有很大的局限性。时评家的这种碎片化的知识结构,和难以避免的有限理性,也需要其有充分的开放思维:要能够接受新知识新观念,并用这些新观念取代旧观念,纠正自己那些错误的判断。写作的过程也是一个学习和进步的进程,当习得了新的知识,认识水平提升了,就无须顾及什么面子,而勇敢否定自己过去的判断。

这方面,时评鼻祖梁启超堪称典范,他曾是传统文化的坚定捍卫者,当进行了更多的阅读并深入思考后,他看到了传统的弊端,又变成了一个改革者。在他一生中,他经历了好几次思想上的自我否定和重新确证。有人讽刺他缺乏恒定的价值观,我觉得这倒是一种很可取的开放精神。感受到自己坚守的东西原来是错误的,但为了面子和形象,仍坚守错误,那种封闭的态度才是可悲的。

时评家作为特殊的知识分子,他们缺乏专深的学养,他们的思想可能处于不断的变动中,不断受到新思想的冲击,不断提升自己的认知水平。接受新观念后修正旧观点,并不是一件羞于启齿的事情。

开放思维,还需要时评家时时保持着"被论辩对手说服"的可能性。时事评论,本就是仁者见仁,智者见智,不同利益立场的人会看到不同的理,不同角度的观察会得出不同的结论,不同层面的探讨会作出不同的评价,不同认知水平、不同立场、不同阶层、不同专业的人也都会有不同的观点。于是,就有了观点的交锋。其实,这种交锋,往往并没有什么绝对真理的一方,本就没有定论,本就是有着充分的讨论空间。这时候,时评家一定不能以真理掌握者自居,而要有开放的精神:如果对方更有理,你是可以被说服的,如果对方对你的批评指出了要害,你要有承担错误的勇气。

坚持不承认自己有错,觉得自己就是真理,即使认识到自己可能错了,仍坚持己见,这种封闭的心态是很不可取的。

只有秉持一种开放的思维,认识到自己的判断可能出错,那么,作判断时才会以审慎的态度去判断,尽可能地避免犯错;也才会有理性的公共讨论,不是谋求话语霸道,而是寄望于真理越辩越明,谁更言之成理那就接受谁的观点,那会避免许多无聊的口水争论。

无论如何,时评家要时刻警惕自己思维的固化,有了思维上的固化,就会产生偏见,有了偏见,就会阻碍自己作出客观的判断。时事评论最重要的要素可能就是客观,当评论带上了过多的主观色彩,其公信力就会大打折扣。

## 五、时评写作中常用的几种思维

批判思维、经验思维和开放思维是时评作为一种文体的总体性的思维特征,接下来我介绍时评写作中常用的几种具体的思维。

**1. 跳跃思维**

这是时评写作中一种要求比较高的思维,时评家要能够写出超出常人的新角度和新观点,就需要有思维上的跳跃,而不能用常态的线性思维去解读新闻。

我在多个章节中已经强调过这个问题,时评所依赖的新闻由头中,虽然是客观的报道,对事实没有什么主观感情色彩的报道,但既然是人写出来的,它必然已经预设了某种报道思维:善恶评价,已经在报道的语言使用和事实的选择上预设了立场。

举个例子。2007年7月河南的《大河报》报道了这样一则新闻,说:经过9年的努力,山东济源市于2006年终于挂上了"国家卫生城市"招牌。可挂牌近一年来,该市卫生面貌迅速恶化:大街小巷小广告乱"飞",个别夜市摊点污水横流,部分建筑施工现场没有施工围墙,建筑垃圾随意堆放⋯⋯对此,该市市长赵素萍称自己对这种脏乱差反弹负主要责任,向全市人民道歉后当场拿出1000元以示自罚。该市市委书记也表达了深深的自责,也当场自罚了1000元。

作为河南的本地媒体,《大河报》报道是以正面新闻来报道这则新闻的,是为了凸显市长面对脏乱差时的反省和自责精神。显然,报道已经预设了这种立场和基调,如果沿着记者报道预设的立场去写评论,只能去赞扬这位市长了。那样的评论就没有意义了。我选择的就是跳跃思维,没有被记者牵着鼻子走,而是进行了"出人意料的一跃":去质疑市长的这种自我惩罚。

我在题为《"自罚"不是道德自觉而是一种特权》中质疑:

> 当场自罚1000元,这个剪影确实很有道德观赏性。但愚笨的我却难以从这极具道德美感的自罚中找到让自己感动的东西,感觉这种自罚不是一种可歌可赞的道德自觉,而是一种官员的特权。当我在公路上开车违反了交通规则的时候,面对警察叔叔的敬礼,我可以说"自罚10元"吗?如果我因一时贪心拿了邻居的东西,当警察抓住我的时候,我可以说"自罚关在家里3天"吗?当小商小贩占道经营影响了城市交通秩序和卫生环境,当农民违反了法律在土地上乱搭乱建,他们可以说"我自罚多少钱",有自罚的权利和资格吗?

绝对不会有！你根本没有资格自责和自罚，而我们许多政府部门和官员却有。不是谁都可以通过"自罚"担责的，唯有官员可以，所以说"自罚"不是什么道德，而是一种特权。

区区1000元钱自罚，就把一个十足的卫生丑闻变成一个"政府虚心认责"的道德事件——除了某些官员有这种特权，还有谁有这种权力呢？

经过这种思维的跳跃，走出记者预设的观点，就豁然开朗，找到了一个新的、有认知价值的批评角度。

**2. 逆向思维**

逆向思维跟跳跃思维有点儿类似，都是拒绝被记者的报道牵着鼻子走，拒绝被常态的理解所困扰，而尝试一种新的观察角度。逆向可能比跳跃更好掌握，因为跳跃不知道往什么方面跳，需要偶然的灵感，而逆向思维则有明确的方向：往相反的方向去思考。他说往东，咱就向西。

一般人常态的思维都是正向思维，会沿着某种既定和常情常理常识的思考次序去看待事物，这样写文章，往往难以出新意。多数人都会按常态的正向思维去思考问题，了无新意，千人一面，难以有新的思想突破和认知价值。而如果反向去思考一下问题，就会有许多新的发现。

比如，我写过一篇叫《我们现在更安全还是更危险》的文章。如果矿难频频见诸媒体，安全事件一件接着一件，事故似乎天天有报道，那么，是不是我们的生活变得越来越危险了呢，安全性越来越差了呢？是不是真的像专家所言，我们已经进入了高风险社会？正向思考，似乎真是这样，可如果逆向思考一下，可能并非如此。

我在这篇文章中强调：

"安全事故"在我们眼里看到的似乎比过去是越来越多，从前哪儿有这么多啊？其实，这是个假象，这只能表明现在的"大众传媒"越来越发达越来越深入了社会的肌理内。过去的"爆炸事件"并不是没有，并不是比现在少，甚至比现在还多，但是，由于大众传媒能力的限制，由于传媒对"安全"的新闻敏感认识不足，许多地方部门也就钻了这个空子，怕死了人承担责任，怕承担"失职"的公众拷问，就拼命地捂住盖子,报喜不报忧,很轻易地把这些"爆炸事件"私了,逃避大众的监督,逃避应该承担的责任。

我还分析到人们的安全意识:

> 人们现在的"安全意识"越来越强了,对于"危险"更敏感,对于"爆炸"更警惕了,在这种"心理进化"的落差下,对自己的生命越来越珍视,即使"爆炸事件"保持与过去同样的水平,也会觉得"好像是越来越多了"。其实在这种意识下,对"安全"只会是越来越苛求,防患于未然,社会整体的安全意识提高了,环境自然也就会越来越安全了。

这就是逆向思维,反向来分析"安全"与"危险"的辩证关系。

微博上有一个关于逆向思维的段子:大爷挑了三个西红柿放到秤盘里,摊主说:"一斤半,三块七。"大爷说:"我就做个汤,用不着那么多。"说完去掉了个儿最大的那个西红柿。摊主迅速又瞧一眼秤:"一斤二两,三块。"正当我看不过去想提醒大爷注意摊主秤时,大爷从容地掏出了七毛钱,拿起刚刚去掉的那个大的西红柿,扭头走了。

### 3. 联系思维

时事评论,很多时候都是在考验评论员的一种将不同的新闻事件联系在一起的能力。

每天都会发生很多新闻事件,这些事件之间往往都有着某种联系,或者是具有某种共性,或者有某种隐秘的因果联系,或者联系在一起谈能揭示出某种规律,或者有着非常强烈和鲜明的对比……什么叫意义?意义其实就是一种联系,在这个小事跟那件大事之间产生联系,那么,那件小事就有了意义。

揭示某个事物的意义,往往就是靠这种联系思维。将表面上看起来并不相关,甚至完全是两回事的两件事联系起来,凸显出某种道理或意义,那就是能力。

时评写作中最常用的思维应该就是联系思维了,因为时评家每天都关注着时事,他们的大脑中储备着非常多的时事,当他们看到今天发生的某个新闻时,就会自然地想到某天发生的另一件相似或者相反的新闻,自然就会联系起来并产生一种观点。

我在写作中也经常使用这种联系思维,比如我的《北大历史系会不会以王益为耻》一文,用的就是联系思维。2008年8月我看到一则关于王益的新闻。王益是北大历史系毕业生,中国金融证券界风云人物,国家开发银行副行长。据《财经》报道,52岁的王益没有参加6月10日下午的国家开发银行行长碰头例会,他已于端午节期间被"双规"。

看到这条新闻,我立刻注意到了王益"北大历史系毕业生"的身份,并立刻想起了前几天报道的另一条新闻:同是北大历史系毕业生的范美忠,地震发生时丢下学生独自逃跑,并且事后撰文为自己的逃跑行为高调辩护,这激起了舆论激烈的道德批判——舆论群殴中范的母校也站出来在范的身上踏上了一脚,北大历史系党委书记接受媒体采访时称:我们以有这样的学生为耻辱。

我将这两条看似不相关的新闻联系在一起这样评论:

> 如果范的逃跑行为真让北大历史系感到耻辱的话,那王益的落马更应让北大感到无地自容、耻无可耻、天大的耻辱了。范的逃跑固然不道德,但那是一种危急状态下人人都可能有的求生本能;范的自辩固然可恶,但那至多是一种言论之错,并没有伤害到别人的利益。——而王益就不一样了,他不仅失德而且违法违规,并且违法还相当的严重,涉及的数额可能特别巨大,产生了相当大的危害。"范跑跑"之恶与王益之恶相比,不过是小巫见大巫罢了。以"范跑跑"为耻的北大历史系,是否也会以王益为耻呢?

我作出这个评论的背景是:北大历史系一直以来是极其推崇这位功成名就、身居高位的毕业生的,一直以王益为荣。北大BBS上一篇题为《北大77级后部分优秀校友一览》的文章中,"王益,国家开发银行副行长,78年考入北大历史系"赫然在目,王副行长被置于非常显要的位置。北大110周年校庆时,王益也以特别嘉宾的身份被邀请参加校庆"110+30"校友论坛,获得这种荣誉的都是有特别成就的校友。甚至连张维迎老师都曾经激动地语带哽咽地尊称"我们敬爱的王益老师"。

这样的联系和对比,产生了一种非常强的批判效果。

**4. 归纳提炼思维**

时评写作中的归纳思维，就是对一段时间以来发生的类似新闻类似事件进行归纳，或对某种带着共同问题的社会现象进行提炼，总结为某种现象。这种思维，考验的是评论者的归纳和提炼能力。

归纳，不能生硬地将一堆新闻放到一起，它们之间要有联系。提炼，要能精辟和恰如其分地反映其共性，而不是生搬硬套和牵强附会。

我写过一篇文章叫《中国式年底政治经济学》，用的就是这种思维：年底，不仅是一个简单的时间概念，它更成为一种官场现象，构建出极具中国特色的"年底政治经济学"，把我们的一些政治陋习和官场痼疾暴露得淋漓尽致——而这个"年底政治经济学"的核心，都在于万恶的任务指标化和完成率。因为年底要进行考核，各部门要赶着完成任务，警察的罚款指标，财政部门的花钱指标，法官的办案指标，政府的GDP目标，这样的指标指挥棒下，有了中国官场独特的"年底政治经济学"。

我的评论《"被"字一语风行后的权利焦虑》，用的也是归纳和提炼思维，将一系列"被字句"归纳起来：被就业、被捐款、被统计、被代表、被失踪。我从"被"字的一语风行中，看到了这个别扭的被动语态描述着中国人作为一个公民别扭的被动现实。以"被"字为前缀的词组，它实质上描述的是一种"受人摆布"的不自主状态，一种弱势的权利受强势的权力任意玩弄的被动状态。

**5. 对比思维**

对比思维其实属于联系思维的一种，但因为对比常用，所以将其单列开来谈。正像白色与黑色放在一起时，更能反衬出一种颜色的纯正，更能让人感受到那种颜色的鲜明特征。说理也是如此，通过对比，更能加深人们对某个道理的理解。

比如，我写过的评论《那些站着的小孩，那些坐着的大人》《富人的保险和穷人的保障》《平民的门可以敲，领导的门谁敢敲》《不明真相的群体与眼睛雪亮的群众》，等等，用的都是对比的思维。

**6. 辩证思维**

也就是我们常说的辩证法，用辩证的眼光看问题，从看起来不太好的事情中看到好的一面，从好事中看到隐忧，敏锐地捕捉到事物的另一面。常人看问题，因为利益所系和见识所限，常常习惯于只看到问题的某一面，偏好于片面评价，习惯于非黑即白的二元思维。评论辩证地分析问题，常能作出让人耳目一新的判断。

比如我写过一篇叫《体贴"穷人的无奈之恶"是一种善》的文章,遵循的就是辩证思维:像占道经营之类的行为,穷人的无奈之恶,也是恶,可如果政府能体贴这种恶,体贴到他们的无奈,在治理中有意忽略穷人的这种无奈之恶,算得上是一种善行。我还写过《对有些恶放弃干预,有时也是一种法治》:法治并不是致力于消除每一种恶,当成本过高,或根本无法用法律的途径去解决时,法律放弃干预,认识到法律的局限,这也是一种法律思维。这就是辩证思维。

### 7. 发现思维

这也是对时评作者一种较高的要求。这种思维,要求你不是跟着记者的新闻报道走,不是对别人提供的新发现、挖掘出的新问题进行阐释,而需要评论员以敏锐的洞察力,去发现隐藏在社会表象中的问题。评论作者不仅要去追逐热点,也要通过自己锐利的观察所发现的问题去提起一个议程,并使这个议程成为公众关注的热点。

这需要评论作者在日常生活中对社会有深入的观察,并带着思考和问题去观察。比如,在一次交罚款的经历中,我就发现了一个公众从未关注过的问题,行政规章中一个很有趣的小秘密:政府部门要求老百姓履行某个义务时,用的一般都是"天",而规定政府部门向老百姓履行某种义务时,用的都是"工作日"。15个工作日,就是3周,折算成天数就是21天。而15天,就只有2周了,一般只有10个工作日。

这个发现使我认识到:官对民的义务以"天"去计量,而民对官的义务,则以"工作日"去计量,"天"与"工作日"的差别,就是官民不平等最隐秘也是最形象的体现。当我将这个"发现"写出来之后,引起了网友和读者强烈的共鸣。这个隐秘的不平等,在生活中天天存在着,但很少有人能关注到,我一说出来,大家都立刻会产生恍然大悟之感。

### 8. 思维无定法

上文只是举了几种常用的评论思维,其实远远不止这些思维,还要有启蒙思维:将国外最新的理论、学术界最新的理念融合到你的观察中,对公众进行思想上的启蒙;历史思维:要以历史的眼光观察时事,告诉读者你所评论的这件事在历史的大脉络中所处的位置,评论有历史的纵深感和时代的厚重感……

评论的思维是开放的，没有定法，没有条条框框，思想有多远，思维就能驰骋到多远的地方。评论要想常人之所未想，看到一般人的思维和理性未及之处，就需要评论作者的思维保持一种活跃的状态，多几种思维，多几种超越性、非常态的思维，这样才能看到比读者更多的信息，并将这些信息告诉读者。

当然了，拥有怎样的思维，取决于日常的思维训练，更与知识积淀和视野有很大的关系。一个拥有较多的知识积累和掌握了较多信息的人，他才会有开放的思维。没有较多的知识沉淀，就无法逆向思考和跳跃；没有掌握较多的信息，就不会联系和对比；没有某种认识高度，就发现不了隐藏在现象中的本质问题。思维，归根到底是一种智慧。

## 六、时评写作需要警惕的几种思维

思维，是评论者观察时事的一种思考方式，很容易固化，形成一种思维习惯，以至于看待事物时都会用这种方式去观察并评价。很多时候，有什么样的思维，决定着你能看到怎样的事实和得出怎样的结论，所以，思维相当重要。这要求评论者在保持开放和活跃思维的同时，也要对可能出现的思维误区保持警惕。

**1. 刻板思维**

首先要警惕自己思维的刻板化。所谓刻板化，就是固化和僵化，习惯了用一种固定、刻板的思维去观察事物，而放弃了其他的思维。形成刻板思维后，就容易用这种刻板的思维去选择性地接受事实，符合自己思维的就接受，不符合的就当作不存在；就容易形成偏见，一叶障目，不见泰山，也容易拒斥新思想新观点新角度。

比如辩证思维，这种思维很好，但如果刻板化了，就容易变成一种庸俗的辩证法，陷于僵化思维和相对主义的泥潭中，否定事物有正确和错误，否认有善恶的界分，刻意去强调坏事中的好事成分和善良中的小恶，结果就变成了没有是非善恶。

我在微博上谈论思维的刻板化时，一位网友说：刻板成见是人类认识的普遍现象，它的优点在于提高认知效率，不可替代；缺点在于简单化的刺激反应，缺乏仔细观察基础上的复杂分析。这种认识抓住了刻板思维的本质。

## 2. 二元对立思维

其次是警惕那种二元对立的思维。这种思维误区在现实中很普遍,因为这种思维迎合了人们在思想和判断上的一种惰性,喜欢将事情简单化,偏爱道德上的定性,于是就有了非黑即白、非此即彼、非对即错、非善即恶的判断。一个人,如果不是好人,那么他就是一个坏人。其实,现实是非常复杂的,很难用某个词对一个事物作出整体全面的概括评价,它有着丰富的价值内涵,有时候,融合在一个人、一件事之上的价值甚至是冲突的。要不怎么有"人格分裂""思想冲突"之说呢?

在观点的交锋中,经常会遇到这种"非黑即白"的二元思维。比如,我只是强调评论写作最重要的不是语言,而是逻辑和观点。这种观点,就会经常被"二元对立思维"的人误读为:只要逻辑和观点,不要语言。

## 3. 愤青思维

更要警惕的是愤青思维。愤青思维是一种捉摸不透的思维,他们是为了骂人而骂人,他们空有一腔廉价的道德义愤而缺乏思考问题的理性,他们秉持的是"反抗即是正义""革命即是无罪"的"文革"思维,"弱者永远代表正义"的民粹思维,"敢反对我就骂死他"的暴力思维。他们其实缺乏恒定的、独立的价值观。

不由想起火炬手金晶在火炬传递风波中遭遇的愤青思维。在法国勇护火炬后,她在网络上立刻成为一个爱国英雄,无数网友在新闻后跟帖盛赞她的爱国,盛赞她捍卫了国家的尊严,堪当爱国楷模。可当金晶说了一句"我不赞成抵制家乐福"后,这个一分钟前还是"爱国英雄"的人,在愤青眼中立刻成了十恶不赦的"汉奸",无数恶毒的谩骂落到了金晶身上。

愤青思维就是这样,完全跟着最本能的情绪走,"肾上腺决定脑袋"的动物思维,没有一点儿基本的理性分辨力。

## 4. 极端思维

最后,还要警惕那种喜欢走极端的思维。不少人作判断的时候,不习惯留有余地,喜欢走极端。要否定,就全面否定,要肯定,就全面肯定,一个事情,喜欢往极端上推,要么极左,要么极右。物极必反,任何事情推向极端,必然远离真理。在信息的海洋中,这种极端偏激的观点比较容易引起注意,极端,很多时候就是引起注意的一种方式和策略。极端之下,话题是炒起来了,眼球是引来了,可观点则完全被扭曲了。在网络上,这种极端思维主导下的偏激观点大行其道。

如今不少专家也偏爱这种极端思维，好发惊人之语。相比那些温和的判断，偏激的言论更有刺激性，更能吸引眼球，更适合媒体报道和传播。不刺激无新闻，不出位难火爆，为迎合媒体报道的要求和舆论炒作的需要，就有了许多刻意极端的声音和姿态，争相涂上偏激的口红以在喧嚣中被注视到。时评作者应该警惕这种思维，不能为了"强调某个方面"而将这个方面推至极端。

## 七、公共政策批评的三个思维误区

给公共政策和政府决策"挑毛病"，是当下时事评论很主流、很常见的一种评论取向。哪个地方一出台某个政策，或者是反腐新举措，或者是公车改革新尝试，或者是革除某个弊端的新规定，总会在发布后第一时间迎来时评家们的"挑毛病"，又是这里有漏洞，又是那里"易流于形式"，还有"不能治本""易滋生腐败""徒具观赏性"之类的批评。

不少官员很不习惯时评家这样的"挑刺癖"，不喜欢政策刚一出台就被批得体无完肤。其实我倒不这样认为，政府官员应有被挑毛病的雅量，你掌握着决策权，时评家说几句、挑点儿毛病又怎么了？官员决策时一般很少听到不同观点，习惯了下属迎合自己意志，而时评家的挑刺有利于制度的完善。社会有不同的分工，时评家的职业角色就是作一个喋喋不休的挑刺者；文体也有不同的分工，有些文体适合歌颂，而时评也许是一种谈问题、找毛病的文体，这种文体适合为完善制度和公共决策而贡献自己的思想和智慧。

我支持时评家的挑刺，但又认为这刺不能乱挑，不能为了批评而批评，不能鸡蛋里挑骨头，而要真正地挑到关键点上，真正地点到问题的实质，真正对推进制度的完善有所助益，站在中国现实语境中看待治道变革，而不能脱离现实、站在云端进行理想化的苛求。从这种"批评理性"看，我的不少同行们在公共政策批评上常陷入以下几个思维误区。

**1. 制度洁癖**

其一是有某种"制度洁癖"，就是带着理想化和完美的苛求去看待制度，认为制度必须是完美无缺的，必须是最优的。带着这种制度洁癖去看待政府的制度安排，就很容易陷入批评的误区，把政策批得体无完肤，把政府努力说得一文不值,把制度中包含的进步说得一无是处。

其实这世上根本没有什么最完美的制度。康德说得好,人性这根曲木,本就造不出什么笔直的东西。制度是人造的,而人的理性又是有限的,那制度必然会存在种种人的理性尚未考虑到的缺陷。而且制度不能绝对刚性,它必须给人留下自由衡量空间,对于制度来讲,完美对应着的其实就是教条和机械。所以,很多时候我们在制度设计上并不能追求最优和最完美,只能在诸种价值衡量、利益权衡和道德冲突中追求次优,避免最坏结果。众所周知,民主就是一种最不坏的、次优的制度。如果戒除这种制度洁癖,会更理性地看待一些政府决策。

**2. 根治预期**

其二是有某种"根治预期",就是苛求某个制度必须治本,而不能仅仅停留于治标。在他们看来,"治本"才是制度存在的价值,从根本上解决问题的制度才是一个好制度,否则的话就是"头痛医头脚痛医脚",就是"治标不治本",就是"隔靴搔痒",在他们看来,"治标"毫无用处。其实这是不理性的,制度存在的价值并不都在于"治本",很多时候"治标"也是一种可欲的价值。因为现实的约束,环境的局限,或者说文明水平尚未达到一定层次,有些问题只能选择暂时性的治标,而无法去根除和根本上解决。在无法治本的情况下,为什么不能通过治标缓解一下问题、控制一下影响、力所能及地治理一下呢?找不到痒的根源,隔靴挠一下又有何不可?反腐败、治公车、治公款吃喝都是如此,无法治本,治标的努力也是可取的。

其实,有些问题根本就无法治标,只能诉诸尝试性、渐进性的治标。比如治理酒后驾车,怎么治本呢?除非禁止所有人喝酒,才能从根本上消除酒后驾车,可这是对公民自由权的侵犯。许多问题都是如此,如果要"治本"的话,它涉及与其他价值的冲突,利弊衡量中只能选择降低目标的治标,为了公民自由权而不得不容忍一些不能根除的恶。

**3. 立竿见影的苛求**

其三是"立竿见影的苛求",就是苛求制度要起到立竿见影的效果,一颁布就要药到病除,一实施就要看到效果。其实这也是制度设计者的理性所不能及的。现实比想象的要复杂多了,很多时候制度的执行并不能按照设计的预期那样运行,一切只能是摸着石头过河,只能是通过实践去试错,去试制度的效力——在试错中进行调整和完善,在试错中对效果进行评估。

这只是三种比较典型的批评误区，当然还有其他的问题。比如我还曾在专栏里谈到过：以"想象的腐败"否定一种改革尝试，这也是不理性的。设想各种可能对制度进行缜密的防腐设计是必须的，但不能纯粹靠想象、推理和成见去看待制度创新。很多制度要靠实践去试错，靠现实尝试去证明会不会导致腐败，而不能靠逻辑推理。想象是想象，现实是现实，现实比逻辑上的想象复杂多了，想象中可能发生的腐败，现实中并不一定会发生。

## 附录　话题讨论：35岁外企女经理晕倒无人相扶急救，死在深圳地铁口

【35岁外企女经理晕倒无人相扶急救，死在深圳地铁口】17日10点29分，IBM深圳管理人员梁娅倒在地铁出口台阶，曾抬头挣扎。监控显示，有7位市民从旁经过，有的看了看就走了，民警半小时后赶到。地铁方称，未采取急救措施，也不敢动她。她保持同一姿态长达50分钟后不幸死亡。

大家是怎么看待这个事件的？我先做一个小小的课堂调查：假如当时你们在场或路过，碰到这种情况，你们会不会伸手扶她？看直觉，大家不要细想，会去扶的请举手。

还是好人多啊，开个玩笑，并不一定不举手的就不是好人。但是我觉得很多时候，媒体也经常进行这种调查：假如你处于当时的情境下会不会去救人。我觉得这种调查一般都很扯，因为情境不一样，选择就不一样。没有处于当时的情境下，现在的选择并不具有代表性。只有处于当时的情境下，那种选择才是真实的。现在我在课堂上进行这种调查，你们想的可能不是我去扶她或不扶她，会不会给我带来危险，而是在考虑别人——我如果不举手的话，别人会不会觉得我不道德？假如我举手了，别人会不会觉得我很"装"。没有身临其境就不会有那种真实的心理状况。

我还想听一下你们对这个事情是怎么看的。假如你所在的媒体让你对这件事进行评论，你会从什么角度评论这件事，你的观点是什么？

**学生回答：**

同学A：就这个标题来说，首先扶不扶的问题，放在这特别不合适，有炒作的嫌疑。一个是"过劳死"，一个是"扶不扶"，它把两个热点的、比较容易引起讨论的话题放到一个标题里，我觉得不太合适。因为像她这种猝死的情

况,如果有点急救常识的话就不该扶,至少不是扶起来。我觉得她的死亡,地铁工作人员有一定的责任。因为我看报道上说,三分钟后就有市民发现并告诉地铁工作人员。工作人员赶到后,维护了现场,但是对晕倒的女经理本身无所作为。作为地铁的工作人员,我觉得他们应该有这种急救常识。

**同学B**:看到这个新闻之后,我的第一印象就是大家所说的社会的冷漠之类的。但是我又仔细看了《深圳商报》的详细报道。一开始三分钟之内有七位路人走过,到了第三分钟就有两位市民经过,一位在旁边留守,一位去找工作人员。再经过三分钟,工作人员赶到,叫急救车,但急救车过了四十多分钟才到。我用百度地图查了一下,救护车应该是每个人民医院都会有的,深圳蛇口市的人民医院离地铁站只有1.8公里,如果按正常车程的话,8分钟就能到。当时事发是10:30,打电话的时候是将近11点,那时候不应该是高峰期,但为什么他们那么晚才到?所以我觉得与其不停地吐槽社会的冷漠,这点其实才是主要原因,尤其是急救车晚到,急救服务是公众服务,应该要健全。

**同学C**:我也在设想(自己是)那个晕倒的女士,当觉得自己身体无力,没有人救我的时候,我一定会特别绝望。这样的情况下,我难道就躺那儿等死吗?我有什么方式让别人注意到我,让他们来救我?从这个角度我想呼吁白领平时多锻炼,提高自身身体素质。

**老师的分析**:

我觉得刚才几位同学的判断还是比较理性的,起码比网友们的判断要高几个层次。我们都看到刚刚几位同学在作判断之前,都进行了信息的收集,都看了很多报道和一些相关的信息。很多时候我们写新闻评论时,比的就是谁关于这一事件掌握的背景信息更多,只有这样,你才能提出有附加值的评论。我凭什么比你更有资格去评论这件事?因为我掌握了比你更多的信息。

我教大家一个浏览新闻的方法,看新闻时,不仅要看新闻本身,还要看网友对这事儿的评论。有时候看评论比这个事件本身更有意思。比如我就看到了网友在微博上针对此事的评论。可能你们会感觉网友的评论都非常的浅薄。

**缘来缘去总是你**:不敢动她?打电话求救可以的吧。别为自己找借口了,50分钟啊,真的寒心。

**Glorier Peng**:这都是当年彭宇案的恶果,应该把那个法官判刑,家属要谴责就谴责那个法官吧。

**阳曼生**：没有急救知识，你动动看？谁敢动？不过50分钟太长，难以承受生命之痛！相关职能部门、路过群众都应该检讨、反省职责与良心！

**刘步尘**：有网友说过去我们中国不是这样的啊，谁让我们这个国家变得如此冷酷无情？这个问题要思考。

**董妙航**：近几十年来，随着社会的发展，科技不断进步，人性不断地流失，道德不断地败坏，近些年爱国人士知道，假如不恢复传统文化的教育，中国将面临一个极大的灾难——中国文化的灭亡。

**徘徊于感性与理性之间**：中国教育这几十年从来不注重教育人们急救知识！晕了如何？水中救人如何？车祸如何？吐白沫如何？抽筋如何？翻白眼如何？……看现在的国产大学生就知道中国教育多失败。

**曹林的分析**：我们不要嘲笑网友评论的浅薄，这都是他们直观的本能反应，他们的第一反应很真实，这就是我们的网络舆情。实际上不仅是个别网友，我们很多人面对这种事时都会有直观的反映。这是第一个层次，看到这个事件之后，我们本能的思维就是在自己脑海里搜寻以往类似的事件，比如这件事我们都会想到当年佛山小悦悦事件中18个冷漠的路人，然后我们就会把这条新闻跟之前那个事情去类比，并归为一种现象，给它贴个标签——"冷漠的路人"，然后就围绕这个"冷漠的路人"进行评论。

刚刚诸位同学分析到的都超越了网友吐槽那一层次，而谈到了第二个层次，从专业的、急救方面的知识来谈，我也归纳了一下。

**-PAIR妹**：大多数人都在责备这些路人冷漠，但是急救的事你又不敢去做，你是不是又肯定自己不会做错？我觉得人性本善，那些只会指指点点的在网上讽刺的人，说不定你到了现场也只有像个傻子一样站在旁边。为什么每次出了事之后都是一些没有用的唇枪舌剑？是否该通过宣传给大家普及一下急救知识？

**卓荦懿德**：作为一名急救员，从客观角度说，当事人昏倒，路人呼救、报警、打120都是正确的，但假如没有经过专业的急救培训，鲁莽地判断当事人伤情甚至去翻动，是错误的，也许你的自以为是会造成她颈椎骨折或者脑溢血等不可预料的二次伤害！再次呼吁大家路遇救护车辆请尽可能让行。

这和我今天要讲的话题有很大的关系。我们之所以作出这样的判断是源于我们的思维。我们平时看新闻、写评论，条件反射般的第一思维就是：先要找一个靶子。我要批评谁？谁是我的敌人？这个事件中谁是好人，谁是坏人?这是最直观、最普通的一种思维。比如这一事件,很多人找到了自己的矛头和靶子:有的说冷漠的路人;有的批评政府和地铁部门的失职;有的说现在中国社会的道德怎么沦落到如此程度;还有人批评中国的教育,缺乏最基本的急救常识。我们似乎觉得评论就是批判,找到一个敌人或活靶子大加鞭挞,那才叫做评论,每个事件中都有一个敌人。这是我们常规的思路。

第二种常规思维就是,看到一个事件,我们习惯在脑海中寻找一个最习惯的、最方便使用的判断,然后迅速抛出去。也就是寻找一个熟悉的、方便自己偷懒的套路、教条,设想它能套上什么标签,被归于什么现象。比如很多人就立刻评论,这反映了社会的冷漠,然后就把"社会冷漠"这个标签贴上去。其实他也许根本没有看细节,没有去思考这件事到底是不是跟小悦悦事件一样,又或者他只看标题就觉得这是一个关于"冷漠路人"的反道德故事。

当然还有另外一个层次,就是很多人对事件的第一落点往往是道德层面,是非、善恶、对错,带着道德优越感、站在道德高地上给它贴上一个道德标签。这就是为什么很多公共事件发生之后,网络舆情会呈现出一种一边倒的道德倾向,因为我们的直觉思维是这样的。

比如第一个,每个事件发生后我们都要找一个靶子,这种思维正确不正确呢?我觉得不一定,很多事件中就没有敌人,很难找到"靶子"让你去批评。最典型的就是当年浙江"最美司机"引发的讨论:高速公路上一司机开着大巴,突然从前面飞来一个铁片,因为速度非常快,铁片就穿越了挡风玻璃击中他的腹部,给他造成了非常严重的伤害。但是这个司机忍着剧痛把车停在旁边,等车安全停靠之后他才捂住腹部,他因此不幸离世。后来媒体就赞美他为"最美司机",媒体和网友歌颂司机时也在寻找问题所在,为什么会发生这样的悲剧,根源在哪里,敌人是谁?既然有一个"最美",那么肯定对应一个"最丑""最恶",谁是悲剧的罪魁祸首?然后很多人就在网上敦促相关部门去调查,到底铁片是哪里飞出来的。舆论压力下,警方还真找到了一个卡车司机,铁片是从他的车轮上掉下来的。不少网友都呼吁,要严惩这个司机,追究他的责任,把这个司机当成了"敌人"。但是我们冷静地想一下,相关部门真的没法去追究司机的责任,这完全是一个倒霉的极端个案,卡车司机没有过错,他完全无法预料会发生这样的悲剧。

一般人对事件的思考都集中于情绪层面,稍微高一点的层次,比如我们刚才几位同学从急救专业的角度来看,当然还可以从传播学专业的角度来谈，这会让你的评论更有附加值，而不是停留于简单的道德评价上。

　　传播学"多元无知"效应：当我们对自己缺乏信心、形势不很明朗、不确定性占上风时，我们最有可能接受并参照别人的行为。比如，对一个紧急事件的受害者来说，在场的人越多越好的想法通常是大错特错。对那些身处险境需要帮助的人而言，如果只有一个人而不是一群人在场的话，或许他得救机会还要大一些。

　　今天早上在微博里，我也对这一事件进行了评论，我说每当类似的悲剧发生之后，我们都习惯于把矛头指向"路人"这样一个很抽象的名词。动不动就把问题指向"路人"，跟动不动就把问题归咎于"体制"一样，是思维懒惰的一种表现。正如"体制"很抽象一样，"路人"同样是一种抽象的存在。这两个靶子共同的特征是，方便批评者"想到"和"使用"，迎合了他不假思索的思考懒惰，还能满足其情绪宣泄，并能通过这两个词立刻塑造出自身的道德优越感。在批评路人冷漠的时候，我们立刻体验到了一种"比他们优越"的快感。

# 第八讲

# 评论的逻辑

> 网上有个笑话,将"不想当将军的士兵,不是好士兵"恶搞成"不想当厨子的裁缝,不是好司机",搞笑之处就在于违反了逻辑同一律。评论中经常有这样的概念偷换。
>
> ——作者

评论是一种讲理的艺术,在我看来,这种"理",起码包含三个层次,其一是理性,其二是逻辑,其三是伦理。理性是知识论上的,逻辑是方法论上的,而伦理则是道德层面对这个职业的规范。三种"理"中,最基本的"理"应该是方法论层面上的"逻辑"。

看评论,一般人都注重看评论的结论,看评论者对一个事件或人物的判断。这是外行人阅读评论的习惯。而在内行人眼中,作为判断的结论当然重要,但他们更注意的是方法论,即作者是通过什么"方法"得出这个结论的,论据能不能支撑结果,论证和推理合不合规则,引用的事实是不是真的,等等。如果"方法"不对,结论再怎么符合公众的期待,都不是一篇成功的评论。

这种将论据和结论联系起来的论证过程和方法,就是逻辑。

## 一、一个典型的逻辑谬误案例

为了使大家对评论的逻辑有一个基本的认知,先引用一篇文章:

**法学家和他们的长期郁闷**

11月27日上午,中国人民大学法学院教授、《中国法学》主编、中国法学会民事诉讼法学研究会会长陈桂明先生,因病医治无效在北京去世,终年50岁。这是继54岁的蔡定剑教授之后,又一位中年法学家因为癌症英年早逝,在微博等网络论坛里引发了众多网友的叹息与惋惜。有网友感慨:做法学的,难免长期抑郁悲愤,积劳成疾,继之以英年早逝。悲乎!

法学家易郁闷成疾甚至致癌?这种判断显然纯属臆断,没有科学依据。轻易下这样的结论,更多是一种感慨,算不得科学结论。至于这种感慨本身该怎样认识,还是值得琢磨一下的。

应该看到,随着社会对于法治的重视,法学也日益成为一门显学,很多法学家成为这个社会的香饽饽:从政、挂职、搞法制讲座、接受媒体采访、各种司法考试辅导班……可谓热火朝天一派繁忙景象。但另一方面,很多知名法学家的确有郁闷的一面,因为他们对于法治水平的期待更高,对法治困境认识得更透彻,所以忧虑也就要更多一些。笔者就曾在不同场合分别听到过陈桂明先生对于法院独立性不强、人为因素干预民事诉讼的忧虑;听到过清华大学王保树先生对一些"负一定责任的官员"对于法治态度的漠视表示感慨……

笔者感觉对法治状况感觉"忧虑"的学者们都有一个相似的来源,那就是权力对于法治的挤压。比如为了政法系统政绩大搞"公审公判",比如政府悍然给法院发公函指导法院某某案子应该怎么判,再比如有的地方官员拿"维稳"这个幌子大搞"稳定压倒法治"的非法截访……这使得如江平先生这样的老法学家也感慨,虽然"总的对中国的法治的前景,还是抱乐观态度的,但是不能够排除在一段时间之内,在一定的政策引导下,法律出现倒退的情况"。

这些现状确实值得我们反思:光是立法条文数量的大大增加,以及依法治国的口号喊得很响,还不足以构成我们对于法治的信心。面对远远谈不上完美的法律水平,该持何态度?不排除有些法学家欣然接受现状,甚至如鱼得水自得其乐;但也有大批法学家像江平先生说的那样,"对于一些倒退现象指出来并一再地呐喊",因为"一个搞法律的人如果允许法治倒退是很悲哀的事"。这样的选择,或许也就注定了"郁闷"的如影相随。

回过头来再看"法学家容易郁闷"这个命题,你会觉得它百分之百是个伪命题吗?它就一点意义也没有吗?诚然,蔡定剑、陈桂明两位先生的疾患可能各有具体原因,但梳理这个时代的法学家们的郁闷可以发现,根源还是在于权力的泛滥与不受约束,在于各种形态的"权大于法",而这些,已经不只是"加强法治建设"就能完全解决的,有很多需要继续发展民主政治才能约束。

这样再次证明,"民主与法治"是一体双翼,缺了哪个都不可行。

**案例分析**

　　这是一篇很典型的不讲逻辑的文章。我明白这篇文章作者的意思,是想借"法学家英年早逝"这个新闻由头,发一番对中国当下民主法治环境不尽如人意的感慨,可是,你这篇评论的新闻由头是"法学家英年早逝",跟"法学家的郁闷"有什么关系呢?恐怕没有逻辑关联。法学家英年早逝,只是个案,作者只看到了近来的两起,一两个人的早逝不能推断出这个群体总体的特征。这个群体的英年早逝,从数理统计上看,并没有其他群体明显。法学家的郁闷,也是一个想当然的伪命题,法律涉及每一个人的利益,法治不健全,不仅法学家郁闷,每个生活在这种法律环境下的人都可能郁闷和压抑,法学家不会比普通大众更郁闷。

　　文章显然贯穿着这样一条逻辑链条:因为中国法治不健全,所以从事法学研究的法学家们很郁闷;因为他们很郁闷,所以更容易英年早逝。虽然作者在文章中一再回避这样的推断,可他将这几个问题联系在一起说,以"英年早逝"说"法学家的郁闷",暗示和引导着读者朝这样的逻辑去思考。不然的话,无法解释为什么将这几个命题放在一起说。逻辑的问题,有时候无须明言,它隐含在命题的选择和联系中,将哪几个命题放在一起说,那几个命题之间的联系,就表明了作者的逻辑和判断。

　　作者一再强调"这种判断显然纯属臆断,没有科学依据。轻易下这样的结论,更多是一种感慨",说明作者也是知道这样的判断是很不合逻辑的,但他还是将这种不合逻辑的感慨表达了出来。这是很多初学评论者写作时都会遇到的一个问题,即如何将一个很模糊的想法在理顺逻辑之后表达出来。你可能会灵光乍现,隐约觉得这是一个问题,其间可能存在某种联系,但又觉得自己无法将这种逻辑理顺,觉得两者的关系比较牵强,仅仅是一种很模糊的联系。这时候,你一定不要轻易就下笔,不能自己脑袋一团糨糊时就开始下笔写作,并企图用情感和道德去将含糊掩盖起来,诉诸情绪或者修辞遮掩逻辑上的问题,那是掩饰和遮盖不了的。你只能正视逻辑,谨慎地推理和论证,理顺逻辑后再下笔,用清晰的逻辑和流畅的论证为读者讲道理。

　　逻辑,是人的一种抽象思维,是人通过概念、判断、推理、论证来理解事物的思维过程。从这个定义来审视,《法学家和他们长期的郁闷》一文中充满着逻辑上的谬误。比如概念，形式逻辑要求概念须具有同一性，要么是指称个体，要么是指称全体，作者新闻由头中的法学家都是指两位具体的法律学者，而到了后面，都是指称一个群体了；还有作者所谈的"郁闷"，先是说"（法学家）对法治困境认识得更透彻，所以忧虑也就要更多一些"，然后在论证中将这种普通的"忧虑"偷换为"郁闷"，最后又偷换为病理性的"压抑"，暗示是这种压抑造成法学家的英年早逝。又比如判断，逻辑要求每作出一个判断都要给出依据，作者作出了好几个判断，都没有给出论据，在"法学家英年早逝"这个判断上，就没有数据支持这个判断。推理和论证就更不合逻辑了，因为你无法在他所提出的这几个命题间寻找到联系。

作者写作时是脑子中一团糨糊，读者也看得云山雾罩不知所云。其实，法学家的郁闷这个话题，完全可以换个新闻由头来谈，就"一两位法律学者英年早逝"这个由头谈很不合适，因为其间并没有联系。时事评论，往往是阐释那些你由某个新闻由头激发的思考，这样的联系要求由头与评论间有某种逻辑关联。

评论是一种致力于说服人的文体，如何才能让人信服和接受你的观点呢？你必须讲理，这个理是什么？就是逻辑！逻辑是一种交叉的共识，或者说是一套实现交流和达成共识的规则。不同的人可以有不同的价值观、不同的立场、不同的政见，但为了可交流，须接受一套共通的关于讲道理的规则，那套规则就是逻辑。价值观不同没问题，但不同价值观的人是可以坐下来一起交流问题的，因为大家都信守逻辑。

逻辑无涉价值，它是一套比价值更优先的元规则。

逻辑学是一门比较复杂和繁琐的学问，听听这些概念你的头就会大了，什么复合命题、联言推理、相容和不相容的选言命题、假言推理、模态命题，等等。不过，评论是一种公民表达的文体，它对逻辑的使用牵涉不到这么复杂的概念，论证时常用的逻辑也就集中在几种基本的推理上：演绎、归纳和类比。

## 二、演绎推理

演绎推理，是一种最常用也最古老的论证法，又叫"三段论"推理，是从普遍性结论或一般性事理推导出个别性结论的论证方法，这是一个从普遍到个别的推理过程。演绎推理的核心可以归结为三段：大前提，小前提，结论。

经常被当作演绎推理一个经典案例的是毛泽东在《为人民服务》中的一段论证：人总是要死的，但死的意义有不同。中国古时候有个文学家叫做司马迁的说过："人固有一死，或重于泰山，或轻于鸿毛。"为人民利益而死，就比泰山还重；替法西斯卖力，替剥削人民和压迫人民的人去死，就比鸿毛还轻。张思德同志是为人民利益而死的，他的死是比泰山还要重的。

这个逻辑过程可以归纳为三段：

> 为人民利益而死，就比泰山还重。
> （大前提，众所认同的共识）

> 张思德同志是为人民利益而死的。
> （小前提，都知道的事实）

> 他的死是比泰山还要重的。
> （由已知判断得出的结论）

演绎推理是评论写作中用得最多的一种方法，因为这种三段论式的推理最符合一般人的思维、认知和判断习惯。宏观上的演绎逻辑过程是：学过某个政治学或经济学理论，将这个理念和理论应用到对某个新闻事件的判断上去，在这个新闻事件上根据理论推出一个结论，把理论作为判断的论据。

马少华先生在授课中用逻辑学的专业术语将这个过程表述了出来：把新闻事件当作"小项"，通过某个"中项"与普遍的知识经验（大项）相连，从而对新闻事件做出具有某种性质的"个别判断"。

经常被评论家们用到的演绎推理范式有：

> 绝对的权力绝对导致腐败。
> （大前提，阿克顿勋爵关于权力腐败的至理名言，也被现实经验所证明）

> 某官员掌握的权力缺乏公众监督，属于绝对的权力。

（小前提，新闻报道提供的事实）

所以这绝对导致官员的腐败。
（结论）

市场经济首先需要法治保障人权和产权。
（大前提，政治经济学理论）

中国致力于建设市场经济。
（小前提，政府提出的目标）

所以有必要首先完善法治，建设有法治的市场经济。
（结论）

法律规定私有财产神圣不可侵犯。
（大前提，法律中有规定）

强制拆迁侵犯了公民的财产权。
（小前提，新闻事实）

所以强制拆迁是对法律的践踏。
（结论）

　　评论者的知识结构都是，掌握了一些碎片化的学科理论和一些普遍的知识、经验、常识、一般原理等，然后用这些一般原理去分析新闻事件。这样的知识结构和评论的思维习惯，决定了演绎是他们用得最多的推理方法。
　　三段式是演绎推理最常用的格式，一般演绎都可以还原成这种最原始的三段论。不过现实论证中不一定都会循规蹈矩地遵循这种刻板的格式，可以有变化。但无论怎么变化，必须符合三段论的结构特征：三段式有且只有三个概念，而不能出现四个概念。一般的逻辑教材都会告诉你：一个具有三个命题的推理，如果其中有四个概念，那就是错误的三段论，不符合演绎推理。

看看下面这个评论家的文章中经常出现的判断：

  人民是国家的主人，他是人民，所以他是国家的主人。

  表面上看，这个判断只有三个概念，人民，他，主人，似乎是三段论。其实不然，这句判断实际上出现了四个概念，前面一个"人民"是集体概念，而后一个"人民"是非集合概念，所以推理是不成立的。这就是典型的"四概念错误"。
  再看下面这句话，也在评论家们的文章中经常可以看到：

  作为公仆的官员应该更有公共道德，他是官员，所以，他必须更有公共道德。

  这个判断的问题出在哪里呢？两个大项"应该更有公德"和"必须更有公德"所表达的是两个不同的概念。前面说的是"应然"，结论中偷换成为"必然"。我们所熟悉的"偷换概念"和"转移命题"，犯的一般都是"四概念错误"，前提中是"应然"，结论中偷换为"实然"；前提中是"集合概念"，推理中又偷换为"非集合概念"。逻辑推理最重要的一个原则是"同一律"：在同一思维过程中，概念不能混淆和偷换，要保持同一性，外延和内涵都要相同，论题要保持同一，不能前面说A，后面就变成B了。
  网上有个笑话，将"不想当将军的士兵，不是好士兵"恶搞成"不想当厨子的裁缝，不是好司机"，搞笑之处就在于违反了同一律。评论中经常有这样的概念偷换。
  演绎推理最容易犯的逻辑谬误，就是前提的错误。错误的、虚假的前提，根本就推不出正确的结论。比如评论员盛大林先生的文章《南方科大"去行政化野心"注定落空》，他在这篇评论中一个分论点是：南方科大本质上是公立的，公立就难以去行政化，难以办成世界一流（这个判断本来就是错误的，后来有评论作者通过翔实的资料证明，世界许多著名的一流大学都是公立的）。他举的例证是香港科大。他说：

  香港科技大学建校只有十几年，就已经跻身全球高校前50强，这被认为是世界高教史上的奇迹。南方科大的目标，就是建成深圳版的香港科技大学。然而,两校之间却有着质的区别:即南方科大是公办的,而香港科大是私立的。香港科大的最高决策机构是校董事会,完全独立于政府系统之外。学校的这种性质及其体制,也正是现代大学制度得以建立的基础。

他的判断是:南方科大想向香港科大学习,建深圳版的香港科大;可香港科大是私立的,南方科大是政府办的;所以,南方科大不可能办成像香港科大那样的世界名校,无法去行政化。这个判断的前提就是错误的,因为,香港科大的网站上明明介绍,香港科大是一所政府办的公立大学。作者想当然地认为那是私立的。

## 三、归纳推理

归纳与演绎是一个相反的逻辑过程,是从个别性知识推出一般性知识的推理。如果说演绎是抽象的过程,则归纳是一个经验的过程。演绎所用的那些大前提,一般性的原理、常识和理论,多数是人们在日常生活的经验基础上归纳出来的。

鲁迅先生1933年7月15日在《申报月刊》发表过一篇叫《经验》的文章,文中说:"大约古人一有病,最初只好这样尝一点,那样尝一点,吃了毒的就死,吃了不相干的就无效,有的竟吃到了对症的就好起来,于是知道这是对于某一种病痛的药。这样地累积下去,乃有草创的纪录,后来渐成为庞大的书,如《本草纲目》就是。"神农遍尝百草,一代代经验积累下来成为具有指导性的一般性知识,《本草纲目》就是一个归纳的过程。

经验主义和理性主义的很大分歧正在于对归纳和演绎的不同看法。经验主义认为,知觉是知识的起源,一切知识源于经验和实验,经验之外的东西都是不可知的,故推崇归纳法。而理性主义则认为,感觉很不可靠,很多时候只是表象,且具有欺骗性,所以得之于知觉观察的经验无法被确认为知识,理性主义者主张全面放弃感觉,专注于从理性推理中寻觅真正的知识,所以推崇演绎。其实,将两者割裂开来的二分法是不科学也不符合现实的。两者往往相辅相成,在不同的知识形成中往往起着不同的作用,并不是非此即彼。

亚里士多德在《工具论》中说得非常好:论证的出发点是一般,归纳的出发则是特殊,但是,不通过归纳,我们就不可能认识一般。

归纳推理在评论写作中也是用得比较多的一种方法。时评作者每天都关注很多新闻,久而久之就积累了许多信息,能从这众多的新闻事件和信息中找到联系,并将这种联系提升为某种规律性的理论或者结论,或者能从众多新闻事件中发现某种共同性的规律,这就是用的归纳法。

比如我写过一篇文章叫《潜滋暗长的"名车恐怖主义"》,用的就是归纳法。

我是从某段时间发生的一系列名车撞人事件中归纳出"名车恐怖主义"的:

> 继上次人大校园宝马撞人案,上上次长沙宝马撞人案,上上上次哈尔滨宝马撞人案,上上上上次南都记者采访宝马撞人案惨遭殴打,上上上上上次什么什么肇事案后,最近连续两起霸气十足的"名车肇事案"在贵阳发生了!10月4日凌晨12时20分,一辆车牌号为贵AA8888的宝马车拒不交钱强闯收费站,面对收费员的阻拦打伤收费员;13日凌晨12时35分,一行人在贵阳黔灵西路被一辆车牌号为贵A66××8的白色宝马无故压着左小腿,其家人在找司机评理时遭到高压水枪"扫射"。
>
> 生活在这个社会中,听惯了那些名车飞扬跋扈的故事,看惯了同自己一样无助的人被欺负的故事,内心深处有了对名车入骨的恐惧,他们对名车避之唯恐不及——当社会中流行着"但愿今天上路别碰着宝马车"的问候的时候,当名车嚣张事件在我们的身边愈演愈烈的时候,我们知道,平头小民在骄横名车面前的恐惧有多深了。对照"恐怖主义"的定义,对照一些名车的所作所为的"恐怖活动",对照老百姓内心中对那霸气十足庞然大物的恐惧,我们会看到,"名车恐怖主义"不是一个脱离现实的耸人听闻之言,它实实在在地游弋于我们的生活中。

从一系列名车撞人事件中总结出"名车恐怖主义"这种带有规律性的结论,用的就是"不完全归纳"。不是说每辆名车都那么嚣张和蛮横,而是想说,社会对不断肇事的名车已经形成了一种恐怖的情绪。

评论写作的归纳,多属于这种"不完全归纳推理",根据对一类事物的部分对象的考察从而得出有关该类事物的一般性结论。而不是"完全归纳推理":对所有个别对象进行穷尽的考察,从而作出一般性结论。时评作者的视野很有限,很难穷尽所有,论证的过程也很难像科学家做实验那样充分和严密,所以只能作"不完全归纳"。

## 四、类比推理

类比推理又称为类比法,它是根据两个或两类事物在某些属性上相同或相似,而其中一个或一类事物还具有另外某些属性,由此推出另一个事物也具有这些属性的推理。

它的逻辑模式可以表述为:A 对象具有 a、b、c、d 等属性,B 对象具有 a、b、c 等属性,A 与 B 是一类事物,所以,B 也有 d 属性。

评论写作也经常会用到类比法,因为这种逻辑方法比较直观和形象,容易让人接受。由人们熟悉的某种事物,推理出某种人们陌生的、但与此类似的事物具有人们熟悉的事物身上所具有的那种属性。

比如评论家常常就会拿西方发达国家的案例与国内的情况进行类比,国外的议员能自由地批评政府,我们的人大代表也是代议士,功能上与西方议员是一样的,纳税人选出来代表人民去监督政府花钱的,所以,我们的人大代表也应该敢于批评政府。

香港的廉政公署之所以能有很强的反腐能力,因为它是一个独立的、不受行政机构干预的机构,我们的纪委监察部门与廉政公署的功能是类似的,所以,也应该有独立的权力。

从这两个推理,就可以看出类比法的问题了:类比推理需要中介和桥梁作为过渡,同类事物,毕竟不是同一事物,所以在这个过渡过程中会有一种假设,即假设同类事物身上具有相同的特征和属性。其实,很多时候这种假设是不存在的,同类,并不一定属性就会相同。它们并没有必然的关系,至多只是或然、应然和偶然的。所以,类比推理推出的结果具有很强的或然性,或者,只能作为一种应然的要求。

就拿中国的人大代表和西方的议员的类比来说,功能上确实是一类的,但中西政治体制不同,这决定了人大代表和西方议员很多属性是不一样的。西方三权分立之下,议员与政府是对抗性的关系。而中国的政治体制,则使其缺乏这种对抗性的关系。这样的类比,至多只能提出"人大代表应该向西方议员学习"的应然要求,而无法推出必然性的要求。廉政公署与纪委的类比同样如此。

正因为类比之中存在那种可能前提并不存在的假设,这种直观形象的逻辑推理法,很多时候隐藏着较大的推理风险,很容易变成一种概念偷换和诡辩。

马少华先生在分析这一点时,提到了金岳霖先生对类比法的观点:类比法的可靠程度取决于两个或两类事物之间的相关程度。如果相同的属性与推出的属性之间相关程度越高,那么,类比法的可靠性就越大。从类比法的形式看,类比法无法保证相同属性与推出属性密切相关,因此,类比法的可靠程度是不高的。

狮子和老虎虽然都是食肉动物,但它们的习性有太大的差异;飞机和拖拉机都是机,但两种机是无法相提并论的,类比就存在很大的障碍。所以,类比的可靠性,强烈依赖于两者的相似性和相关性上。毕竟,类比的是两个不同的事物,有时类比所想论证同一的,恰恰是不同的地方。比如将中国的人大代表与西方议员相类比,体制的不同早决定了他们功能的差异。

人们常常会将类比与比较混淆,其实两者间有很大的差别。类比,是为了推理出具有某种相同属性的结论。而比较,则是为了区分两者的异同点。比如,拿中国人大代表与西方议员进行类比,是为了推出中国人大代表应有与西方议员同样的属性。而拿两者进行比较,则是为了寻找相同和不同之处,对两者进行区分。

更经常犯的逻辑错误是将类比等同于比喻,这就容易陷入"以喻代证"的逻辑谬误中。类比,是一种逻辑推理;而比喻则仅仅是一种修辞,意在生动形象地描述某个对象。比如,将美丽的眼睛比喻成秋波,是想形容眼睛之清澈和明亮。而类比,不是为了形容和描述,而是为了推出某个结论。类比是在相似的事物间进行,而比喻则是并非同类的事物。

以喻代证是评论作者常犯的逻辑错误,将比喻这种修辞当作一种论证手段。在大专辩论会上可以用这种诡辩去忽悠人,可在正经的评论写作中就不能了。任何比喻都是蹩脚的,以喻代证,其实就是偷换概念和论题。明明说的是A,通过某个比喻,就将概念偷换到B。

比如我在与人的观点交锋中,就遇到过这种以喻代证。2010年两会的时候,因不喜欢记者提敏感问题,时任湖北省省长的李鸿忠抢了《京华时报》女记者的录音笔,这当然是对舆论监督的恶劣侵犯。不过记者在采访中似乎也有小瑕疵,当李鸿忠问记者是哪个报社的,记者说是"《人民日报》的",后来才知道是"《人民日报》旗下《京华时报》的"。我在微博中指出了这个小瑕疵,立刻有评论作者气愤地反驳我:强奸案发生后,讨论被强奸者当时究竟穿的是件什么衣服,不无聊么?

这就是典型的"以喻代证"偷换概念,省长与记者的冲突跟强奸是一回事吗?"说自己是哪个单位的"与"被强奸时穿什么衣服"是一回事吗? 我说,当一个人用很多比喻,而不是就事论事在逻辑上跟你论争时,他在理性上往往无法自圆其说,不得不借助比喻来偷换概念,或者迎合某种情绪,或者打道德牌。这就叫诡辩。

这样的诡辩有时候颇能迷惑大众,一个朋友说得很好:人们只会选择他们能够理解、愿意相信、喜欢相信的东西,而不会选择虽然更好、更正确但他们不能理解、不喜欢的东西。所以,很多时候真理敌不过谣言和花言巧语,修辞胜逻辑。

大众喜好归大众喜好,评论家是不能迎合这种大众喜好的。逻辑学告诉我们,使用类比推理时一定要注意以下几点:其一,用以类比的相同属性应当尽可能多;其二,用以类比推理的前提中的属性应当是本质属性;其三,要注意用以类比的两个或两类事物的差异性。

## 五、评论中常见的逻辑谬误

在这一章的内容中,我会举一些网上好玩的段子和评论中常见的错误,来让读者对逻辑谬误有更形象和直观的理解。

网上的那些段子之所以可笑,玩的其实都是逻辑谬误,可乐之处正在于"逻辑谬误"。符合逻辑的事物是不会成为让人捧腹大笑的笑话的,因为尽在人的意料之中,符合人们的思维习惯,就没什么好笑的了。而当某种推理超出常态的逻辑,得出某个很明显不合逻辑的荒谬结论时,当这种荒谬以荒诞滑稽的形式表现出来时,就让人忍俊不禁了。"逻辑谬误"就是笑点。

**1. 以偏概全**

网上有个段子说:公园里有一对恋人正在甜蜜幽会,女孩撒娇说:"老公,我牙痛。"男孩吻了女孩说:"还痛吗?"女孩说:"不痛了。"一会女孩又撒娇说:"我脖子痛。"于是男孩又吻了女孩的脖子说:"还痛吗?"女孩高兴地说:"不痛了。"旁边有一老太太看见了,忍不住说:"小伙子,你真神啦,能治痔疮不?"

还有个段子,有个人吹牛说:上大学我逃过课、挂过科、甩过人、被甩过、打过架、记过过……哎,能干的我都干过了。有人立刻回复说:你死过吗?

这两个段子的可笑之处,都在于"以偏概全":根据很有限的例证得出一个普遍的结论。老太太仅仅根据表象上的"吻了嘴嘴就不痛""吻了脖子脖子就不痛"得出这个小伙子"吻能治病"的普遍结论,非常可笑。那个吹牛的人也是,举了几个例子,就说"能干的我都干过了",一句"你死过吗"就把他噎回去了。

评论中经常会出现"以偏概全"的谬误。仅仅看到一两个富二代酒后开车撞人了,就谈论"富二代群体不道德"的社会问题;看到几个老师不好好上课、到处走穴,就说老师群体已经陷入拜金主义泥淖之中,失去了教师应守的师道。还有人喜欢动不动就说"官员群体""农民工群体""大学生群体"如何如何,动辄上升到对一个群体的批判,习惯使用"全称判断",这犯的就是以偏概全的错误。

**2. 推不出**

顾名思义,就是从给出的论据推不出他想要证明的结论。比如,媒体报道说广州地铁员工家属乘坐地铁都免费,批评这是垄断企业不正当的福利。而地铁的老总解释说:让家属免费坐地铁是为了反恐。

这犯的就是典型的"推不出"谬误,因为从"反恐"推不出"必须让地铁员工家属免费"。员工家属在反恐上并没有特别超人的能力,反恐也跟免费没有什么关系。地铁为了反恐,可以有许多措施,比如进行安检、限制流量、限制带刀具,但推不出"让家属免费坐地铁"。

正因为犯了推不出的谬误,这位老总的这段解释引来如潮的批评。

本讲开头提到的那篇文章,犯的也是"推不出"的逻辑谬误。由一两个法学家的逝世推不出"法学家英年早逝"这个命题,由"中国的法治缺陷"也推不出"法学家比一般人更郁闷"这个命题。

**3. 假性因果**

假性因果,假性相关,也叫"后此谬误"(后此,故因此),即两者之间存在的因果关系是虚假的,只不过是时间上先后发生,不是因为发生在前面,就是原因,不是因为发生在后面就是结果。

历史研究上经常犯这样的逻辑谬误,因为某个历史事件发生在前面,就把这个事件当作另外一个事件发生的原因,并冠以"直接原因""间接原因""导火索""推动了进程"之类因果标签。强迫症的一大表现,就是在毫无联系的两个事件间扯上因果关联。比如某天出门抬的是左脚,那天受到老板夸奖了,于是就将"老板夸奖"归因于"出门抬的是左脚",以至于每天出门时都强迫自己必须抬左脚,哪天忘记了抬的是哪只脚,非要打车回家重抬一下左脚。

网上有个笑话说:2010年5月18日,温总理出访德国,5月31日,德国总统克勒就辞职了;5月11日,温总理出访日本,6月2日,日本首相鸠山由纪夫就辞职了。这其间好像有某种因果关系,其实是假性因果。德国总统克勒辞职,是由于其"不当言论";而鸠山由纪夫辞职,则是由于民意支持率很低,党派压力迫使其辞职。两者跟温总理的访问都没有任何因果关系,这完全是时间上的巧合而已。这是典型的假性因果。

守株待兔寓言中那个人,其实犯的也是"假性因果"的逻辑谬误,在树边碰巧有一天兔子撞死了,以为守在树边就可以天天碰到被撞死的兔子。将两者联系在一起时,一定要找到两者间的因果是怎样发生的,而不能仅凭时间先后关系就判断。

有一个成语叫多难兴邦,也是假性因果。多难,并不会必然导致"兴邦",只有在灾难中总结教训,反思错误,积累经验,才会为兴邦创造条件,否则,多难只能给国家带来毁灭性的后果。贫穷是成功的催化剂,苦难是成功的垫脚石,等等,只是用来励志的,实际上也是假性因果,并不是贫穷导致了成功,相反,富裕比贫穷有更好的成功条件,如果贫穷而不更加努力奋斗的话,贫穷只能意味着失败。

评论写作中常会犯这种逻辑谬误,尤其是在对杀人案的归因中。比如,福建南平校园惨案后,许多人对杀人者的动机进行归因,认为是房价过高和工作压力导致他杀人,然后将杀人归咎于体制,这就是假性因果——后来医学鉴定表明,此人精神很不正常。江苏某地发生一起凶杀案,媒体用的标题是:大学生因为高房价,锤杀丈母娘。这也是假性因果,高房价与杀人并没有因果关系,杀人是极端的人所干出的极端的事。

评论者在归因时如果带着先入为主的偏见,就很容易陷入这种假性因果的谬误中。这种假性因果的逻辑有着较严重的社会危害，在杀人案中这样归罪，无异于是为杀人者寻找正当的借口。

还有一种假性因果，属于认知偏差的问题，将一个很复杂的结果归结于某一个原因，或过于强调某一个原因。比如有人根据受大学教育与没有受大学教育的人的收入存在差别，就将这种差别归因于是否接受了高等教育。其实正如有专家所指出的：实际上高等教育本身就是一个选择机制，那些很有创意、很有头脑或者智商很高的学生，通过选拔被选到了大学里。即使他们都没有受过高等教育，这两群人的收入差异照样存在。这里就有一个统计选择偏差的问题[①]。

**小案例**

"你喜欢坐在教室的哪个位置？"这是剑桥大学的著名实验。教授要求一群学生，进入一个宽敞的大礼堂，并自由找座位坐下。他们发现不同的学生喜欢坐不同的位置。八年后调查显示：爱坐第一排的学生，远比其他学生更成功。态度决定高度。那些学生的能力相当，但"爱坐第一排"的进取心，决定了谁是千里马。

对这个研究，我的评论是：扯淡的实验。这个实验在逻辑上的谬误是：假性因果。有网友嘲笑说：想起一个实验，把蜘蛛放在桌子上，大喊一声，蜘蛛跑了，然后把蜘蛛的腿都切掉，再放在桌子上，大喊一声，蜘蛛不跑了，由此证明蜘蛛的耳朵是长在腿上的！

**4. 滑坡谬误**

这个从名字也能看出谬误的意思：声称某事之后将会发生一连串通常是可怕的后果，但却并无充分证据支撑该推论。这样的推论断定，如果再往前一步踏上"滑坡"，就必定会一路滑跌到沟底，亦即假定我们不可能中途停住。

其实，我们常用的"蝴蝶效应"就是一个滑坡谬误：一只南美洲亚马孙河流域热带雨林中的蝴蝶，偶尔扇动几下翅膀，可以在两周以后引起美国得克萨斯州的一场龙卷风。其原因就是蝴蝶扇动翅膀的运动，导致其身边的空气系统发生变化，并产生微弱的气流，而微弱的气流的产生又会引起四周空气或其他系统产生相应的变化，由此引起一个连锁反应，最终导致其他系统的

---

① 陈心想：《追问大学学什么》，《读书》2010 年第 10 期。

极大变化。

其实,蝴蝶扇动一个翅膀所产生的微弱气流,是否能引起四周空气或其他系统产生相应的变化,接下来会不会产生其他连锁反应,是很不确定的,得依赖一定的气候、气象和地理条件,不符合这个条件的话,连锁反应就不会发生。你不能仅仅因为初始条件下可能存在某种情况,就像滑坡一样无限地推下去。

管理学在强调"细节决定成败"时都会跟学生们讲"一个马钉亡掉一个帝国"的欧洲民谣:丢失一个钉子,坏了一只蹄铁;坏了一只蹄铁,折了一匹战马;折了一匹战马,伤了一位骑士;伤了一位骑士,输了一场战斗;输了一场战斗,亡了一个帝国。这个民谣讲的是,在一次生死存亡的战争中,一位将军因为不耐烦等待马夫钉上最后一个马钉,而匆匆率领军队上了战场,结果一连串的失误导致了全军溃败。一个看似微乎其微的事情,却带来了惨重的损失。马蹄铁上一个钉子是否会丢失,本是初始条件十分微小的变化,但其"长期"效应却关系到一个帝国的存与亡。

这个故事用来强调"细节"的重要性是可以的,但如果用于实际的论证中,就是一个滑坡谬误。评论中常见的滑坡谬误就是这样的,过于强调某个细节的重要性,无限地推演其可能发生的后果,一步步地推演,最后推出一个可怕的结论。其实,现实并不会按照这种推演的逻辑去发生,每一步的发生其实都需要条件,每一步的推演都忽略了应具备的条件,最后的结果当然非常可怕。

避免滑坡谬误的最好方法就是,每一步的论证都拿出充分的论据,而不能忽略条件、含糊其辞地连锁推理。或然不能推出必然,滑坡之滑在于,用一连串弱关系、微相关的"或然",在连环的推理中,推出一个吓人的结论。

**小案例**

时值情人节,有一位名人在微博上开玩笑说:"情人≈陪伴,微博≈陪伴,so,微博≈情人。"

我跟她开玩笑说:"多几个≈,世界就大同了,哈哈。俺不解风情地乱弹一下,逻辑学上,这可能叫滑坡谬误:不合理地使用连串的因果关系,将'可能性'转化为'必然性',以达到某种意欲之结论。"

**5. 概念偷换**

这是实际中见得最多的逻辑谬误。因为概念非常容易被偷换。先举两个偷换概念的网络段子：

> 有一只老虎感冒了，想要吃掉熊猫，熊猫哭了："你感冒了，干吗要吃掉我呢？"老虎说："广告上都说了，感冒就要吃白加黑！"（熊猫身上黑白相间，被偷换成了"白加黑"。）

> 熊猫遇到从超市里怒气冲冲出来的袋鼠，问道："怎么了，气成这样？"袋鼠喘着气说："不许我进，非让我先存包！"（袋鼠肚子上的袋子被偷换成了"包"。）

正像我在前面的"三段论"中所讲，逻辑推理需要保持概念的同一性，不能前后概念不一，前面的"人民"是一个集合概念，后面的"人民"变成了非集合概念，概念不统一，随意变换某一概念的含义，逻辑上肯定就会产生谬误。

与偷换概念类似的是转移论题。网上有个经典的段子：你跟他讲法律，他跟你谈政治；你跟他谈政治，他跟你讲民意；你跟他讲民意，他跟你耍流氓；你跟他耍流氓，他跟你讲法律。评论写作中，经常会出现这种逻辑谬误，尤其是在观点的争鸣中，论者会故意转移论题，寻找有利于自己的角度，这样的转移论题常使得交锋不是针锋相对，而是各说各话。

**6. 诉诸非逻辑**

使用非逻辑的方式代替论证。这些非逻辑手段包括权威、民意、情感、无知、道德、沉默、比喻等。

（1）诉诸权威。

许多评论作者特别喜欢在文章中引用名人名言，尤其是政治家和领袖人物的名言。这些名言，可以作为丰富文章内容的材料，但不能作为论证某一观点的论据，因为名人名言并不一定就是真理，它本应受到逻辑的拷问，而不能直接拿来支撑某个论点。比如"没有调查就没有发言权"，这话细细琢磨其实也可以说是没道理的，为什么没有调查就没有发言权呢？我虽然没有调查过，但我从逻辑上发现了问题，为什么就不能指出来呢？

（2）诉诸民意。

民意也常用作论证的论据。比如评论家就经常这样引用数据：调查中，多大比例的民意支持某个政策，民意倾向于支持出台某个规定。这样的民意数据，也是不能作为论据的。因为民意并不就意味着正当、合法和正确，多数人支持的某件事，并不一定就是正确的，可能出现多数人暴力，也可能出现多数人眼睛被蒙蔽的时候。在现实的价值次序中，有太多的比民意更优先的价值，比如法治、逻辑，等等。

（3）诉诸情感。

也就是常说的以情动人，而不是以理服人，用煽情代替逻辑推理。比如，我的朋友张天蔚曾经在"撞了白撞"这个法律条款上跟另一个朋友争辩，他是支持"撞了白撞"的，而另一个朋友反对。开始还好，大家都在讲理，后来那个朋友文章中开始出现"难道你能忍心看到被撞者那血肉模糊的悲惨场景？你还会支持撞了白撞？"，他就知道这个交锋没法进行下去了，因为对方不是讲理和逻辑，而是诉诸情感，诉诸怜悯和悲情，那就无法在对等的层面上进行交流了。

（4）诉诸无知。

这种谬误常见的表述句式是：没有证据证明某种东西存在或者不存在，所以，它不存在或者存在，以诉诸无知作为某些证据。例如：我们没有证据说神不存在，所以神一定存在。又例如：由于我们没有关于外星人的知识，这表示外星人并不存在。时事评论的推论中也常可以见到这种谬误：因为不知道官员的财产状况，所以可以推定他们有问题。官员有问题要拿出证据去证明，而不能先入为主地推定，以"无知"作为论据。

（5）诉诸道德。

在逻辑上无法站住脚时，就诉诸道德，站在某种道德优势上进行道德批判。比如，无法论证名人拿外国绿卡有什么不正当，就以"一边争着拿外国绿卡，一边赚中国人的钱"这个道德命题进行批判，在"爱不爱国"的问题上站到道德高地上。推不出"名人接受采访索要采访费"有什么不正当，就抡起道德大棒砸名人。在一个有着厚重儒家道德传统的社会中，这种诉诸道德的方法是很管用的，许多不讲逻辑却戴着道德面具的谬误招摇过市大行其道。

（6）诉诸沉默。

先讲一个段子：一老头退休后闲得无聊，于是便天天教鹦鹉说话，每早必教它说："早上好！"可是几个月过后，鹦鹉仍不开口。老头为此十分气馁，这天早上便没有再继续教了。这时,只听鹦鹉对着老头大喊道:"老头!今天牛了啊,见我也不问好了!"

这个老头就犯了诉诸沉默的谬误,鹦鹉保持沉默,老头就以为它不会说话了。许多国家司法中都引入了"沉默权",沉默并不意味着认罪,嫌疑人有权保持沉默。而中国司法在过去很长时间都遵循这样的原则:保持沉默,就默认了指控。

(7) 诉诸比喻。

也就是以喻代证,用作为修辞的比喻替代逻辑推理。梅花香自苦寒来,宝剑锋从磨砺出,不经历风雨怎么见彩虹,这些都是经常出现在评论中的话,可这些其实都是比喻,梅花是梅花,宝剑是宝剑,彩虹是彩虹,这仅仅是比喻而已,梅花香自苦寒来,那是梅花的生长习性使然,并不意味着穷人也像梅花那样。比喻在论证中都是蹩脚的,以比喻作为论证手段,其实都是在偷换概念。

有个段子。夫妻离婚争孩子,老婆理直气壮地说:"孩子从我肚子里出来的,当然归我!"老公说:"笑话,简直是胡说八道!取款机里取出来的钱能归取款机吗?还不是谁插卡归谁!"这种比喻在论证中是很不恰当的。

**小案例**

反对在中国实行民主的微博博主窦含章说:"民主的霸道:许多人认为生物多样化、文化多元化是好的,可一谈政治制度,就变成民主至上的一元论。这样的态度其实和十字军、纳粹在本质上没什么不同,都是霸道。现在这些人都在为中东革命欢呼,可我觉得,西方民主一统天下只能是灾难——既然破坏生态平衡会导致毁灭性后果,破坏政治平衡为什么就不会?"

一位叫沪上韩老大的网友用比喻反驳他说:"窦含章发现每天吃饭也是'一元化',从此改为吃屎。"

我的跟评是:"争论多源于评论者喜欢滥用比喻,而不习惯就事论事地谈。比喻虽然形象和直观,却偷换了论题。这位沪上韩老大一个关于吃屎的比喻,就把窦含章的比喻灭了。比喻和修辞是争论之源。"

(8) 诉诸信心。

时评文章中经常会出现这样的语句:我相信中国的公民社会会如何如何,我相信在某某的调查下会真相大白。这种相信,仅仅是一种个人的"信心"，不存在逻辑上的推理效果，不能作为论据，只是强化表达的效果，而无法起到论证作用。

### 7. 反问谬误

评论中经常会出现反问：如果是你，你会怎样？假如你是受害者，你会有什么反应？以这样的反问进行反驳。

我在评论写作中就经常遭遇这样的反问。比如在辽宁本溪张剑刺死拆迁者一案和湖北巴东的邓玉娇案中，我认为张剑杀人和邓玉娇杀人已属于防卫过当，这种判断遭到了许多网民的攻击，他们就使用了反问的句式：如果当你或你的家人遭遇那样肆无忌惮的暴力拆迁时，你能够理性地计算怎样才是"不超过防卫的限度"吗？你能不愤而反抗以捍卫自己的家人和房屋吗？如果邓玉娇是你的妻子或女儿，当她面临一个淫官亢奋的性侵犯，当她愤而反抗刺死淫官时，你会冷静地说这是防卫过当吗？这种把人推向具体情境、逼人设身处地考虑的道德绑架听起来很有诱惑力，其实是一种谬误。设身处地是不错，可是，即使我也作出同样的反应，也并不能证明我的反应是正确的。评判一种行为正当与否，衡量的标准是法律，而不是诉诸"同情"。

用这种反问的逻辑我同样可以反问，如果你是那个被张剑和邓玉娇刺杀者的家人，如果你是刀下之鬼，你还会赞成这是正当防卫吗？换一种利益立场，换一个身份，观点立刻会完全不同，这样的设想其实是没有原则的。法律判断不能为某一个人设身处地，而要为每个当事人设身处地。

典型的反问谬误是：杰斐逊反对奴隶制，可是他自己也有奴隶！所以奴隶制是正确的！你说抽烟有害，可是你自己也抽烟，说明抽烟并没有危害。

看看网上一个段子：某天考生物，其中有一题是看鸟的腿猜出鸟的名字。某生实在不懂，生气地把卷子一撕准备离开考场。监考老师很生气，于是问他："你是哪班的？叫什么名字？"某生把裤腿一掀，说："你猜啊你猜啊。"看上去好像是"以子之矛攻子之盾"，其实也是反问谬误。

马少华先生也曾在博客中分析过"以'言行不一'反驳别人为什么是一种谬误"，他引用了《批判的思考》中的例子：有时一个人的主张看起来自相矛盾，但不是和他先前的言论相矛盾，而是和他的实际行动相矛盾。如，约翰逊也许要我们大方点，但我们都知道他本人却吝啬得无以复加。嗯，约翰逊很可能是个伪君子。但如果我们以约翰逊的吝啬和伪善为由，认为他说的话不正确，那我们就犯下了自相矛盾型以人为据的谬误。

"言行不一"是一种伦理问题,而跟逻辑无关。你可以以"言行不一"来批评一个人的道德,而无法以此质问一个人的逻辑。只要其在逻辑上是自洽的,行为并不能否定其逻辑。

### 8. 稻草人谬误

也就是"假想敌",这样的谬误常常出现在观点交锋中:设立一个根本不存在的靶子进行批判。对手的观点明明是 A,可为了自己批评的方便,将对手的观点推向某个极端或贴上某个标签,说成是 B,然后对着 B 观点大加批评。

比如我在评论中就经常遭遇这样的稻草人谬误。我写过一篇文章叫《"网友曝"是一种很恶劣的新闻文风》,批评一些纸媒记者,不经严谨的调查和细致的核实,就以"网友曝"的叙述方式将网帖内容直接当作新闻报道出来,这是一种违反新闻专业要求、很不负责任的行为,降低了纸媒的品质。这篇文章遭到了一位叫胡安东的作者的批评,他撰文认为"扼杀网友曝光是另一种越界追捕",称我的文章有扼杀网友曝之嫌,会致使刚刚起步的网络舆论监督出现重大倒退。

这其实就是一种稻草人谬误。通读我那篇文章,我只是就事论事批评纸媒记者的不负责任,不经核实就把"网友曝"拿到报纸上,丝毫没有否定网络舆论监督,甚至没有否定"网友曝"本身——而是强调这是网友的监督和表达权的体现。我说得非常清楚:网友当然是可以曝的,但当记者将这样署着自己名字的新闻写到纸媒上时,就不能跟着"网友曝"走了,而应该用记者自己的调查和核实去写新闻。可这个"反对纸媒直搬'网友曝'"的观点,被偷换成了"反对'网友曝'","反对网友曝"成了一个作者批评的假想敌。

这样的谬误在争鸣中非常多,这体现了观点交锋的浮躁,不准确地解读对手的观点,而是戴帽子、贴标签或归类到某种主义,将对手的观点归类为某个公众痛恨的理念,那样就很方便自己批评了。

因为这种谬误在评论中经常可以看出,这个问题上我多说几句,再举一个很典型的例子。童大焕先生某天发表在《新京报》的文章《禁止群租是在保护承租户吗?》,是针对"禁止群租"的新闻发表的评论。新闻由头是:近日,住房和城乡建设部出台了《商品房屋租赁管理办法》。在新规中,对于分割出租行为有明确规定:出租住房应当以原设计的房间为最小出租单位,人均租住建筑面积不得低于当地人民政府规定的最低标准。如果出租人违反了上述规定,由当地主管部门责令限期改正,逾期不改正的,可处以 5 000 元以上、3

万元以下罚款。

作者在第二段中提出了自己的论点：这实际上是禁止群租。同时还规定地下储藏室不允许出租……这样做的目的，应该是为了让承租人保持基本的体面和尊严，不居住在过于窄小的空间里。但它的实际效果，可能会使房屋供应更为紧张，加剧供不应求的市场局面，从而助推房租的上涨。然后下面就围绕这个论点进行了论证。

这其实就是一个典型的"稻草人谬误"，谬误发生在哪里呢？作者用了一句：这样做的目的，应该是为了让承租人保持基本的体面和尊严，不居住在过于窄小的空间里。但住建部的文件中根本没有提及这个目的，作者纯粹是猜想，然后将所有的批判都指向这个"猜想"，这种猜想，就是作者设立的一个"稻草人"。

住建部出台这个规定，目的肯定有许多，绝不仅仅是作者所猜想的"应该是为了让承租人保持基本的体面和尊严"，比如，也是为了保障承租人的安全问题（有地方发生了群居导致的火灾），也是为了邻家的安静权（群租会给邻居造成很大的骚扰），等等。臆想出一个原因，并将所有的批评都指向这个臆想出的靶子，这样的谬误在评论写作中经常可以看到。

### 9. 虚假两难

先看看几个可乐的网络段子：

"如果你老婆和你情人同时掉进水里，请问你是再找一个丰满型的还是娇小型的？""还找不会游泳的。"

说吧，你是想死呢还是不想活了？

楼主：李宇春和芙蓉姐姐同时掉水里，你手里有一块砖，你砸谁？

暴强回复：谁救砸谁。

这些都属于虚假两难谬误。营造一个虚假的两难困境，其实根本不存在两难，而可以有多元的选择。"你是想死呢还是不想活了"，甚至不是两难，而是"只有唯一一个选择"，只能选择"不想活了"。

儿子小的时候，妈妈经常会问这样的问题：以后妈妈和媳妇同时掉到水里,你会先救谁啊?爸爸和妈妈,宝宝更喜欢谁啊?这是虚假两难。官员反问记者,你是为党说话,还是为老百姓说话?这也是典型的虚假两难。

### 10. 复杂问题谬误

在一个向别人提出的问题中悄悄地置入自己的倾向和结论,就是复杂问题谬误。

比如人民大学的马少华先生就曾撰文指出过一个复杂问题谬误。河南版的"佘祥林"赵作海的冤情被洗清后,坐了10多年冤狱的赵作海被法庭宣布无罪释放,当时就有记者问赵作海:"你要感谢谁?"赵作海喃喃自语:"我感谢谁?我不感谢谁。"

记者问赵作海"你要感谢谁",这就是一个复杂问题谬误,因为这个问题中已经悄悄地置入了记者的结论:赵作海一定要感谢谁,非要找出一个人来感谢一下。其实,赵作海的冤屈虽然被洗清了,可是,他坐了10多年冤狱,受了很多苦,如今只是一种迟到的纠错,这是本属于他的正义,他根本无须感谢谁。如果不注意,很容易就被记者的问题搞晕。

记者的采访经常会犯复杂问题谬误的毛病。刘翔打破世界纪录获得冠军,记者会在第一时间将话筒伸到刘翔面前问:你这时候最想感谢谁?其实人家刘翔最想做的是休息一下,喘口气。可被记者的问题绑架了,刘翔只能迎合记者的问题说几句"感谢国家、感谢教练、感谢家人"之类的套话。

还有,记者采访时会问明星:你究竟喜欢《红楼梦》哪一点?这样的问题预设了一个结论:你是喜欢《红楼梦》的,可是,人家并没有说喜欢《红楼梦》啊。诱导采访中,记者经常使用"复杂问题谬误"去绑架被采访者。

### 11. 词语歧义

先看几个段子:

> 班上来了一个插班女生,她自我介绍:"我未必会是最聪明的,我未必会是最美丽的,我未必会是最优秀的,我未必会是最幽默的……"正当班上同学都称赞她的谦虚时,她突然说:"大家好,我的名字叫魏碧慧。"

> 两头牛在一起吃草,青牛问黑牛:"喂!你的草是什么味道?"黑牛道:"草莓味!"青牛靠过来吃了一口,愤怒地喊道:"你骗我!"黑牛

轻蔑地瞟青牛一眼,回道:"笨蛋,我说草没味。"

一人到某汽车销售中心,只见他掏出 2 000 元人民币往桌子上一拍:"给我来辆桑塔纳。"营业员大惊:"你的钱不够啊!"那人不解:"外面不是写着'桑塔纳 2000'吗?"营业员:"哦……那您出门往右拐,那家公司的奔驰才 600!"

孔子不能解决的问题,老子帮你解决。

辽宁台一记者做街头采访,问一过路大爷:"大爷,您怎么看春节大家燃放烟花爆竹?"大爷一愣,认真地说:"我趴着窗户往外看!"

词语歧义的谬误很好理解,就是因词语歧义而产生的谬误,这种谬误其实是一种特殊的"偷换概念"。这种谬误在纸媒的评论写作中较少见到,因为写在纸上的文字,是很容易发现词语歧义的,纸上线性的阅读对逻辑有较高的要求。而广播电视评论中,就容易利用这种谬误故意偷换概念了,电视评论一播而过,没几个人会细细品味一句话一个词是什么含义,有什么歧义,是不是同音词,这种谬误轻易就能骗过读者的耳朵和眼睛。

## 12. 小众统计

就是仅仅根据个案作出推论。比如,说吸烟会致癌,但我的父亲吸了一辈子烟,他并没有得癌症。网上都说某种车型问题多,可我的这种车从来没有发生过问题。

评论写作以个人体验、个人身边事、个人观察为依据时,特别容易陷入这种谬误。以个人体验为据,可以增加评论的附加值,但一定要意识到"个人体验"的局限性,认识到这种直接经验可能存在的边界,不能将一种小众统计和特殊个案作为普遍性的材料。

## 13. 实体化谬误

这是指把抽象的信念或假设的构想,当作是实在的事物所产生的谬误。比如有个人说:不是实行男女平等了吗,凭什么哥就不能上女厕所? 男女平等仅是一种抽象的观念,并不能适用到"男人可以平等地上女厕所"这个实在的事物上。

评论作者一般都喜欢用他们所学到的那些抽象的理念、理论去分析时事热点，特别要注意这种实体化谬误。当你将抽象的理论用到实在的事物上时，要考虑到理论中包含的不符合实际情况的假设。当理论与现实发生冲突、现实不符合逻辑的推演和理论的推理时，不要首先去怀疑现实，更不能篡改现实以使其符合理论，而要检视一下理论本身的问题。理论是灰色的，而实践之树常青。

用专业术语来说就是，逻辑真的命题，不一定事实就为真。凡不合逻辑要求的命题，事实上一定为假；凡是真实的命题，它必合乎逻辑学关于命题的理论。

### 14. 感觉谬误

就是凭表象和感觉想当然地作出的判断和推理，符合人的直觉，但经不起逻辑的推敲。

比如，媒体特别青睐一些关于食品安全方面的负面报道，比如砷中毒、汞中毒、添加剂可能致癌等。可实际上，许多危险是微乎其微的，仅仅是没有科学依据的担忧，或者说是根本没有必要担忧。如果完全尊重科学的话，转基因食品对人类可能造成的危险远远低于人类在户外跑步时可能猝死的危险，但媒体只会报道转基因食品是多么危险，而不会报道"户外跑步时猝死的危险有多么大"。这就是一种感觉谬误。

伊斯特布鲁克说过，美国人被杀人狂谋杀的可能性，比被雷电击中的可能性还要低，可媒体上充斥的都是杀人狂的坏消息，而对雷电击人关注甚少，营造出一种"杀人狂谋杀比雷电击人多多了"的感觉谬误。

评论写作特别要注意这一点，要纠正大众的感觉谬误，而不能跟着大众的感觉谬误走。关于矿难的坏消息越来越多，其实并不是如今矿难比以前多了，而是矿难报道和处理越来越透明，让人感觉好像矿难增多了；贪官腐败的报道越来越多，并不意味着社会越来越腐败了，而是民众的监督意识越来越强，腐败曝光的概率越来越大，从而造成了腐败频发的感觉，其实可能过去的腐败不比今天差，只不过过去报道不多而已。

### 15. 烟幕谬误

就是制造烟幕，用复杂的前缀和形容词将谬误掩盖起来，从而混淆视线。看一个网络段子：

上初中时候，两个同学（同桌）不知怎么对骂起来了，一个人骂另一个人说："我同桌是个蠢货！"另一个人直接急了，回骂道："你同桌才是个蠢货！"旁边的一群同学愣了几秒后爆笑不止。直接骂人，人都能听懂，可如果绕个弯子骂人，不一定每个人都能听出来，经常容易被绕晕。

**小案例**

黄健翔在微博上发表观点："有人批评微博里有不良情绪和虚假信息。我同意。问题是，一个健康健全的社会结构必然要有排污渠道，可是当初规划时以为公民不需要，自己拉自己吃就循环了，现在大伙儿不肯这样过了，自然要找自发出口。至于假信息，如果以造假数量、规模、频次排名来关闭传媒机构的话，微博要排到传统媒体后头很多。"

有网友问我对这一观点的看法，我的点评是："黄犯了时评中常见的三个逻辑谬误。第一，以喻代证，将微博比成了排污渠道，就省去了论证。第二，稻草人谬误，'关闭传媒'是自设的一个稻草人，也叫'假想敌'。我没听过谁说'因为微博有错就关闭它'。第三，转移论题，你跟他说微博有错，他跟你说纸媒错更多。因为纸媒有错，微博仿佛错得正当了。鉴定完毕。"

# 第九讲

# 评论的理性

> 最应该警惕的就是符合你愿望的谎言,符合你想象的假消息。当一种传言非常符合你的愿望,或某个消息非常符合你的想象时,你要警惕了,有人在利用你的弱点。作为以理性为分析工具的评论人,一定要有"一事当前,先问真假"的理性,不能让自己偏爱消费冲突的弱点轻易被别人操纵和利用。
>
> ——作者

## 一、理性成为自我阉割术

关于时评要不要坚守理性,评论业界曾有过激烈的争论。曾有一家媒体在刊头打出"理性、建设性"的办报主张,还有几家媒体在联合举办的新闻评论最佳作品的评选启事中,旗帜鲜明地提出了"理性、建设性"的要求,启事是这样要求的:

> 好的新闻评论能为变革加油,更能推动社会点滴进步。在新闻评论的导向上,我们提倡文章的"理性和建设性",追求"主流、建设性、影响力"的观点,为民生代言,为时局建言。对于只有"挖苦嘲讽",而无"建设性",只有"攻击和审判"而无"说理反思"的文章,我们持拒绝态度。

这则启事激怒了著名杂文家鄢烈山,他在《"建设性"是嘛玩意》一文中对这样的"评论理性"进行了尖锐和激烈的批评。他引用了马克思在《评普鲁士最近的书报检查令》里的话表达了自己的态度："爱国者的尖锐就是一种神圣的勤勉，他们的热情就是一种炽烈的爱，他们的傲慢就是一种自我牺牲的忠诚；这种忠诚是无限的，因而不可能是温和的。"他说这样的"理性、建设性"是媒体人自制的一项隐含紧箍咒的花帽，并把这样的理性讥为一种"魏忠贤、李莲英们为了出人头地而净身的选择"。

鄢烈山这篇声讨理性和建设性的文章赢得了很多人的认同，我也赞同他的批判。理性在滥用中确实已经被异化了，在对媒体管制的被动接受和主动迎合中附加了越来越多无理的约束，成为绑架言论自由和限制表达的软性枷锁。比如，将理性与"建设性"挂钩，要求评论必须有建设性，必须得提出解决方案，这显然是一种无理要求，"破"难道不也是一种"立"吗？

比如，将理性与"批判性"对立起来，认为理性就是不批评，就是站在政府一边替政府说好话。这种媒体人的自我阉割中，甚至出现将理性解读为一种"不给政府添麻烦"的荒唐认知。比如2010年1月1日，广东《清远日报》总编辑在该报写的署名新年献词中，就引以为荣地写着："本报总编辑说：不惹麻烦的报纸才是最好的报纸。"

理性沉沦至此，甚至沦为一种沾沾自喜的自我阉割术，以"我理性，故我不添麻烦"摇头摆尾地献媚和邀宠，当然让人反感和生厌。

## 二、评论为何要尊崇理性

不过，虽然理性已被污名，但我仍认为评论应坚守理性，将理性视为评论最重要的文体属性。理性这个词被污名，我们所做的应该是为理性正名，而不是抛弃它任其被滥用。不能因为理性被歪曲、被利用、被当成宣传部门规训媒体的工具，评论者就放弃对理性的坚守了。

评论为什么要将理性摆在文体价值次序的首要位置？因为评论不是写给自己看的，不是喃喃自语的私人表达，而是写出来与别人沟通和交流。不像日记，日记是纯粹个人的事，而评论是一种带着浓厚公共性的文体。在大众传媒上发表评论，就公共话题面向大众发言，是为了寻求共识和赢得理解，为了与别人分享自己对某个事件和现象的理解，为了普及某种理念和传播某种思想，为了在某件事上说服别人接受你的理解。

既然评论是公共性的,是为了交流和说服,为了分享和传播,那一个人靠什么与另一个人进行交流,拿什么去说服别人认同你,凭什么让你的观点可以与别人进行分享?那就需要介质,这个人与人之间理解的介质就是"理性"。古希腊哲人说,人是万物的尺度。那么,人与人之间的尺度是什么呢?是理性,因为你有理性,别人也有理性,理性是人类能实现交流最基本的介质,你的文章只有讲理,只有坚守理性,才能使你的表达为人所理解,并实现分享、传播、说服和影响的功能。

　　大家都知道"对牛弹琴"这个成语,对牛弹琴,牛是无辜的,问题出在对牛弹琴者身上。牛是不懂琴的,对其弹琴根本无法实现沟通和分享,两者缺乏沟通的介质。评论所以要坚守理性,将理性置于最高位置,就是为了避免对牛弹琴和不可通约。别人之所以要接受你的观点,跟你这个人没有关系,不同利益立场、不同阶层、不同族群、不同国家、不同身份的人之所以能实现交流、之所以能和谐共存,靠的就是每个人都有一个共同的东西——理性。社会存在的基础就是每个人的理性,作为一种以说服和分享为目的的公共表达,评论也必须尊崇理性。

　　所以无论你的评论是破是立,是诉诸情感还是诉诸说服,是建设还是批判,是谈国家大事还是谈家长里短,都必须理性。人同此心,心同此理,你与你外在的世界的最大公约数是理性,让一个远在千里之外、与你毫不相识、同你毫无共同经历的人理解和接受你的观点,唯有靠他和你大脑中那些共同认同的东西作为交流介质,这就是理性。

　　正如研究评论的学者马少华所言:正是因为需要在公共领域相互交流理性的意见,才需要理性的表达形式,新闻评论就是这样的形式。

## 三、理性是公认的规则

　　那什么是时评所尊崇的理性呢?理性就是讲理。讲什么理呢?这个"理"很大程度上并非一个结果,而是一个推理和论证的过程,是以普遍接受的逻辑和公共认同的价值为基础作出一个判断。

　　理性,我觉得起码有三个层次。其一是方法论上的,首先要符合逻辑,文章的推理和论证要符合普遍认同的逻辑。评论其实很简单,就是从论据和材料作出判断和推出结论:从这个论据能推出那个结论,材料跟结论之间产生某种关系,你的判断建立在某种基础上,靠的就是逻辑的力量。

人们常提到"自圆其说",什么叫"自圆"？这个"圆",指的就是逻辑,能够在逻辑上站得住脚——先不管他讲的道理对不对,能不能让人接受,首先在逻辑上起码是自洽的、无懈可击的,没有什么逻辑漏洞,纯粹从逻辑上找不出什么问题来。人们看一篇评论文章,首先看的就是其符合不符合逻辑。即使说的是一个谎言,只要把谎编圆了,编得天衣无缝,在逻辑上,它就是成立的。即使说的是一个"歪理",只要你能够自圆其说,论证和推理符合逻辑学的规则,就是"言之成理"。逻辑,有一套自洽的规则,往往是与价值无涉的。

逻辑的要求下,评论者不能仅仅挥舞道德大棒,用道德去绑架别人,而要以逻辑的力量和严密的推理去说服别人。也不要偷换概念和转移话题。前面举过这个段子：当你同他讲法律时,他给你讲政治；当你同他讲政治时,他给你讲民意；当你同他讲民意时,他给你耍流氓；当你同他耍流氓时,他给你讲法律。结论是：他永远正确,故而伟大又光荣。这就是不讲逻辑。

理性,其二是价值论上,要符合人们普遍公认的价值。比如,起码要敬畏生命,反对任何形式的杀戮。2010年3月福建南平发生校园惨案后,当地有学生在给凶手郑民生的信中写道：我看着那些无辜的小伙伴受到伤害,就想把你碎尸万段,你要真忍不住仇恨,你就去杀那些贪官。很多人为这句"何不去杀贪官"叫好,这就不符合敬畏生命的底线价值。敬畏生命的伦理要求我们敬畏每一个生命,贪官应由法律去惩治,杀贪官并没有任何道义上的正义性。评论,无论如何推理和论证,都不能违反这些公认的价值。

理性,最后一个层次是责任论上的,不能只顾自说自话,一个负责任的评论者,作出一个判断时往往会考虑自己的判断可能产生的社会后果,以有利于公共利益为最高的职业准则。评论,在公共事务上运用自己的理性,它是一种公共表达,会影响时事的发展进程和产生社会后果——这种后果不都是正面和积极的,有时也会是负面和消极的,事关一条或数条人命,甚至产生爆炸性和毁灭性的力量。这要求评论者在作判断时一定要保持谨慎和克制,审慎地考虑自己的观点可能产生的后果,节制自己的义愤和激情,将公共利益置于自己的职业功利之上。

逻辑,价值,责任,这是我所理解的评论理性最重要的三个要求。我想以"说谎"的比喻来说明三者的关系。在逻辑学看来,是没有谎言的,只要能够把谎言编圆了,编得天衣无缝,经得起最严苛的逻辑辩驳,那么在逻辑上就是成功的。可在价值论上,谎言就是谎言,说谎是不对的,谎编得再圆再美都值得诅咒。而到了责任论眼中,说谎并不一定就是错的,考虑到真话和谎言的后果,有时谎言也是善的——告诉癌症患者实情可能会彻底击溃他的心理,所以对癌症患者隐瞒病情并不算错。

评论的理性,起码必须在这三个层次上运用自己的理性。

理性,需要评论者能够"反求诸己"。什么叫"反求诸己"呢?就是让别人接受一个规范时,首先将这种规范加诸自身,反问自己能不能接受。己所不欲,勿施于人,这是自由主义最原初的逻辑起点。自己不希望权利受到侵犯,不希望被道德审判,不希望被断章取义,不希望被窥探隐私,不希望被别人当成工具,不希望哪个人干涉自己的自由。那么,也请你在评论时不要向别人提出这种"己所不欲"的要求。理性,就是在这种"尝试站在对方角度上想一想"中而交互思考的思维方式。不仅把自己当主体,也站在对方角度将对方视为一个主体,在交互主体的观照中,才会把握理性之真谛。

理性,然后要求评论者以公认的、共识性的规范去分析和判断,也即公理,而不能搬出公众不接受的理,那是私理。在日常交往和对话中,我最不喜欢听到的话就是:我们单位就是这么规定的,我们这就是这个规矩,这是潜规则难道你不知道吗?我们上级下的命令叫这么干,到我们店吃饭就得遵守我们这规矩——是你单位的规定,我凭什么要遵守?你上级让你这么干,又不是我上级!你们店的规矩,难道你们店可以逾越法律成为独立王国?本店也罢,上级也罢,单位规定也罢,这些都不是公认的规则,而是不可通约的私法私规。评论写出来是与人交流和试图说服别人的,所以必须用众所认同的公理。

道德还不一定有共识,价值是多元的,用得最多的就是公理,就是法律,法治社会一切置于法律的统治之下,法律是每个人必须遵守的"最大公约数",所以法律是人们之间通行的公理。就好像人民币只能在限定区域用,而黄金则是世界皆认的硬通货。当然,法律不仅有写在大理石上的成文法,还有人们心中的自然法,社会积淀的习惯法,等等。

下面根据我的评论从业经验,谈几种重要的评论理性。

## 四、一事当前,先问真假——判断真假的理性

我在多年的评论实践中,一直推崇一位新闻前辈(《中国青年报》副总编

辑刘健)给我的教诲,并引以为必须坚守的、最重要的评论理性,那就是:一事当前,先问真假,再断是非,再说利害。新闻是对客观事实的报道,当然先得追问某件事是真是假,是否真实存在,是不是夸大了事实或者是不是蓄意的商业炒作——首先判断新闻的真假,以自己的理性判断新闻所述事实是真,针对事实展开评论,这样的评论才有意义。判断真假,是评论者第一步要做的,在事实的基础上去判断是非和辨析利害才有价值。否则,洋洋洒洒评了半天,最后发现评的是一条假新闻,依据的事实根本不存在,这会让评论陷入一种非常尴尬的境地。

比如 2009 年闹得沸沸扬扬的北外香水女生事件:一个北外的女孩,在网上发帖,说自己因为在博客中写文章批评教育制度而遭到学校报复,被学校强制退学。这个帖子出来后引发轩然大波,许多人立即站出来批评北外,批评中国的教育制度竟然容不得一个女孩子的批评。可随着记者调查的深入,发现这不过是一场炒作,退学根本与所谓的批评教育没有任何关系,是这个女孩子想进娱乐圈,公关公司帮她想出了这个炒作由头。那些批评教育制度的评论随即成为舆论笑柄。

再举一个例子,2008 年的福州沉尸葬母事件。福建南安一个叫王小喜的人说自己因为付不起母亲的火葬费,将母亲的尸体沉海抛尸。这条新闻报道后引起舆论极大的同情,许多评论者都把矛头指向了当下的医疗和殡葬制度,炮轰越来越贵的殡葬让人根本死不起。不过后来警方调查证实,根本不是这么回事,不是没有钱葬不起母亲,而是这个王小喜在母亲周氏病危之际,就已开始与人合谋将亡母沉尸处置,因为这样"可以省些麻烦"。另查,根据王小喜的打工收入,他是有能力火化母亲遗体的。王小喜最后因涉嫌侮辱尸体罪被批捕。

调查证实"沉尸葬母"是一条假新闻后,我撰文批评那些当初在真假未明的情况下就武断地作出许多判断和评论的评论者,批评他们那种"弱者天然正义"的刻板思维。这种批评引来几个评论者的反驳,他们一个共同的论调是:即使事实错了,可同情弱者有什么不对?即使评论的事实不对,可评论者提出的问题是对的啊!这种反驳纯粹是狡辩,问题只有依据于事实提出时才有意义,将自己的问题分析建立在根本不存在的事实上,就像在沙滩上建筑高楼大厦。当你同情的弱者实际是在欺骗和利用公共的同情时,你评论中的同情一文不值。

假新闻本就泛滥成灾,加上"网友曝"模式的出现,许多网络新闻来源不明,这加速了假新闻的流传。看看近年来传过多少假新闻:80后女孩拒让座遭愤怒男钞票猛抽耳光,被证实是改编自网络段子;患艾滋病的女医药代表毁掉某医院四把主刀手,被证实纯粹是网络谣言;还有什么女大学生脚踢孕妇,纯粹是无中生有……假新闻让人防不胜防,加上评论者一般都不像记者那样在采访一线接触新闻事实,都只是依赖新闻提供的事实写评论,在这种情况下,更应该对并非自己亲眼看到的事实保持警惕,摆脱对记者的过度依赖,评论前多一道"辨识真假"的理性。

虽然在职业分工上评论写手是根据媒体的报道进行评论,但我坚持认为,评论是一种独立于新闻的文体,而不是新闻的跟屁虫和信息附庸,不只是"配"的角色。评论家并非没有自己的主见,不能完全跟新闻走,对新闻应该有自己独到的判断。虽然接触不了第一现场第一事实,却能够根据新闻规律和传播规律对信息的真伪作出自己的判断,使自己的评论建立在客观事实基础上,而不是毫无主见地被新闻牵着鼻子走,陷入新闻所设的陷阱,被臆造的冲突所引诱。

不要诡辩说"谁知道记者报道的是真是假啊",许多新闻是能一眼识别出其真伪的。评论者的优势在于理性,如果你这种理性都不能帮助自己区分出真假,那你的理性哪会有说服力。对那些看起来非常刺激却不符合常理的新闻,评论者如果足够警惕的话,是能根据常识判断出真伪的。比如用钞票抽女孩耳光那条新闻,明显带着段子编排的痕迹。还有香水女孩事件也是,一所大学至于愚蠢到开除一个仅仅在博客上撰文批评了教育制度的女生吗?香水女孩的博文那么快就被某网推到首页形成热点,稍微多点儿防范就能判断出其中的玄机。如果评论者能稍微理性一点儿,节制一下亢奋的道德热情,节制急于评论、匆忙下结论、第二天就见报的批评欲和发表欲,是能分辨出真假的。

很多假新闻,就是迎合人们对故事性、冲突性的观赏消费而编造出来的。有一句话说得好,最应该警惕的就是符合你愿望的谎言,符合你想象的假消息。当一种传言非常符合你的愿望的时候,或某个消息非常符合你的想象时,你要警惕了,有人在利用你的弱点。作为以理性为分析工具的评论人,一定要有"一事当前,先问真假"的理性,不能让自己偏爱消费冲突的弱点轻易被别人操纵和利用。

**微博妙语**

"聋子听到哑巴说瞎子看到鬼了。"

一句话概括了当下无比混乱的传播现实。

## 五、是非永远高于立场——公正旁观者的理性

一事当前,先问真假——判断完真假后,就应该尊重真相,依据事实真相作出是非判断,将是非置于价值次序的最高位置。不能让情绪主导自己的判断,更不能让某种先入为主的立场和习惯性的偏见混淆是非。这个问题上,我曾与一位评论家进行过讨论。

针对炒得沸沸扬扬的北外香水女生事件,虽然报道最终证明香水女生说谎了,"被退学"不过是一场炒作,一位学法律的评论家不承认舆论先入为主地站在女生那边有什么错,他说:"当一个社会没有基本的言论自由,无法得到真相的时候,立场就是最重要的。立场的决定方式很简单,当真相被操控于强势者之手的时候,站在弱势者的立场就是正确的。只要没有言论自由,在真相无法了解的情况下,鸡蛋和石头的较量中,应该永远站在鸡蛋的一边。"

这位评论家的"立场"很明显:她旗帜鲜明地站在"作为弱者"的香水女生那一边,虽然那一事件的炒作痕迹很明显,虽然香水的叙述有太多的疑点,但她成功地将自己扮成了一个"弱者",一个被体制迫害、被权力凌辱的楚楚可怜的"小女子"。所以,只要真相没有最终大白,这位评论家都会坚定在站在她这一方,先入为主地相信这个"弱者"说的一切。

我表达了我的疑惑:这个世界是强者弱者这么简单和幼稚吗?这是一个非常复杂的社会,这个复杂的社会有着复杂的人群,有好人,有坏人,有不好不坏的人,理性经济人,穷人,富人,中产阶层,不穷不富的人,敌人,朋友,非敌非友,道德的人和不道德的人……可就是这么一个复杂的社会,被化约成了只有两种颜色:强者和弱者。一个人不是强者,就是弱者,这并不符合事实。

即使很多场景中有强者弱者之分,可是,人们脸上又没有贴标签,强弱又没有写在脸上,你怎么区别谁是强者谁是弱者呢?你以什么样的标准来区分强弱?不错,从形体和掌握的资源来看,相对掌握着权力的教育部和北京外

国语大学,那个楚楚动人的"弱女子"香水女生看起来挺像一个弱者,可是,在强大的舆论机器和多数人暴力面前,在网络口水的淹没下,北外难道不是一个弱者吗?如果她利用炒作机器和舆论同情编造谎言污蔑校方,以刺激的谎言赢得公众的同情,那北外不就成了弱者吗?区别强弱的并不在于外在的形体和资源对比,也没有一个固定的符号,很多时候都在于具体的情境,只能根据事实进行判定。所以,先入为主地认为谁是强者谁是弱者,然后施与同情,根本靠不住,这只能扭曲事实并使我们失去理性。

正因为强弱区分不可靠,所以以强弱来决定立场是一件极不靠谱的事。这很容易被一些人抓住把柄,利用人们的同情,假扮弱者形象欺骗公众,把敌人编造成强者的形象,编造自己受迫害的情节。

而且,即使一个人是确定的弱者,弱者值得同情,但弱者一定代表正义吗?判断正义与否永远只能依凭真相,依凭法律,依凭人们内心的道德法则,而不是一种固定的身份。因为贫穷的扭曲,弱者和底层许多时候的恶,有时候比强者的恶更令人瞠目结舌。

所以,永远站在弱者立场上,这个看似很人道的原则等于毫无原则。我喜欢桑塔格的判断。甚至在与正义的权衡中,她仍然站在真相一边。她在被授予第20届耶路撒冷奖时旗帜鲜明地表达了自己的观点:真相与正义,我选择真相。真相未明的时候,我们永远不要先入为主地站什么立场,而应努力去追寻真相和接近真相。

在公共事务上运用自己的理性,一定要摒弃那种"反抗即正义""弱者即代表一种道德优势"的道义幻觉。不要动不动就问自己到底站在哪一边,穷人那边还是富人那边,政府那边还是民众那边,领导那边还是平民那边,强者那边还是弱者那边,施害者那边还是受害者那边——这种先入为主地区分敌友和贴上善恶的身份标签,容易使评论进入一种道德陷阱,从而使判断带着浓厚的情绪色彩,失去客观和理性。一个理性的评论者,应将是非置于首位,是就是是,非就是非,不能说穷人的"非"可以美化为"是",而富人的"是"则又丑化为"非"。

评论者是一个公正的旁观者,要站到每一个利益相关者的立场上思考问题,而不是只站在某一个人的立场上。只有公正地旁观,才会依据真相作出客观判断。

正因为坚守"真相比立场重要",在沸沸扬扬的邓玉娇案中,我并没有迎合舆论一边倒地站在邓玉娇一边高呼"杀得好,杀得有理",而是理性地思考其中是否有"防卫过当"的因素。许多网友质问我:如果邓玉娇是你的妻子或女儿,当她面临一个淫官亢奋的性侵犯遂愤而反抗刺死淫官时,你会冷静地说这是防卫过当吗?我回应说:你们口口声声要我站在邓的立场上看问题,可我作为一个评论者,不能只站在某一个人的立场看问题,而要站在每一方考虑。你问我会不会站到邓玉娇一边,可你会尝试着站在邓贵大(被邓玉娇杀死的官员)和他家人的立场上来看问题吗?网友回应说:如果非要让我站在邓贵大家人的立场上看,我一定以他为耻,一定羞于与他是一家人,一定会为他感到脸红。我说:你这样说,其实还是站在邓玉娇一边,而不是尝试真正站到邓贵大家人一边。

什么叫公正的旁观者?就是明晰是非,尝试站在每一方角度设身处地、反求诸己进行考虑的人。什么叫情绪化?仅仅陷于某一方的角色中就很容易情绪化,使判断出现偏差。

## 六、谨慎地衡量社会后果——社会责任的理性

作为一个以评论为业的媒体共同体中的一员,我当然尊崇评论自由的原则,反对禁令和管制,反对有人对媒体指手画脚。不当的管制只会掩盖真相、纵容丑恶、窒息思想、滋生腐败和祸乱社会,言论不自由,异议得不到表达,会致使社会在矛盾蓄积中充满危险。

不过,在"反对外在的言论管制"之外,我一直认为,媒体自身应该有一种强烈的自律意识。不必有人规定评论者怎么说,但评论者自身应有一种责任理性,谨慎地衡量自己言论可能产生的社会后果,考虑到自身的言论在特殊事件中的特殊作用,避免言论在特殊事件中可能产生的不良后果。知无不言,言无不尽,言论无禁区,穷追真相、直指要害、毫不留情,这是评论在多数情境下应坚守的原则,可在某些特殊情况下,需要评论的节制。

举两种特殊的评论情境,一是面对地震这样的大灾难,一是特殊刑事案件的评论取向。

评论在一般的情形下充当的都是质疑者和批判者的角色,指出问题所在,追问真相。可在2008年汶川发生大地震的时候,我主动选择了一种写作立场,那就是"人命关天,携手抗灾优先于一切"。

我在地震第一天的评论题目为《这一次政府学会了与谣言赛跑》，第二天就提出了"携手抗灾优先于一切"的命题，呼吁报道和评论节制批评和反思，融入救灾中去。我在这篇文章中提出：不少人都在网络上追问"为什么地震局未能预测到此次强震"，检讨"地震暴露的危机意识匮乏"，质疑"为什么没有注意震前一些异常征兆"，甚至有人质疑"是否为了奥运而禁止透露预测信息"。且不论有些质疑纯属毫无根据的胡乱猜疑，即使检讨和追问得有道理，我也以为，什么事情都有个轻重缓急，什么时候都应关注最紧迫的事情。当时汶川强震灾情如火，救灾情况非常危急、紧迫和严峻，不知还有多少人仍被埋在废墟中，正挣扎在钢筋混凝土下的死亡边缘等待着救援。这种火烧眉毛的紧急状态下，也许尚不是质疑和争论的时候。灾难面前生命高于一切，没有什么比救灾更重要，没有什么比救命更紧急，公众和舆论不妨暂且放下一些检讨、反思和指责，把资源、智慧和精力集中到实际救灾中去，众志成城站到一起，不惜一切代价、凝聚一切可以凝聚的力量抗震救灾。

我最后评论说：这不是一次简单的灾难，而是一次国家性的大灾难，死伤无数，震感波及大半个中国，所以需要举全国之力、凝聚全民的力量、动员所有的资源携手救灾，更重要的是救灾需要一种13亿民众大团结、大行动氛围的激励。这是一个极其特殊的时刻，形势逼着我们只能选择暂时放下一些形而上的争论和对当下救灾没有意义的质疑，房子塌了以后可以重建，暴露了问题以后可以修补，教训以后有的是时间可以总结，但那些被埋在钢筋水泥之下的人命是等不了的，差不多被夷为平地的北川县城是等不了的。

这篇文章后来引起了很大的争议，并在时评界引发了一场讨论，那就是：评论者应在救灾中持何种立场，是坚守评论者的批判职责在第一时间冷静地反思灾难暴露出的种种问题，还是暂时放下反思和争论把自己融入救灾事务中，凝聚一切资源救那些被埋在废墟下的生命。

不少朋友都认为：暂时放下反思是不对的，任何时候都可以反思，灾难不能成为拒绝反思的理由，评论者尤其应该坚守反思立场。社会有不同的分工，指挥的归指挥，救命的归救命，反思的归反思，评论者的职责就是通过理性的反思解剖问题和记取教训，除此之外对救灾也起不到实质的作用。而我持反对观点：认为这是一个极其特殊的时刻，每个人都要尽可能将自己融于这种救命议程，而不能置身事外。

是的，我是一个评论者，职业需要我的高瞻远瞩，需要我的冷静和理性，需要我能跳出大众思维局限看到更深刻的东西,但这时候我更是一个人,一个有血有肉热爱生命、对灾难有着大悲痛的人,我要以一个人的视角去融入全民的抗震救灾,要把自己的悲痛、信念和对生命的情怀写进评论,我既被那些可歌可泣的故事所感染,也想以自己坚定的信念感染别人。那么多生命被埋在废墟下面,这时候不能把自己当作一个置身事外、居高临下对那一切进行冷静观察冷眼反思的人,这种过度的冷静某种程度上是一种冷漠和自负。此时我们要带着自己的体温去写评论,用自己的体温去融入那股大潮,站在那些被埋的生命的角度思考问题,而不是一个冷眼旁观的"他者",评论应该成为救助的一部分。

正如《三联生活周刊》的主编朱伟当时所言:冷静也许是理智的,但其中有冷漠,我不喜欢冷漠。我们要想方设法将自己的体温与灾区受难者融为一体,温情比什么都重要。

这也是我崇尚的一种理性,叫带着人性温度和人文敏感的理性。在许多事件中,比如人类遭遇到的大灾难中,在那种需要万众一心的大事件中,需要这种充满温情、和社会站在一起的理性。

另一类特殊事件是刑事案件,因为暴力和犯罪会在大众传播中发生传染和产生不良暗示,所以有些事件中报道和评论应该非常谨慎,避免无节制的报道和不恰当的评论对社会产生误导,加剧犯罪的传染和暴力的传播。

比如2010年4月间连续发生的系列校园血案,情况就非常特殊。先是3月福建南平发生校园惨案,一个叫郑民生的凶手报复社会在小学门口大开杀戒砍死8名学生,后被判处死刑。可就是郑民生被依法执行枪决的当天,4月28日,广东省湛江市下辖雷州市雷城第一小学发生凶杀案,一名男子冲进校园,持刀砍伤18名学生和1名教师。血案并没有结束,在雷州校园血案发生后不到20小时,29日上午9时40分,江苏泰兴市泰兴镇中心幼儿园发生一起伤人事件,一名男子持刀冲入校园,砍伤31人,包括28名幼儿、2名教师、1名保安。

显然,犯罪似乎形成了某种传染。犯罪是有传染性的,比如就有专家以前段时间接连发生的灭门惨案为例谈到犯罪的传染:如同疾病的传染一样,一种犯罪发生后,这种犯罪有可能被仿效而形成复制效应。潜在的犯罪人群从犯罪中受到启发,从中去发现、研究作案方式和作案手段,使得犯罪往往具有示范效应。1982年北京一的哥在天安门前开车撞死5名无辜群众,该案报道后全国好几个地方连续发生开车撞人事件。在这种情况下,为了切断犯罪的传染,避免对犯罪群体形成暗示,也避免传播恐慌和渲染暴力,评论者在评论时就应该非常谨慎和节制。

第一,评论要有鲜明的是非,不能含糊其辞和混淆是非,尤其不能不适当地同情那些作恶者。我很认同一些网友在微博上的反思:当初连篇累牍的郑民生报道有些无意中充满了同情的味道,并不反对挖掘凶手的人性面,也赞同上帝的宽恕,但不是很清楚,这样报道会不会给某些反社会人士强烈的心理暗示。似乎已成为一种惯例,每当发生类似的血案,某个报复性杀人案发时,总会有人站出来为杀人者进行辩护,片面渲染杀人者的"受迫害"经历,然后将问题推给抽象的体制。这实际是一种鼓励以暴制暴的嗜血逻辑,你受到不公待遇,你就可以杀人了,就可以拿那些无辜的孩子报复吗?一个失去理智的人屠杀孩子报复社会,不首先去谴责这种恶行,反而为这种失去理智的行为寻找道义借口,这样的论调无异于是在为血腥报复推波助澜。评论员在评论这样的血案时,一定要击碎那种"报复社会"的道义幻觉,收起那种不分是非的同情,更要传递这种鲜明的是非观:报复社会杀人,是不可赦之恶;拿最无辜、最脆弱的孩子下手,更是万恶不赦。

第二,淡化报道和评论,不要从客观上帮助作案人扩大他希望达到的恐怖效应。他们这样做,其实就是想吸引注意,就是想宣泄情绪,就是一种个人恐怖主义。作案人伤害最无辜的孩子,选择最能让全社会产生痛感的极端行为,就是要让所有人对社会生活感到不确定的恐惧。媒体如果过分亢奋地去追踪,可能会引发许多人的效仿。这样制造轰动是很有效果的。

怎么淡化呢?比如,最好不要在头版头条做这样的新闻,在其他版上登这样的新闻时,也要作淡化处理,比如不要将标题做得很大,不要用耸人听闻的语言,最好不要刊登图片,不要当作多大的事情。

第三,淡化对事件原因的分析,不要想当然,不要先入为主地带着情绪。我同意一些专家的说法,犯罪嫌疑人在犯罪后一定会给人们一个理由,"如果我们把这个'理由'当回事,去研究透,那'结论'一定就全错了!"专家认为,这样的研究起点就是错的,因为犯罪嫌疑人的归因心理也符合人的归因规律:好事一定是自己努力的结果,坏事一定是外部影响造就!媒体跟着他们给出的原因去分析,一定又会把问题归咎于体制,归咎于他人。

第四,要尽可能地避免向社会传播"接连发生的几起事件是有联系的"这种缺乏根据的暗示,从而引导社会理性思考,而不是传播恐慌。不错,就拿4月初连续发生的几起校园血案来说,在时间上确有巧合,但仅仅只是时间上的凑巧罢了,并没有证据显示几件事之间存在联系,是某个人看到郑民生事件后进行的效仿,某事件是另外一件事的传染和触发。几件事发生在不同的地方,纯粹是孤立的,我们没必要牵强附会地进行自我暗示,并在暗示中制造恐惧自己吓自己。在这个问题上,媒体引导非常重要,应就事论事地客观报道,社会此时是非常敏感和脆弱的,不当的暗示会造成不小的恐惧。

第五,节制对暴力场面的描述。报道和评论应非常审慎和节制地止于让公众知情,而不能渲染场面的血腥和暴力的细节。学者对媒体的暴力描述和社会暴力间的关系的研究已有定论,媒体暴力的确对现实中的暴力起到了暗示作用。对校园血案的报道,要以保护孩子为最高利益,而不能为追逐阅读点击率而毫无节制地描述细节。

灾难事关公众情感,血案事关犯罪传染,两个特殊事件中评论者一定要把社会公益置于首位,谨小慎微地衡量评论的社会后果,这是一种负责任的理性。

## 七、理性不是一种霸权——自我反思的理性

倡导理性,但理性也要避免一种自负,认为自己就是理性的代言者,自己掌握的就是真理,自己的判断不会有错误,自己是正义的化身——这样的自负会封闭一个人的心灵,让一个人走向极端,容纳不了不同观点,难以吸收新的思想,反而陷入一种非理性和反理性状态。

理性不是封闭的,而应是开放的,时刻保持一种开放和包容的心态,要有一种自我反思和自我批判的精神,不要总霸道地以为自己是对的。其实,我们每个人的理性是有缺陷的,每个人的认知水平都是有限的,都不可避免地存在某种盲区,所以并不能保证我们作出的每个判断都是正确的,理性要有这种自我怀疑的精神。不要总怀疑别人是错的,也要经常反省自己是不是也错了。要能够被别人的理性说服,而不是盲目地相信自己。

梁文道在接受访谈时就提到过:"我觉得我并不是百分百肯定自己那么对。我的平和是在于,我常常觉得我可能是错的,我常常有这种自我怀疑。"这样的自我怀疑,会让一个人的文章显得很平和,而不是充满霸道和偏执,好

像非要逼着你相信他,不接受他的观点就是与真理为敌一样。承认自身理性的有限,真理有可能站在对方另一边,自己有"可能被别人说服"的心理准备,这是一种很难能可贵的理性。

一个朋友说得好,每个人都希望真理站在自己这一边,却没有想到站在真理另一边。这样的偏好常常使我们的文章显得非常霸道,以真理自居,全面否定对方,这种腔调使评论文章充满了偏执和偏激。说实话,我很不喜欢这类偏执的文章。

评论者,要意识到自身的限制和理性的限度。崔卫平在《我们自身的限制与批评的限制》中写过一段让我感动的话,她说:"如果再让我去从事批评,我将对我的批评对象说:和你一样,我并没有第二个出身、第二种起源,我们的双脚是同时插在同一个历史、同一片土地之中的。我并没有离开你太远。也许你的疾病正是我的疾病,你的疼痛也是我的疼痛,那使你陷入不幸的也正是我难以跨越的障碍。"这就是一种自省的精神,一面批评,一面认识到自身也有缺陷。很多时候,作为批评者的我们的身上,也存在与被批评者同样的问题。我们,应该与被批评者一起去克服这些弊端,超越这些问题,而不是居高临下地教训。

如果没有这种自我批判和反省的精神,自以为绝对正确,那评论就可能变成一种僵化的教条,理性就成为一根打人的棍子。

写评论不是参加大专辩论赛。对于辩论,一位著名的辩手曾说,虽不是真理,但在辩场上要将自己的观点当作真理去捍卫。采用一切诡辩技艺来证明自己是对的,话一定要说满和讲绝对,绝不能承认自己有漏洞和错误。而评论不是这样,并没有预设的立场,真理是在交流和沟通中凸显的,面对更有理的言说,你要保持着"被别人说服"的开放和包容。

意识到自身的理性有限,那就不能总把批判的矛头指向别人,有时也要严于解剖自己。鲁迅之所以受人尊重,很大程度上就是因为他不仅批判其他国民,更对自身骨子里那种与其他国民一样有的劣根性保持毫不留情的反思和尖锐的批判。时事评论,分析社会病理,指向强权,指向政府,指向作恶者,有时也要反思自己身上的恶,不避讳对大众自身的批判。

比如在一篇题为《轻信谣言中大众经常避谈自身的恶》的文章中我就有这种反思。如今社会经常流传一些谣言,哪里要地震了啊,哪个官员跟秘书胡搞啊,一出谣言,时评家都会习惯性地将问题归咎于政府。为什么会出现谣言？这是源于公众对政府的不信任；为什么谣言会越传越邪乎？政府为什么不及时辟谣？人们为什么相信谣言？是因为体制出了问题……我一直都在思考这个问题，谣言纷纷，难道责任都在体制吗？谣言作为一种大众传播现象，大众身上就没有错了，就没有需要反思的地方吗？在这篇文章中，我就尖锐地指出我们自身在传播谣言上应承担的责任。

我在这篇文章中说：众生总有一种习惯，喜欢在诸种场景中把自己扮成一副楚楚可怜、被逼无奈的受害者模样，以引起同情和推卸责任。即使杀了人，也总会辩称这是被逼无奈从而愤而反抗。其实在不少事情上，我们并不是受害者，而恰恰是施害者，或者起码扮演了施害者的角色，无意中在给别人带来痛苦的事情上贡献了自己一份薄力。

谣言的传播就是如此，很多时候我们民众并不是谣言的受害者，而是在传播谣言中扮演了非常不光彩的角色，在谣言的生产、制造和传播的流程中起到了推波助澜的作用。是谁制造了谣言？不是抽象的体制，是一个个具体的个人。是谁在传播谣言？不是体制，而是一个个像你我一样平常的网友。又是谁在让谣言越传越玄乎？不是体制，也是我们这些身上有着许多弱点的人。这个添油加醋，那个绘声绘色，这个疯狂点击，那个疯狂转载，这个轻信道听途说，那个不加辨别，于是，大众的弱点加在一起，成就了一则谣言的疯狂传播。

那么，我们为什么会轻易相信谣言呢？首先因为谣言太有诱惑性，它设置的每个情节按摩着我们每一个追求刺激、追求新鲜、喜好窥私、热爱故事性的细胞。许多谣言都是针对人们阴暗的心理和对故事的期待而设计的。比如曾经流传过一则谣言，说某个医院的多名医生与一个美女医药代表发生了关系，这就是迎合人的那种劣根性而编造的新闻。然后源于人有惰性，虽然随着通讯和传播工具的普及核实越来越容易，但人却变得越来越懒惰，不愿做最基本的核实工作。一事当前，首先不是去问它是真是假，不是用自己的理性去辨别真假，而是轻易相信这是真的，并匆忙作出自以为是的价值判断。这样的懒惰已经懒到了令人发指的地步。谣言的传播，还映照着人性中的许多弱点，比如内心阴暗，容易把一切往坏的方向想；比如意识中有许多偏见，习惯选择性地接受那些能迎合自己偏见的信息。

拷问自己骨子里和潜意识中那些不易察觉的劣根，不放过自己身上的问题，将自身也当作批评对象，这才能让自己的理性更有说服力。

**微博妙语**

中青报曹林:"理性主义的迷信和自负,我暂时总结有这些:一、认为凡事有果,必有因,因果对应;二、认为凡事必有利益驱动,有行动必有利益;三、理性无限,理性万能,理性可以洞察解决所有事;四、作为中心的我才是理性的,对方非理性;五、世界是按照人的理性建构的,而无自然之逻辑;六、不能被理性解释的,就是迷信。"

## 八、远离正义躁热,做传播静能量的冷评论

2013年5月,从传统媒体到新媒体都在热炒一条题为"怕同学讥笑 女大学生让临时工母亲滚"的新闻,称重庆一女孩的母亲是某家政公司的临时工,常像"跟屁虫"似的在她学校附近摆地摊和做清洁工,她觉得母亲让自己在同学面前很丢脸,有一次粗暴地把母亲推出校门,并让她"从哪里来的就滚回哪里"。后来这个女孩良心发现写了一封忏悔信。标题中又有"女大学生",又有"临时工母亲",又有"滚",又折射出当下某些世象,一经发出立刻被微博疯转,很多人都一边转发一边感慨"现在的年轻人如何如何"。时评家当然也不会放过这样的题材,一个个高谈阔论"社会之痛"。

在微博上看新闻时,我已经养成了一个习惯,越是像这样吸引我眼球、让人本能愤怒、让人感觉充满冲突和故事性的新闻,我越是警惕。越是面对这种消息,越需要审慎的判断,避免被"离奇"的魔弹击中。

细看了一下报道全文,它根本不像一篇报道,只有引人眼球的"新闻元素",而缺乏基本的"新闻要素",没有时间,没有采访当事人,没有可确证的源头,粗制滥造到了极点。我查了一下新闻源,媒体多称转自《重庆晚报》,可这几天的《重庆晚报》上并没有这条新闻。源头是2013年5月5日的《钱江晚报》,可《钱江晚报》写得清清楚楚——转自《重庆晚报》。从《钱江晚报》那里扒新闻的各家媒体不问真假,不去溯源便称转自《重庆晚报》。更有趣的是,《重庆晚报》的官方微博没弄清楚新闻源,也转了这条新闻,称转自《环球时报》,自摆乌龙。央视不问真假转了这条新闻后,很多媒体更当了真,称"据央视报道"。你抄我、我抄你,以讹传讹,新媒体传播时代的混乱与浮躁由此可见一斑。

《钱江晚报》2013年5月5日刊登的这条新闻,确实是转自《重庆晚报》,但并非近日报道,而是四年前,也就是2009年5月6日该报的一篇报道。这样隐去时间,改头换面、掐头去尾、重新裁剪后再登出来,遭遇这个浮躁的舆论生态后,便又成了大新闻。其实细看四年前的那篇报道(见链接:http://news.sohu.com/20090506/n263790616.shtml)就充满了疑点,多是记者的想象(如"插上门,她脸颊绯红,心怦怦直跳。她把早已充满电的手机捧在手心,那串熟悉的号码她摁了无数次,却又挂掉了"之类的描述),中间疑似有不少不实成分,像一个段子,一篇小说,更像一篇为整容医院做广告而写的软文(报道中说,"现在,她除了忏悔,还有一个愿望:想让妈妈年轻10岁"。煽情催泪的报道中最后的这个愿望就由美仑美奂医院去完成了,美仑美奂整形医院决定提供免费整容,帮母女圆梦)。

可因为报道那么富有戏剧冲突性,那么符合我们当下的口味,隐喻了某种社会问题,大家便不愿去追问真假和来源了,而是沉浸于对奇葩故事的消费中,津津乐道。

从"深圳最美女孩"到"流浪汉成千万富翁",再到荒诞的"微服私访"新闻,它们都是在这样一个浮躁的传播语境中以讹传讹酿成笑话的。看很多新闻,粗制滥造到了令人发指的地步,疑点明摆在眼前,可因为故事是那样诱人,它们或是我们所期待的,或充满狗血,或那么活色生香,人们轻易地就进入了故事的逻辑而添油加醋地四处传播,于是便越传越像真的。"央视新闻"都转了,还有假吗?网上都是这消息,怎么可能不是真的呢?盲从盲信,没有独立审慎的判断力,当一条消息放在你面前时,你的眼睛呢,你的耳朵呢,你的脑子呢,你的判断力呢?你不应该是没脑子的跟屁虫和转发机器。

在这种众声喧哗狂躁轻浮的新媒体时代,需要我们做一个冷媒体。当到处都是狂热的情绪和热得发烫的激情,当处在让我们热血沸腾、让人满腔愤怒、让人恨不得立刻想干点儿什么的时候,需要媒体扮演一种"静"和"冷"的角色。无论是自媒体还是公共媒体,在狂躁主宰的新媒体环境中,时评应该有让人看了之后能静下来的品质,而不能是火上浇油,在本就快烤焦了、烧糊了的舆情上再拱一把火,让情绪燃尽理性。

在一个死气沉沉、无人呐喊的时代,在缺乏激情的社会中,需要媒体扮演"点火"的角色,让麻木者清醒,让死灰复燃,让死一般的寂静被打破,说出真话和常识刺痛沉睡者和装睡者。而一个处处冒火、无比喧嚣的时代,需要一种冷的声音和静的力量去让过剩的热情降温,向亢奋的社会输送理性,向被激情、偏见、仇恨、对立、怨恨急红了双眼的人输送一种让他们静下来思考的东西。

比如,当大众在带着亢奋的激情消费"怕同学讥笑女大学生让临时工母亲滚"时,需要一种静的力量去核实,去当公众信息消费的把关人,去避免公众被假新闻误导。可让人悲哀的是,这一次自媒体基本上又是集体沉沦,只负责转载和消费,不负责判断信息的真假。

这个社会不缺正能量,缺的是冷能量和静能量,情绪过剩,理性不足。我欣赏这样一种媒体,看到它的版面、听到它的声音,我不会热血沸腾,而会静下心去思考。我不缺热血,因为在接触到那些沸腾的新闻后我的热血都快爆炸了,没有静心思考的空间,它压迫着你去冲动地作出判断,急躁地表达情绪,浮躁地跟上庸众那降低自己智商、摧毁一切、杀气腾腾的节奏。这样的媒体,无论是个人的自媒体还是公共媒体,虽然显得与这个时代格格不入,但在一片喧闹之中,有一种直抵人心、叩击灵魂的静默力量。微博太闹了,挑动公众情绪的元素太多了,媒体要让人们静下来去思考,这种安静的力量更让人肃然起敬。

我们的四周充斥着过剩的热情,"静"和"冷"是这个时代最稀缺的品质。当大家激情满怀热血沸腾的时候,"静"确实有点儿煞风景,让那种待发的高潮戛然而止,可当你静下来想一想的时候,确实会为自己的冲动而惭愧。

先问事实,再说正义,这是新媒体时代公民面对一条信息时应有的价值判断次序,这样才能避免被虚假信息的"魔弹"击中。现在很多人都大谈自媒体,可我觉得这是一个被夸大的概念。面对一个漏洞百出的信息,自媒体却少有人质疑,都被牵着鼻子走,这样的自媒体有何价值?只有当形成了"自己动脑子"而不是简单和偷懒地跟随,不被别人的情绪牵着鼻子走,不去标签化、概念化、段子化和简单化,有了"自己去冷静思考并对自己的判断和言论负责"的自伦理时,微博中原子化的个人成为负责任、爱思考的个体,每个自媒体才成为独立的冷媒体,自媒体才会有实质的意义。

## 九、坚守理性,警惕暴力情境

不辜负我们的理性,就是对流行的数字保持警惕。新闻中的很多数据非常符合我们的某种情绪,符合对中国社会问题的批判认知,中国每年有 20 万儿童失踪,中国每分钟有多少人被诊断出癌症、死于癌症,中国的三公消费是一个多么庞大且惊人的数据,中国每年有多少贪官外逃。这些数字让我们轻易愤慨,可我们有没有去追问,这些数据客观吗?有权威来源吗?其实很多都是已经被证伪的假新闻,或者只是专家不靠谱的估计而已。

不辜负我们的理性,就是对现成的答案保持审慎。很多判断已经形成了套路,甚至是条件反射般了,发生了什么事,手边立刻有一个现成的答案等着你去用。复旦大学投毒案发生后,人们立刻反思中国的教育体制问题;有病人与医生发生冲突,有人立刻批评中国的医疗体制问题。动辄将问题指向体制,非常讨巧,可我们有没有想过,这些现成的答案是多么的浅薄,它只是为迎合懒人的思维和没思考力的人而准备的一些答案。它省去了论证的环节,也省去了浮躁者的思考时间,却谬以千里。

不辜负我们的理性,就是对别人预设的情绪保持距离。我常跟年轻人说,看到那些让你暴跳如雷、愤怒异常的信息,一定不能停止思考而被那种情绪诱引着作出情绪化的判断,比如像"护士 ICU 病房扇女童耳光"之类的信息,很容易激起我们对医院和护士的仇恨,暴跳如雷时一定不要立刻转发和评论。距离产生美,距离产生第三者,距离更产生理性,要与这些企图想激怒你的信息保持一定距离。保持距离的方法有三种:一,不立刻判断,冷静思考半小时,想法可能就不一样了。二,多问一句"为什么",护士为什么要打孩子耳光呢,动机是什么?多问一句为什么,就会多些理性。不要以愤怒去面对那些让你觉得荒诞的信息,要尝试去看到荒诞背后被屏蔽的复杂是非。三,将自己从受害者的想象中抽身出来,如果在看这条信息时将自己想象成受害者,很容易将护士当成敌人,我们应该当一个客观中立的公正旁观者。

不辜负我们的理性,就是对我们的惰性保持警惕,我们偷懒不去思考的,正是别人想灌输的;对我们的想象保持警惕,我们常容易将自己的想象当成现实;对我们的期待保持警惕,我们的期待常常是别人想利用的弱点;对我们内心中的猎奇保持警惕,我们常常沉浸于消费猎奇而丢掉脑子。我们还要对我们习惯性的不由分说、不假思索、不分青红皂白保持警惕,这些"不"都是毁掉我们理性、让我们停止思考的魔术。

不辜负我们的理性,尤其要防范自己滑入那种撕碎我们理性的暴力情境。著名社会学家兰德尔·柯林斯在《暴力:一种微观社会学理论》中提到一个观点：没有暴力的个体，只有暴力的环境。他在书中以扎实的论据证明了这个观点：正是那些暴力情境塑造了深处其中的个体的情绪和行为。他强调，尽管"年轻男性最有可能成为各种暴力行为的施加者，但却并非所有年轻男性都是暴力的。在合适的情境下，中年男性、儿童和女性也可能是暴力的"。相反，即使我们认为非常暴力的人群，如多次犯下凶杀、抢劫或者强奸的暴徒，他们也仅仅在特定的情境下才是暴力的。

确实如柯林斯所言，进入那种暴力情境后，谁都可能是暴力的，不管你是柔弱的妇女还是善良的老人。当年贵州某个群体性事件中，有两个场景很耐人寻味。烧砸警车的人群中有一个14岁的六年级小学生，后来他说：我从来没有见过这么热闹，从来没有过的新鲜，从来没有过的冲动，我随大家冲进大楼，在掌声和加油声中成了烧车砸车的英雄，而且越烧越兴奋，越砸越勇敢。还有位年近80岁的老翁于某，平常待人温和，那天到县城看病，听信谣言后，他竟然参与掀翻了多辆警车，事后他的这一行径在闭路监控录像中曝光，被小孙子一眼认出，并瞪着无邪的眼睛大喊：这不是我爷爷吗？那种暴力情境，甚至能让小学生和老人变得暴力。

我们日常生活中有很多类似这样的暴力情境，乌合之众，疯狂的集会，激情澎湃的人群，热血沸腾的大众。还记得当年西安反日游行中极其暴力的那一幕吗，至今想起仍让人不寒而栗。蔡洋在狂热的人群中用一把钢锁砸穿了一个日系车车主的颅骨，后来的调查显示，蔡洋并非天性暴虐，甚至他的很多朋友都不相信，这个"跟谁都乐哈哈"的人会以那种暴力的方式砸穿别人的颅骨。媒体报道都去反思蔡洋的成长经历，而忽略了游行的狂欢场景作为一种暴力情境对人性恶的激发。

美国社会心理学家米尔格拉姆1962年所做的"米尔格拉姆服从实验"，也证明了情境能引发人性当中的恶，后来津巴多组织的"斯坦福监狱实验"进一步强化了这个结论：善恶之间并非不可逾越，环境压力会让好人做出可怕的事情。津巴多将这个实验所暴露出的人性转变称之为"路西法效应"：上帝最宠爱的天使路西法后来堕落成了魔鬼撒旦。

暴力可怕，人群欢呼下的暴力，暴力情境所激发的暴力，尤其恐怖。我把这种"暴力情境"总结为：一群热血沸腾的亢奋围观者，一个正义凛然的粗暴口号，一个想象出的敌人，就制造了一个可怕的暴力环境，这种环境会形成一个强大的磁场效应，将人带入那种癫狂的状态。所以我在讲"媒介素养"课时常常提到,每个人都要警惕自己的网友身份,因为网络环境很容易制造一种暴力情境,将人骨子里阴暗的一面激发出来。现实中你也许是一个温文尔雅的人,你那些显在的身份有各种显在的规范约束,一个记者,一个父亲,一个儿子,一个邻居,每种身份都有相应的角色规范。可当你置身于匿名且从众的网络场景时,就失去了天然的角色约束力,再温和的人也可能显出极其暴力的一面。开车有"路怒",上网有"网怒",航班延误后的人群中有砸柜台、砸客服的"延误怒"。

不仅是"网友"身份,要警惕的是在一切"大众氛围"中的身份,避免将自己陷于失去个体理性的暴力情境中。"群体"总有一种拉低个体智商、泯灭个体理性的倾向,让人在从众的热血沸腾、热泪盈眶或义愤填膺中失去判断,在狂热的围观下以正义之名集体作恶。一个社会中最骇人听闻的暴力和罪恶,往往并非隐蔽情境下的个体所为,而是众目睽睽和正义凛然之下的集体行为。

## 十、坚守理性才能成就舆论领袖

舆论领袖是对一个评论者最高的褒奖。如何能成为舆论领袖?不是迎合网络情绪写几篇受到网络点击追捧的炮轰文章就可以造就,不是事件一出就立马站出来表态就可以成就,也不是靠出位炒作和故作先锋反叛姿态就可以成就。而是要靠理性,不是跟着舆论情绪走,被舆论所"领袖",而是用自己的理性去引领舆论和大众,让舆论从你理性的判断中汲取思想的营养,那才是真正的舆论领袖。

理性对评论何以重要?

首先,只有理性,理性地坚守那些常识性的原则,才能让评论作出正确的判断。站立场跟风,被情绪主宰,逞一时之勇,往往会干扰评论,导致作出错误的判断。这典型地表现在 2009 年浙江杭州的胡斌替身案上。

杭州"5·7"交通肇事案,"富二代"胡斌飙车撞死一外地白领,引发舆论声讨。被告人胡斌一审被判有期徒刑三年,但庭审结束后,除了判决结果是否合理以外,在法庭上受审的是胡斌替身之谣传也迅速在各大网站流传。许多网友认为,庭审时的胡斌比案发前明显胖了很多,而且极其乖顺老实,戴着一副黑框眼镜,斯斯文文,看上去像一个中学生,与媒体之前发布的胡斌在事故现场时躲在汽车里的照片完全判若两人。有网友称胡斌早已做好假身份证准备逃到韩国整容去了。由于舆论对"富二代"的痛恨和对飙车撞死人的愤怒情绪,这一缺乏根据的传言赢得许多人的相信。甚至连一向理性的韩寒(见过同为赛车手的胡斌本人)也在博客里暗示庭上的胡斌被掉包了。

跟着舆论情绪喊"胡斌被掉包",这是很容易的事,也很容易站到道德优势上并赢得大众的掌声。可我没有这样做,而是撇除偏见和情绪,理性地分析和判断。虽然我没有见过胡斌本人,但基于理性也是可以判断的。我的判断是,胡斌不可能是假的。舆论聚焦和众目睽睽之下,本就遭舆论反感、被舆论盯得很死的胡家根本不敢这样做,也没有这么大的权力能量。这种情况下法庭也不至于愚蠢到玩"狸猫换太子"的游戏,因为如果这样做曝光的可能性非常高,法院本就在"怎样判"上承受着巨大的舆论压力,哪里敢再在这方面玩花招。再说这时候玩替身也完全没有必要,服刑时偷天换日是为了逃避刑罚,而庭审时玩替身就没有什么作用了。

那庭上的胡斌为什么让人感觉是假的呢?我是这样分析的。首先,身体发胖可能是其在看守所中的生活比较有规律,且活动量比案发前减少所致。同时经过这次事故的教训,原本被媒体认为桀骜不驯的胡斌,现在看起来也比之前要"温顺"了许多。然后,这可能是胡斌律师在法庭上使用的辩护策略,为给遭到舆论唾弃和反感的胡斌赢得舆论的同情,而设计了这副乖巧温顺、惹人同情、年少无知的中学生形象。当初那种飙车少年的形象出现在法庭上,只会加剧舆论的反感和影响法官的判决,而温顺形象也许能让公正的旁观者在潜移默化中对其心生恻隐。

旅美作家林达在谈辛普森案的文章中介绍美国法律时谈到过这种情况。在美国,什么场合是必须西装革履,一点马虎不得的?那首先就是你当了被告,面临一个比较需要认真对待的案子,出现在美国的法庭上的时候。在美国,人们的穿着打扮实际上是非常随意的。但是,一个人哪怕他从来也没有穿过西装,在当了被告上法庭的时候,肯定会考虑要去买一套。判决之前对被告实行无罪推定,因此哪怕是最危险的被告,政府没有权力强迫被告在法庭上穿囚服,更不能戴刑具,以免陪审团在判决之前对被告有"罪犯形象"的先入之见。被告也都会充分运用自己的权利,精心打扮一番,以最"正人君子"、最"体面"的形象出现在陪审团面前,以争取"形象分"。

胡斌可能就是想以这种新形象赢得同情,一个"乖乖的孩子"穿着囚服站在被告席上,难道不值得同情吗?温顺的神情,乖巧的眼神,服帖的站姿,以及那整体给人的年少无知的感觉,都能让旁观者心生不忍:这样一个孩子,是那个飙车杀人的孩子吗?他会故意危害公共安全和故意杀人吗?

最后胡斌在监狱中现身说法,在摄像机前证明了自己非替身,也证明我当初的判断是正确的。评论无非是判断,有事实判断,也有价值判断,唯有坚守理性,才能作出为发展进程和事实所验证的正确判断。

其次,只有理性,才能起到说服的效果,不仅是说服大众接受你的理性,甚至有可能赢得被批评对象的尊重。

写时事评论这么多年,我一直很骄傲的一点是,常常能获得被批评对象的尊重。批评并不是什么难事,但如果能让被批评者接受你的批评并尊重你,就很不容易了。

《中国青年报》驻湖北记者站记者甘丽华告诉过我一件事。湖北宜城市长周森锋的新闻2009年时曾被炒得沸沸扬扬,清华毕业生,80后年纪轻轻就当上宜城市长,当然会成为舆论关注的焦点,网友曝光其大学时一篇论文有抄袭之嫌。于是周森锋就陷入了舆论炮轰之中。我也连续写了几篇批评周的文章,有《质疑29岁市长,一个没有佳话的时代》《经得起网络监督:周森锋必经的仕途成人礼》《周森锋要习惯在"干扰环境"下当官》。周森锋后来给我们湖北记者站记者发短信说,众多文章中,我的批评最客观。

是什么让"被批评对象"周森锋市长服气呢?我觉得,就是那种理性吧。虽然是批评,但我是依据客观事实理性地分析,而不是无根据地跟着网络炒作,这种批评让他服气。

还有,我写了许多批评银行的评论,问题很尖锐,话语也很激烈,这从我文章的题目就可以看出来:《中国的银行,请闭上国际惯例的鸟嘴》。银行非常关注我的言论,银行业协会因此多次邀请我参加他们"与银行面对面"的行风监督座谈会,并形成了很好的关系。之所以能与被批评对象银行业成为朋友,一方面是银行业协会对批评的包容,另一方面就是,我的评论是在讲理,而不是毫无逻辑地乱批评。参加银行业协会的活动,他们的领导从未给我打招呼说以后别批评银行了,我也没有因为与银协的关系而减少对这个行业的批评。

2008年奥运会前,《中国青年报》副总编辑毛浩带领奥运报道组去日本采访,日本同行向他提起了本报2004年亚洲杯决赛时的一篇评论。当时小泉参拜靖国神社,引起了国内民众高涨的反日情绪。就在这个背景下,在中国举办了亚洲杯足球赛,而且当时不知道为什么,平时技术很差的中国队居然踢进了决赛,就在北京跟日本队进行最后的决赛。其实当时大家都知道,中国队在很大程度上是可能要输的,但是因为当时这种情绪在那儿,所以网上很多球迷呼吁要去球场,要给日本人一点颜色看看。决赛当天,《中国青年报》在一版位置发了一篇题为《我们看着日本,世界看着我们》的评论,提出了要把政治和体育分开,别让世界看中国笑话的观点,提出:我们看着日本,全世界的目光看着我们。也许我们在赛场上对日本国歌的嘘声中能获得些许精神上的安慰,可在全世界人的目光中,我们将会是怎样一个形象?这篇评论在网上招来了一片骂声,因为当时的情绪在那儿,但也有许多人表示了警醒。

当时日本的几大报纸都报道了《中国青年报》的这篇评论。几年过去了,日本同行提到这件事的时候,对中青报还是充满了敬意。这篇评论的作者就是我,那时我进入这家报纸还不到两个月。这就是理性的冲击力和穿透力。

**微博妙语**

@王星WX:"意见领袖重在意见而非领袖。我们尊敬的是其提供有价值的意见,而非来当我们的领袖。现在有的领袖正在提供越来越激进的意见——在广场效应中,这样的意见总是能获得最多喝彩。历史早有血的教训,喊话越大声、主张越激进就越容易赢得话语权,其结果却往往是他们赢了呼声、赢了风光,输了所有人的事业。"

# 第十讲

# 评论伦理、评论版与评论员

> 李普曼告诉他的同行们:在自己正确的时候,要克服那种不必要的激情。为什么呢?因为过多地陷入那种激情中,会影响自己的判断。激情容易感染别人,但不妙的是,激情在感染别人之前,首先容易使自己深深地被感染和欺骗,陷于某种自以为是、自以为掌握着真理的激情,使一个人的思想变得封闭,将一种观点推向极端。
>
> ——作者

每个行业都有每个行业的职业精神。马克斯·韦伯在他那篇题为《以政治为业》的著名演讲中,阐述过对政治这个职业的理解,堪称对政治这种职业精神的最经典的理解。"无论至于何处,遇男或女,贵人及奴婢,我之唯一目的,为病家谋幸福。"——著名的"希波克拉底誓言",成为每个医生尊崇的职业精神。

北大法学院已经形成了一个传统,每年新生入学的时候,院长致欢迎辞时都会就法律共同体的精神追求进行一番贴近时局和现实的阐释,这种价值阐释,会向新生们传递作为一个法律人应该养成的职业精神。

西方著名的新闻通讯社和大牌媒体,都会制定自己的《采访和报道的职业手册》,比如路透社的"新闻手册"为记者规定了"标准和价值观"。每个媒体都有自己的标准,但基本精神是一致的,这会成为记者这个职业群体认同的职业规范和伦理。

那么,以评论为业,评论人应有怎样的职业精神和伦理规范呢?

## 一、中国人普遍缺乏职业精神

先说说弥漫于中国社会的职业精神缺乏：社会总体上流行着一种浮躁和功利，干什么不像什么，缺乏对本行业职业伦理和行业规范的尊重。

2010年11月央视记者芮成钢在领导人峰会上的表现，让舆论就记者的职业精神进行了一场讨论。在这场峰会上，当美国总统奥巴马让韩国记者提问题时，央视记者芮成钢争抢话筒，使自己成为全球媒体的焦点。人们都把目光聚集到抢话筒这件事上，而很少有人知道他到底问了奥巴马什么问题，两者间的交流也因此不欢而散。

这样的表现遭到了许多同行和公众的批评。记者的角色，在"记者"这个名字中已经作了非常好的定位：记录事实和真相的人——你是一个忠实的记录者，而不是表演者，不是评论者，不是代表者，不是演说者。

也许是受到那些"出位者"成名的刺激，如今不少记者都爱在新闻事件中争抢出位，以成为新闻主角、比新闻本身更热为荣。这实际上是记者的失职，记者只是新闻事件冷静的旁观者和忠实的记录者，职责是记录你看到的真相，并引起公众对事实的关注，从而以报道推动社会的进步。公众没关注你的报道，而把眼光集中到你个人身上，你报道的事件未成为新闻，而你借此成了"名记"，这其实是记者的失败。新闻报道人，变成新闻当事人，这不是记者可炫耀的谈资，而是职业上的败笔。令人忧虑的是，新闻界浮躁之风盛行，以非报道的方式成为"名记"的人越来越多。

每个职业都有该职业的核心伦理，对一个从业者的评价应基于在这种核心伦理上的表现。比如，我对新闻发言人的理解是，评价一个新闻发言人职业贡献的唯一标准就是，你发布过多少有价值的新闻信息，在满足公众知情权上有过怎样的表现。对新闻发言人最有力的批评莫过于：你在任期间，并没有发表过多少有价值的言论，并没有在沟通政府与民众中有什么作为，并没有发布过什么大新闻。你成为名人，是你个人的大成功，却是你职业上的大失败。你最大的失败在于，作为一个新闻发言人，一次次却成为新闻当事人。

记得某年央视再次邀请奥运冠军刘翔上春晚献歌时，一再收到唱歌邀请的刘翔看来真生气了，他说了一句很硬的话：我已决定不再当众唱歌，因为我想告诉大家,我是一名运动员,不想做一名歌手。他和教练都表示,作为嘉宾在春节联欢晚会上露面是没问题的,但如果一定要唱歌,那么他们将放弃这次机会,至于演小品就更不可能了,刘翔只想以一名运动员的身份让大家记住他。

这种职业精神是很值得尊重的,我们已经看到过太多不务正业的运动员,作为一个运动员,整天跟商业圈混在一起,又跟娱乐圈纠缠不清,反串许多角色。刘翔说"我是一个运动员"是让人尊敬的,可惜的是,他在"当不当政协委员"这个问题上,没有勇气向"逼"他当政协委员的人宣示这种职业精神,于是每年缺席政协会议都会成为众矢之的。

许多官员没有作为一个公务员"服务公益"的职业精神,而是把官员当作经商那样干:为当官投入了多少资本,就要成百倍地捞回来。他们的职业信条不是为公众做了多少事,而是为自己和子女捞了多少钱。

许多商人没有作为一个商人"谋财但起码不能害命"的职业精神,他们以害命的方式去谋财,把经商当作杀人那么干:为了多赚钱,不惜往宝宝奶粉里加三聚氰胺,往火腿上加敌敌畏,用工业酒精造假酒,给孩子打过期疫苗。

许多大学校长不把校长身份当作教育家,而是当作领导,身上毫无教育家的气质和育人者的儒雅,而是充满官僚的傲慢和商人的市侩。还有,医生没有了医生样,而成了高价药品推销者;专家失去了知识分子的尊严,像演员那样以出位的言论赢得掌声;教授不好好教书育人,到处走穴赚出场费;官员到高校当兼职教授,公务员到煤矿入股当商人……

社会秩序依赖于社会分工的有序,而社会分工又依赖于每个行业的人按照这个行业的职业规范去扮演自己的角色,有序地各司其职。当下这个社会最大的问题,正在于职业精神的失落。

评论人,以守卫一个社会的价值底线和捍卫常识为己任,以在时事中传播、传承价值来推动社会的进步,不仅要致力于提起社会人对各自职业精神的尊重,本身更要尊崇评论共同体的职业精神,这样才能使评论忠实地履行其社会功能,并以这种职业精神为其他行业的人树立典范。

## 二、评论人的角色定位

要说评论人的职业精神,先得对其角色有一种准确的定位,也即是要明确，在这个社会中，以评论为业者到底担当怎样一种角色，履行何种功能，以怎样的身份和姿态介入社会和干预时事。

**1. 公正的旁观者**

我觉得，评论人首先是一个公正的旁观者。

"公正的旁观者"是亚当·斯密提出的一个概念。我们在生活中实际上扮演着两种角色：一种角色是一个利害相关者，在社会生活中追求自己的私利和欲望的满足，与他人的关系是一种以自己的利益和利害关系为中心的涉他关系；另一个角色是旁观者，可以超然物外地看待社会中的各种利益关系——设立公正的旁观者，为的是能站在旁观的位置，人同此心，心同此理，通过某种共通的同情机制而感受到其他人的行为。

当一个人深陷某种利益之中时，所作判断难免会带上自己的利益视角，再尽可能地超越一己之私而追求客观和理性，也难以做到真正的客观。人是自私的，有一种天然的本能会在潜意识中驱使着他作出有利于自己的判断，被利益所主导。你不能指望一个人揪着自己的头发将自己提离地面，这是无法超脱的利益局限性。提出"公正的旁观者"，就是为了避免一个人充当自己案件的法官，既当运动员又当裁判员。旁观，不仅能超越"当局者迷"的视角局限，实现"旁观者清"，更能超越当局者的利益局限，作出客观、公正、理性的判断。

评论者，就应该是这样一个公正的旁观者。记者，作为旁观者，是客观地叙述他穷尽采访能力后所看到的事实和真相；而评论员，作为旁观者，则是客观地对事件作出判断。公正地旁观，公正地判断，而不是带着某种先入为主的偏见、自以为正义的情绪和刻板的立场去判断。

旁观的角色定位很重要，旁观才能保持中立，有了中立才有客观。旁观的意思是说，评论员不能选择站在哪一方的利益立场上，不能卷入新闻事件之中，不能与新闻当事人产生利益关系。这方面，法国人雷蒙·阿隆用的概念是"旁观的介入者"。评论人，在公共事务上运用自己的理性、提供自己的见解、贡献自己的力量，当然要介入社会和干预时事，但这种介入应该是以旁观的身份介入，而不是像当事人那样卷入。

一个网上段子说得非常好：世上本有真相，调查的人多了，也就没有了真相。记者的调查报道，不一定就是真相，视角不同，会看到不到的事实。报道很多，不一定就能呈现出真相，这需要评论员以公正旁观者的角色去审视那些报道,意识到他们视角的局限,警惕那些被剪裁的事实。

**2. 冷静的介入者**

其次,评论人要做一个"冷静的介入者"。

评论,是一个很能让人产生成就感和尊严感的职业,你不仅是这个社会中被动的一员,更是一种积极介入社会并对社会产生影响的舆论领袖,是一个积极的公民。你的评论推动着时事发展的进程,影响着人们的观念,为社会运输着正义,替不平者鸣不平,给无力者以力量。

评论者介入社会,应该警惕自己身上那种澎湃的激情,节制那种过度亢奋的情绪,对那种自以为掌握着真理所带来的自负保持审慎的怀疑——也就是说,要做一个冷静的介入者。

有评论家说:评论家作为一个知识分子关心社会,应该不带感情,就像一个科学家研究某一个对象,你是研究动物、植物,研究细菌的,不能带着感情去研究。这是不对的,评论家是人,不可能没有感情,评论时事时不可能不带感情;而且评论家不像科学家那样面对的是细菌,而是由一个个活生生的、有血有肉的人组成的社会,不可能不带感情。当发生地震时,面对那惨烈的大灾难大死亡,你不可能没有感情地去介入;当一个年轻生命被飞车撞飞时,你不可能不产生悲悯之心。

评论中如果没有感情,没有感性,没有人性的温度,全是机械的逻辑推理和纯粹的概念论证,那样的评论是没有人喜欢读的。那样的评论,由于远离了常情常理,失去了情感这个介质,缺乏基本的人文关怀和社会情怀,即使说得再接近真理,也难以产生社会共鸣和被公众所认同。

评论并不排斥情感,排斥的是那种不必要的激情和过于亢奋的情绪。著名的评论家李普曼告诉同行们:在自己正确的时候,要克服那种不必要的激情。为什么呢? 因为过多地陷入那种激情中,会影响自己的判断,激情容易感染别人,但不妙的是,激情在感染别人之前,首先容易使自己深深地被感染和欺骗,陷于某种自以为是、自以为掌握着真理的激情,会使一个人的思想变得封闭,将一种观点推向极端,拒绝接受别人的意见,这种激情会支配着热情四射豪情满怀的评论者作出偏激和自负的判断。

为了克服这种不必要的激情,当你看到某条新闻而充满激情时,一定不要急着下笔,而是等待激情和激动消退之后再去动笔,以避免那种可能有害的激情影响你的判断。正如我的一位朋友所说,最能够感染人和让人动容的,往往不是那些激情澎湃的话语,而是那种冷静和理性之下的隐忍,是平静下的阵阵涟漪,是那种真正能触及人心的淡然。柏克也推崇这种隐忍、谨慎和节制,他说:中和节制是一种只有上智之人才拥有的美德。普遍的轻率与浮躁中,你将会发现存在着一种冷静沉着、泰然自若的人格,这种人格将会为一个中心把所有事物都吸引过来。

情绪,是一种比激情对评论更有害的东西。激情,是一种被激发出来的冲动,带着比较强的气场。而情绪,则暗含着某种先入为主的立场和非理性的取向。评论尤其要警惕情绪,不要把情绪带入评论之中,不要借评论去发泄和迎合某种情绪。理性是评论的生命,情绪则是理性最大的敌人。当情绪主宰了一篇评论,就别指望从评论中读到对事实客观的描述和理性的判断,只有被情绪裹挟着的愤怒的泡沫和粗俗的排泄物。

我喜欢的是有情怀的评论。这一点,曾任《中国青年报》评论部主任的李方先生在《时评的境界》一文中认为,评论的最高境界就是情怀。李方对情怀的定义很含糊,他说:别的东西可以学,唯独情怀学不来。鲁迅可以"哀其不幸,怒其不争",后来者再学,固然也可以"哀""怒"得形似,但其间微妙的分寸感,就很难把握了。就说"哀""怒",绝非平白地"哀"过来"怒"过去,怒则发冲冠,哀则泪如雨,到头来怒还是怒,哀还是哀,两根线拧不成一股绳。只有鲁迅,那种让你难以言说的混合,才真正当得起情怀二字。

说到底,情怀就是贯穿于文章中的一种能让人产生共鸣又不给人压迫感的关怀。情怀,具有一种穿透人心的气场,它不是征服人,而是占满人的内心。《南方都市报》执行总编庄慎之称赞自家报纸的评论:公允而不中庸,包容而不纵容,智慧而不势利,成熟而不迟暮,内敛而不怯懦,开放而不狂放,深透而不尖刻,认真而不较真,幽默而不滑稽。这种分寸感的把握,就是一种情怀。

用好情感,警惕激情,拒绝情绪,才能称为冷静。评论人,要做一个冷静的介入者。

### 微博妙语

柴静:"如果你用悲情贿赂过读者,你也一定用悲情取悦过自己。悲情、苦大仇深的心理基础是自我感动。自我感动取之便捷,又容易上瘾,对它的自觉抵制,便尤为可贵。每一条细微的新闻背后,都隐藏一条冗长的逻辑链。

我们需要提醒自己：绝不能只走到这条逻辑链的半山腰就号啕大哭。"

**3. 勇敢的说不者**

最后，评论人要做一个"勇敢的说不者"。

我所在的《中国青年报》在创办"青年话题"评论版时，创刊词是这样写的：这是一个发表意见的场所，一只张开听您说话的耳朵。无论是脱口而出，还是深思熟虑，我们欢迎不拘形式、不论长短的观点和意见。关键是"不同"。"不同"的价值在于，它不仅仅包含着思想解放和论争的正当秩序，包含着新闻媒介求新求异的运作规律，更重要的意义是：思想进步可能就孕育在"不同"之中，而相同只能使我们停在原地。

"青年话题"创办十多年了，从创办开始一直保持着的一个栏目，就是"不同观点"。编辑在日常编辑中，也注重对不同声音的关注，偏爱那些敢说不者，敢于对所谓的主流、正确和正义发出质疑的声音。编辑们坚守着创刊时的版面理念：进步孕育在"不同"之中。

评论人要想最大地体现自身的价值，就应该勇敢地质疑，勇敢地说不，勇敢地发出不同的声音。

"说不"之前为什么要加一个勇敢呢？因为，在种种压力下，"说不"是一件不容易做到的事情。人是从众的动物，这种从众性，使人在"与别人的观点保持一致"时才会产生一种安全感，否则就会惴惴不安，担心遭受到周边的排斥和孤立。所以，为了这种安全感，我们更喜欢去迎合多数人的价值爱好作出判断，迎合大众对正确的理解，迎合身边的人对正义的看法，不敢发出不同声音。正如我们"青年话题"发刊词所言：相同只能使我们停在原地。大家都互相迎合，思想故步自封，没有新观念的冲击，社会也就无法进步了。

看过克林顿时期美国财长罗伯特·鲁宾的经典作品《在不确定的世界》，他透露称自己在白宫作某个决策讨论时最在意不同观点。他说，如果不同意其他人看法的人受到鼓励，表达出自己的意见，那么这样的会议就会产生最佳成果。所以，如果一次会议似乎要朝着达成共识的方向发展，我就会提出一个会引发不同看法的观点。与我意见不同会受到积极鼓励，而不是遭到阻止。如果没有人有异议，我就会鼓励某个人站出来扮演魔鬼的辩护人的角色。我认为，与有表达不同意见的自由一样重要的是，这个小组富有智慧的精英们尽量避免通过自己的观点进行自我表现。我理解鲁宾的意思，如果一场讨论没有反对者，争论的层次永远得不到提升，决策者很容易陷入某种自闭和专断，很难使决策权衡清楚利弊。

大声说不，已经成为当下评论界中一种很稀缺的品质。评论界流行一种很不好的倾向，不是努力从专业角度提供自己的见解，为形成理性的决策贡献自己的专业智慧，而是喜欢迎合某种公众想听的观点，忌惮于"民意正确"的压力而把自己的观点降低到道德表态、立场站队的平庸层次，为了赢得掌声而迎合民粹，为了获得利益而迎合当权者，为了观点安全而迎合多数人。

评论人应该通过"说不"，来为社会的价值增加和进化作贡献。

一个评论人，还应该是社会的守望者，就像康拉德·芬克在《冲击力》中所言：在别人都熟睡时担当夜间警卫——这一使命在任何一家主要新闻机构公布的新闻道德及准则章程中都有体现。就像航船上的瞭望者，及时敏锐地发现这个社会中所存在的问题，并毫无保留地将问题告诉公众，提起议程并引起疗治的注意。

一个评论人，还应该是彻底的批判者。对此前面章节已有评述，兹不赘述。

## 三、评论的伦理规范

前面专门有"评论的理性"一章，再说"评论的伦理"是否重复？并不重复，两者不是一回事。理性，主要是认识论意义上的，是认知和观点层次上的规范，是针对文章具体的观点、逻辑和论证而言；而伦理，则是道德意义上的，是作为一个评论员在写作评论时应该遵守的职业规范和道德操守。

比如，观点不讲逻辑，胡搅蛮缠，这是评论的理性问题；而故意引用错误的信息或伪造数据来佐证自己的观点，那就是评论的伦理问题。理性不理性，那是认识上的问题，而是否符合伦理，那就是道德上的问题。由于认识上的问题，没有分清新闻来源的真假，对假新闻进行评论，那是评论理性问题；而明知新闻源是假的，为了实现自己的某种目的，而故意引用假新闻、假数据进行立论，那就是伦理问题。

关于评论撰稿人的伦理规范，国外许多通讯社、媒体和行业协会都有很成熟、很详尽的规定。比如美国的全国社论撰稿人大会的《基本准则声明》就有以下的道德规范：

其一，社论撰稿人应当诚实、全面地提供事实。把社论的基础建立在只具部分真实性的报道之上是一种欺骗。撰稿人绝不能明知故犯地误导读者、提供虚假情况或者歪曲任何一个人的模样。不能放过任何可能引起严重后果的错误而不加以纠正。

其二，社论撰稿人应当以证据的力量以及对公众利益的深入思考为基础，来从所述事实中得出公正结论。

其三，社论撰稿人决不可利用自己的影响力来谋求任何形式的私利。不能接受贵重礼品、免费旅行以及其他能给人格完整造成损害的好处。撰稿人应当随时对实际的或表面上的利益冲突保持警觉。

其四，应当给予不同观点表白自己的机会，忠实地编辑以真实地反映各种见解。

其五，社论撰稿人应当经常检查自己的结论。撰稿人应乐于接受新信息、修正老结论。

其六，社论撰稿人应当有勇气树立牢固的信念，决不写任何有悖自己良知的东西。

其七，社论撰稿人应当始终不渝地履行自己保守隐私的承诺。

其八，社论撰稿人应阻止那些由外部供稿机构提供而以本报名义刊发的社论。如果没能公开这类社论的来源，那你的职业道德就有问题了。

其九，社论撰稿人应当倡导深思熟虑的新闻批评，特别是业内批评，并促进本声明确立的规范标准的遵守执行。

这是美国社论撰稿人的职业规范，多数也适用于中国的评论撰稿人。下面，我根据实际评论写作中暴露出的伦理问题提出一些符合中国现实的评论伦理：

其一，评论人应客观地引述新闻报道，不能为了迎合自己的观点而扭曲新闻事实，选择性地截取对自己的观点有利的事实，而不告诉读者新闻中那些与自己的观点相悖的事实。

我在编辑经历中，甚至遇到过这样的作者，为了使事实更符合自己的观点所需，剪裁和篡改了新闻事实。此种行为，跟自然科学中"篡改实验数据伪造结论"一样，严重违反了职业规范。

其二，论证中要引述有明确和权威来源的数据、信息作为论据，不能以网上不明来源的信息或缺乏公信力的数据支撑自己的判断。每作一个判断都要有依据，而不能是道听途说的小道消息或自己想当然的判断。

《中国青年报》评论版曾刊登过一篇题为《张海迪的座位在哪里》的文章，批评人民大会堂设施的不人性化，没有为残疾人代表委员设备专门的座位。文章发表后人大发来信函说人大会堂是有残疾人专位的，作者未经核实，只是从一篇报道想当然地判断没有残疾人专门的座位。

其三，评论人引用别人观点时，要在显著的位置作明确的标注，或以明确的表述让读者知道你的这个观点是引用别人的，而不能含糊其辞，故意误导读者，使读者以为那是你的观点。评论人不能抄袭别人的观点，也不能以这种模糊的方式将别人的观点据为己有。

这个问题在时下的评论写作中比较普遍，许多作者未重视这个问题，将别人的观点随意拿来而不加引号，或以杂糅、换种表述的方式将别人的观点变成自己的，或以间接引用的方式模糊掉观点的作者，这是一种变相的抄袭。一些公共的信息可以直接引用，而引用观点时则须注明来源。

其四，评论人批评官员或专家的言论时，不能断章取义，而要全面地提供被批评对象的观点。不能仅仅根据某一句话、某一个标题或者仅仅是某一个词进行批评。断章取义，割裂语境，扭曲本意，仅仅拎出别人言论中的某一句话就进行批判，这对被批评对象是不公平的。

这种问题在现实中有较多的表现，如今网络媒体"标题党"横行，媒体做标题时往往摘取专家最可能引起争议的一句话作为标题，许多评论员不看专家演讲的全文和观点全面的意思，仅根据标题所预设的判断就进行批判，这是很浮躁的文风。

其五，评论人的观点应基于公共利益，而不能夹带私货。媒体的评论版是公共表达的平台，评论是一种公民表达，要避免将私人的利益和利益集团的利益植入评论中。当涉及自身利益之时，或者选择回避，或者应告诉读者自己的利益身份。不做收人钱财为人说话的"五毛党"，不能成为被公司收买的评论打手。

比如，我是《中国青年报》的一名评论员，在涉及本报利益的事务上，我不会在自己的评论版上发表对这件事的评论，当我给其他报纸写专栏评论这件事时，我会要求编辑注明我的身份。我拒绝过多家公司替其写软文的要求，收钱写评论，评论就远离了公共利益。

其六，写评论作判断时，要谨慎地考虑到自己的评论可能产生的社会后果。言论应该是自由的，可自由离不开责任，离不开道德上的自律。一言虽不可丧邦兴邦，但言论在很多时候会产生不良的社会影响，评论人应对言论可能产生的后果进行先在的权衡，负责任地表达，善用和慎用自己的影响力。

其七，评论的交锋中要尊重对方，不歪曲对方的观点，不进行人身攻击，就论点谈论点，就理说理。要给对手平等的话语权，给对手平等辩护的机会。不同意对方的观点，但要誓死捍卫对方的发言权。

要保持可能被对方说服的开放性和包容性，而不是明知错了还将错就错，或者偏执地认为自己就掌握着真理，那样就没有了讨论和交流的氛围。我遇到过的多数论辩对手都是如此，即使你已经指出了他的硬伤，他还是死活不承认有错，一直狡辩和纠缠。讨论是一种寻求理解和共识、消除误解的过程，而不是争面子。论辩，很多时候其实并无根本上的对立，仅仅是观察视角和所强调的方面不同而已。

其八，较长时段内要保持相对恒定的价值观，不能今天这个价值观，明天那个价值观，今天这个观点，明天在另一篇文章中又持相反的观点，不断地改变自己的立场。当然了，如果接受了新的理念和理论后，自己的立场和价值观发生了变化，那当然是可以的，那是思想上的成熟和观念上的开放的表现，勇于修正自己的错误是尊重科学的表现。

我甚至见过这样的一个作者，他同时是一个编辑，为了使自己的版面上有观点的交锋，他一人写了三篇文章，代表了三种对立的观点。这自然违反了评论伦理。

其九，这一条规范主要针对评论编辑。编辑要保持原意，不把不属于作者观点的话加到文章中，不对作者的核心观点进行大幅的编删。不要把两个作者的观点融合成一篇文章。

我就曾遇到过这样的尴尬，某报的编辑，觉得我文章的观点比较尖锐，不敢刊登，但又觉得另一位作者针对这条新闻的评论过于温吞，于是他将我的评论中最精彩的一段糅合到那位作者的文章中，并以那位作者的名字刊登出来。文章刊出后，引起不小的误解，看过我评论的人，都以为是那位作者抄袭了我的观点。

后来我与该报的评论编辑交涉时，他们说自己的编辑会经常进行这种糅合，一般会署两个人的名字。这么操作显然是不合编辑规范的。

## 四、应警惕的一些时评病

每个行业、每种文体都会在发展中积累一些属于一个行业的集体性的问题,这些问题可能会表现在每一个作者身上,有的表现在思维和思想上,有的表现在价值取向上,有的表现在话语模式上。我把沉淀在评论中的问题称为"时评病"。这些病,当局者在写作时未必能够意识到,因为这些问题已经融入写作习惯中而成为潜意识的东西。以评论为业,以批评作为工作的人,应比其他行业的人更有自我反思和自我批评的精神,警惕这些可能融入自己写作血液中的"时评病"。

**1. 警惕拔高和过度阐释**

首先,时评人要警惕那种喜欢拔高的"升华癖"。一事当前,总想着要对这件事赋予一些意义和光环,一二三四,体现了,彰显出,意味着,象征着……将事件的价值进行升华,仿佛升华得越高越能显示出事情的重要,显示出自己的水平。升华得符合事实和贴近本原还好,拔得过高,升华得过火,离事物本真、朴素、原始的含义越来越远,将不属于事物本身而纯粹属于个人立场的观念生硬地套到事件上,就容易闹笑话了,也会让人厌烦。

比如 2010 年 11 月 15 日上海胶州路火灾之后,死伤无数,"头七"那一天,许多上海市民赶到火灾现场为死者献花。我的朋友五岳散人在微博里对这种献花行为大为赞赏,认为这属于一种"反政治的政治",是上海市民对火灾调查和处理表达不满的一种方式。他说:都说广州人实际,但他们有番禺的散步;都说上海人是小市民,但他们有胶州路献花。最市民、最不关心政治的地方,却有着很多关心政治的城市所没有的行动与精神,大概真正的市民才是未来真正的公民吧。

我认为散人兄的这个判断是一种拔高,我在其微博后留言说:对于散步和献花,其实都无须贴上过多的标签。散步,是在自己的切身利益受到侵犯时而选择的一种反抗方式;献花,这是人之常情,是普遍的人性。就像地震后人们的哀悼一样,那不是社会主义才有的东西,也不是资本主义才有的东西,是普遍的人性。市民和公民,不要发展成一个道德概念。对于人之常情的东西,我们不妨就在人之常情的层次去阐释,而无须去附会某个意识形态理念或某个立场。出于人性而去献花,作为一个公民去献花,前者不如后者更有高度,但前者一样让人感动。

　　许多博友都跟帖赞同了我的看法,大家的共识是:有时善举不过是出于最朴实的一点心思,被再三再四的升华后却让人想吐了。很多评论者认为,只有将某件事进行拔高,进行充分的升华,赋予其许多宏大的意义和高尚的光环,才会体现其价值并感动人心。其实并非如此。人们更喜欢真实和原汁原味的东西,贴近事物本原的理解比那种无限拔高的意义更有一种触及人心的力量。拔高的意义,远在高高的云端,人们触及不到。而人同此心心同此理的平实理解,反而因共通的情感而抵达每个人心中最柔软的地方。

　　与无限拔高和升华类似的习惯是无限地上纲上线,过度地阐释。上纲上线,尤其在批判的时候会充分地体现出来,给对方的错误扣一个大帽子,把对方归于某个标签之下进行批评。过度阐释,则通常表现为对某一个个案进行远离其事实的想象和阐释。比如,一辆车撞了一个打工者,有些人就会过度阐释成"富二代"群体的嚣张,阐释成富人与穷人的社会冲突。一个官员与平民发生冲突,就会被阐释成官与民的对立。过度阐释者能从一个非常细微的行为中,生发出某种宏大的意义和全称的判断,将某种意识形态立场和宏大的价值观嵌进事件的分析,而不会就事论事就理说理。

　　评论圈流行着一种对评论行业的误解,认为写评论比拼的就是阐释能力,谁能作出更新的、更高的、更宏大的、别人没有想到的阐释,谁的评论就更胜一筹,"就事论事"好像是浅薄、平庸的表现。其实,贴近事实本原的"就事论事"已成为一种稀缺的品质。

**2. 警惕大词、俗词和套话**

　　就评论的用词,我曾在微博上发过一段话:"我负责任地说,如果评论投稿的标题中再出现'神马''浮云''给力'类似字眼,我就不看内容直接过了。有人会问,不是说'给力'都上《人民日报》头条了吗,你怎么还那么不待见那些词? 对,我就是固执。第一次用是创新,第二次用也勉强说得过去,第一万次用,就是蠢瓜了。都泛滥成灾了,你还以为说个'给力''浮云'之类的就很潮吗?"

　　时评作者常会追逐最流行的网络用语,并将这些词用到标题上和文章中。我并不反对评论引用流行语,这样可以活泼评论语言,并让评论充满时代的语感,贴近现实。但如果用多了、用滥了、用得不贴切,看大家都用也跟着用,就让人生厌了。特别是当网络和现实中到处充斥着"神马""浮云"之类的新语言时,这种语言实际上已经成为一种俗词。

评论语言应该是活泼并开放的,将民间新鲜的、有意味的语言吸纳到写作中,但也要警惕那种语言的轻浮和庸俗,拒绝陷入一种被浮躁的网言网语所裹挟的流俗之中。评论是一种对"讲理"很苛求的文体,语言并不能过于随意和轻薄,严密的逻辑论证和环环相扣的推理中,还是应该使用严肃、纯正、不会引起歧义和让人感觉是正经讲理的语言。俗词过多过滥,会让人觉得文风很轻浮。

大词,也是一些评论人喜欢用的语言,尤其是刚开始写评论的人,喜欢用一些从学术文章中学到的概念和术语去写时事评论。比如"指涉""主体性""对象化""本体""能指"之类的词,还有一些政治学、经济学、社会学、法学最新的理论。

这些学术名词、概念和理论如果用得贴近,时事评论对最新的学术研究成果和理论范式保持开放,通过时评这种报章文体向大众传播这些新理论中的理念,可以提升公众的认知水平。但评论人引介这些理论时,因为写作对象是一般大众,就不能直接套用那些比较晦涩的理论和艰深的概念,而应该在自己理解之后,用公众能够看得懂、喜欢看的、平白的报章语言将高深的理论表达出来。不能用报章语言表达出来,说明评论人自己还没有真正弄懂理论,无法用自己的语言去表达,不得不仍借助和复制那些晦涩的概念。

评论人,也要警惕自己的语言形成某种套路,警惕自己的语言僵化成某种套话。一个作者评论写久了后,语言很容易僵化和套路化。语言用惯了,也为了节省写作的时间,提高表达效率,常会使用一些自己最熟悉、最常用、模式化的语言去表达。如果这套语言是清新灵活的,人们就会赞其为带有个人风格的评论语言;可如果这套语言是生硬僵化的,人们就会贬其为带着八股腔的套话。不少人都批评过时评的八股化,八股化中最显眼的就是语言的八股化。

作为编辑,我常会为这种现象感到惋惜:一些新作者,他们的文章常让我有耳目一新的感觉,可时间长了,这些作者文章写多后,我能明显地从他们的文章中读到许多套路化的语言。比如有套路化的词语搭配,什么"权力流氓化""权力下的怪胎""权力状态""权力傲慢""权力美学"等。文章中会有许多放诸四海而皆准的套话,这些套话如果删掉,一点儿也不影响文章的意思表达,仅仅是为了凑字数而套进来的,而且,这些套话似乎可以套到任何一篇类似题材的文章中去。

有时评人曾在论坛中开玩笑说"时评界有个×隐喻",嘲笑某位作者什么评论文章都能跟"隐喻"挂上钩。还有什么"×权力""×误读",这些标签,都是时评语言和思维套路化的表现。

**3. 警惕自我设限**

部门来了个实习生,第一天到办公室的时候,他就问了我一个问题:自己以前没有写过评论,知道评论在话题和分寸上有禁忌,但不知道这些禁忌的底线在哪里,害怕自己的文章会触碰到底线。许多写评论的新人都问过我同样的问题。

我跟这个实习生说:不要担心会触碰底线,初学评论者,最好不要有底线的意识。你想怎么写,就怎么写,觉得事实和真理应该是怎样的,就怎样写,你就把你所想的都自由地表达出来。至于会不会触碰底线和禁忌,经验丰富的编辑会替你把关。评论写多了,经验丰富了,你自然会形成自己对底线和禁忌的意识,形成自己的写作分寸感,什么话该说,什么不该说,话说到什么程度,写多了自然就有感觉了。只能靠自己在写作中去体会,这不是谁能教会你的。

其实,我特别不喜欢别人问这个问题,不希望别人自我设限,给自己的思想套上许多枷锁,然后套着枷锁跳舞。

确实,在长期的写作中,我头脑中形成了许多禁忌,为自己设置了许多限制,这个线不能碰,那个线不能碰,但我知道,这种禁忌对自己的思想自由和表达产生了许多消极影响,于是就在思考和写作中尽量避免这种"自我审查"。

过多的自我设限,会让评论作者的思想窒息,无法伸展开来写评论。我经常跟学生讲:表达应该是自由的,不要有过强的发表欲,写评论,是作者的自由,能不能发出来,那就不是作者的事情了,是编辑和老总们的事,不能用过多的条条框框约束住自己的思维。

不错,一些话题是比较敏感,但如果你不说,这个敏感的话题会继续敏感下去。而你尝试大胆地去说了,并且发表出来了,这个话题由此可以公开地讨论了,于是就脱敏了。评论人要有这样的勇气和智慧,使一些敏感的话题不断被脱敏。

我写过一篇叫《"天上人间"被查何以成大新闻》的评论。作为顶级豪华色情场所象征、有"京城第一选美场"之称的北京"天上人间"夜总会因涉黄被停业整顿半年,引发舆论很大的关注。我撰文分析:扫黄天天在扫,查了一个夜总会,何以引发这么大的关注?

一个新闻学教授看到我的这篇评论,他说没有从我的评论中读到什么新的信息。我说,我这篇文章主要的目的并非为了说出什么新信息,而是为了让"天上人间"这个话题脱敏。关于"天上人间"的传言很多,有的说里面的小姐很多身家上千万,有的说这家夜总会有着很强的后台,各种版本流传,但都是民间传言,媒体都未曾公开报道过,"天上人间"的话题在媒体上似乎是一个敏感话题。我的这篇文章,就是为了让这个话题脱敏,让"天上人间"成为一个可以公开讨论的话题。我开了头,把那些传言都搬到公开评论中来了。话题脱敏了,接下来,其他的评论和报道就可以对这个话题进行追踪和讨论了,公众的疑问就可能一个个地揭开。

评论人写作,思考不应有限制,也不应为自己设置过多的条条框框。我欣赏一位媒体人所言:没有不能说的话,没有不可以评论的话题,只是看你怎么说。言说的方式,言说的时机,这都是技巧。

### 4. 警惕自己的期待

期待,似乎是一个好词,有期待才会有向上的动力和发展的方向,为什么要警惕"期待"呢?因为,一个评论人如果有了过多的期待,而又不对这种期待保持警惕,判断时就很难保持客观,就会误把"自己所期待看到的事实"当成"客观的事实",从而造成判断上的失败。

谣言有一种传播机制:当一个人过于迫切期待看到某个结果时,久而久之,就可能将这种强烈的期待当成某种既成的事实——许多谣言正是迎合公众的这种期待而编造出来的,因为是那么符合人们的期待,符合人们所希望看到的结果,于是就当成真的了。

所以要警惕自己的期待,正像官员要警惕自己的爱好一样——官员的爱好很容易被人所利用,成为腐败的突破口。我们的"期待"也一样,很容易成为虚假消息的突破口。有句话说得好,最应该警惕的就是那种符合我们期待的传言。有了对事实先入为主的期待,就容易轻信,容易被人牵着鼻子走。

不仅要警惕自己的期待,也要警惕别人的期待。如果一个评论人对别人的期待过于注重,写作时就会有所迎合,为了取悦读者而扭曲自己的观点迎合大众的期待,就无法保持独立的判断和客观的评论。写评论时,就不会写自己的真实所想,而是"给读者他们想看的"。

评论人要保持独立和客观,就必须警惕自己和别人的期待。

**5. 警惕道德优越感**

每个人都有道德情操,但在日常的比较中,世人容易产生一种道德优越感。评论人要警惕这种道德优越感,克制那种站在道德高地上对人进行居高临下批判的习惯。

道德优越感不是坏事,但评论不是让人展现道德优越感的文体,而是展现人的逻辑、思想、智慧、理性和判断力的文体,应尽可能地用逻辑力量说服人,用理性征服人,用智慧去感召人,用思想去启蒙人,而不是用道德优势压人,用道德大棒去打人,用道德语言去训导人。评论家不应该抢道学家的饭碗。

不错,评论人担负着捍卫社会的道德底线的责任,要抨击不道德行为,要倡导道德观念,传播对道德的尊重。但是,评论人应当站在众人之中用一种平视的角度去倡导道德,而不是像一个道德导师那样站在高高的道德神坛上去布道,那种道德优越性只会让人产生逆反心理。

以批评为业,做道德文章,需要一种去道德化的态度。为什么呢?因为道德优越感会让人放弃"说理"的努力:既然我拥有道德优越感,我比你更道德,你不道德,那就没什么好说了。我就是道德的,你就是不道德的,就是错误的,就应该遭到唾弃。一旦贴上了道德和不道德的标签,"道理上的论证"似乎就成了一种多余的东西。

而且,评论人一旦有了某种道德优越感,坚信自己是站在道德的一方,就会倾向于在道德上贬低对方,语言就容易带有攻击性,不屑一顾的态度、谩骂性的语言就会不知不觉地说出来。于是就不再有理性的讨论态度和交流氛围,极易演变成一种互相的谩骂和喋喋不休的争吵。你看,网上那些污言秽语的口水战,哪一方不是自以为是地拥有某种道德优越感。

**6. 警惕修辞与比喻**

比喻、抒情、铺陈、联想之类的修辞手法能让文章更形象也更有感染力,但往往会制造一些逻辑谬误,以辞害意,以喻代证,以情感代替理性,影响评论的说理。作为评论员,还是应该克制自己在评论中过多使用修辞的爱好。

有一个朋友跟我说过:人们只会选择他们能够理解、愿意相信、喜欢相信的东西,而不会选择虽然更好、更正确但他们不能理解、不喜欢的东西。所以,很多时候真理敌不过谣言和花言巧语,修辞胜逻辑。这是庸众的一种病,评论作者不能迎合这种大众对浅薄和修辞的偏好,被大众的趣味所引导,而应该坚持评论的逻辑与理性,以理服人,而不是用煽情的论调和诡辩的修辞去感人和动人。

众多比喻中,尤其要警惕一个叫"美女被强奸"的比喻。许多人特别喜欢在争鸣中用"美女被强奸"作比喻,这种比喻设置一个强势的施害者和弱势的受害者,很容易站到道德高地上,很容易引起人的同情,很容易误导人的情绪,其实逻辑上是谬以千里,概念被偷换得面目全非。我把这个比喻称作"煽动性比喻",有句话说得好:荷尔蒙总是煽动的最好武器——"美女被强奸"的比喻其实就是在利用荷尔蒙煽动情绪。

比如,我在微博里批评一些满口脏话、动辄进行人身攻击的网友:有些人自以为掌握着正义,自诩为"受害者"和"反抗者",就可以在微博上污言秽语,脏话连篇,侮辱谩骂,进行人身攻击,殊不知,正是这些人的龌龊言行,为管制者染指微博制造着堂皇的借口。他们满口脏话,说是在反抗体制和斥责强权,其实,他们的侮辱所指,伤害的都是和他父母一样无辜的平民。

有朋友针对"正是这些人的龌龊言行,为管制者染指微博制造着堂皇的借口"就使用了这个比喻:美女被强奸,不能怪她穿了性感的衣服。我知道这位朋友一向是反对对网络进行管制的,我其实也同样反对管制,但我同样反对那些在网上对人进行人身攻击的网友。美女有穿性感衣服的自由,而网络上却没有人身攻击的自由,所以这个比喻完全是蹩脚的。实际上,网友对人进行人身攻击,"被强奸者"是那个被攻击的人,网友是施害者。至于网络管制,那是另外一个层面的问题。

**7. 警惕野鸡数据,学会咀嚼数据**

薛涌是近年来一位颇有影响的时评作者,旅居美国的他,从美国的视角和信息资源来观察中国问题,文章常有让人耳目一新的感觉。不过,他的不少文章也受到了业内专家的批评,比如,陈心想先生就在《追问大学学什么》一文中提到有学者这样批评薛涌:薛涌是个勤奋著述的作家,却不是个咀嚼数据的学者。比如,关于农村学生占在校大学生的比例,据沈若愚先生查证,薛涌引用的数据源自十年前对北京高校的一次抽样调查,既不具有时效性,也不具有代表性。

薛涌提到的是这个数据,他在《中国大学的弱智化》一文中提到:20 世纪 80 年代大学的农村学生比例还在 30% 以上,现在则下降到了 17.7%,尽管农村人口占了总人口的55%以上。也就是说,大部分农村人口被排斥在大学的升学竞争之外。

沈若愚先生对薛涌引用的这个数据进行了考证,称:薛文的新闻源可能是错误的。薛先生行文的依据是写作当年1月初某媒体的报道:"目前城乡大学生的比例分别是82.3%和17.7%。而在20世纪80年代,高校中农村生源还占30%以上。"笔者简单搜索,就发现这个82.3%和17.7%的城乡大学生的比例,既不是目前的,也不是全国性的。这个比例的出处是清华大学孙立平教授2004年写的一篇文章,原文写道:"1999年底,《中国青年报》披露了一份关于中国公民高等教育的报告。报告对北京多所高校2 000余名学生的抽样调查发现:这些学生里,28%来自北京,30%来自北京以外的城市,24%来自全国各地不出名的城镇,18%(确切数值是17.7%)来自农村。也就是说,城乡大学生的比例分别是82.3%和17.7%。"可以看到,这是10年前的调查,而且是针对"北京多所高校"的抽样调查,不是全国性的。而当年1月15日《人民日报》的权威数据称:"教育部学生司本专科处副处长苟人民介绍说,教育部的统计数据显示,从1989年至2008年,我国高校农村新生的比例逐年上升——从1989年的43.4%到2003年的与城市生源比例持平,再到2005年达到53%。"

"农村考生比例下降"的数据,很符合人们对"城乡差距"和"贫富差距"下"教育不平等"的认知,所以看到这个数据后,不管有没有代表性,不管来源是否权威,也不管是怎么统计的,许多人就直接拿来作为论据了。其实,这个统计本就不是一个科学的统计,而是带着"城乡差距下农村考生比例不断下降"这个先入为主的偏见去选择样本和进行统计的,得出的结论自然就是这个了。如今许多媒体都设置了调查版,许多机构都在进行类似的民意调查,随意发几份问卷,随意在网上设几个问题,然后就敢说"有多少民意反对某个政策",缺乏对统计方法和规范的基本尊重,我把这种统计得出的结果称作"野鸡数据"。这种"野鸡数据"很符合人们的偏见和情绪,却不符合事实。

时评作者引用数据作为论据时,一定要学会细细咀嚼,考察数据的来源,考察统计是否科学,样本是否足够有代表性。不能被野鸡数据牵着鼻子走,以野鸡数据作论据得出的结论,当然是不成立的。

一些统计不仅仅是不科学,而且受到了利益的操纵。比如看这样一个数据:中国医师协会曾联合北京慈济健康体检连锁机构公布了北京市"健康透支十大行业"。社会调查结果显示,"收入越高,健康越差":IT精英和企业高管(含民营企业主)健康透支问题最突出,亚健康比例分别为91%和86%,已成为高血压、高血脂、高血糖"三高"疾病重灾区。其他几个行业依次为媒体记者、证券、保险等。这显然是一个带着浓厚利益色彩的调查结果,因为慈济本就是一个富人医院,他们的健康体检也主要面向富人,IT精英、企业高管等高收入者是他们最大的客户群。他们这个调查明显是为"忽悠"有钱人赶快到他们的医院体检去。这样的数据自然是当不得真,不能作为"收入越高,健康越差"这个论点的论据。

2009年媒体总结出的十大假新闻之一,就是一个数据。《人民政协报》报道:"我国在社会财富增长加速的同时,出现了财富向少数人手中集中的倾向。中国权威部门的一份报告显示,0.4%的人掌握了70%的财富,财富集中度高于美国。这种大部分社会财富集中在少数人手中的格局,导致了我国消费的不足,甚至产生了畸形的消费。"这个让人吃惊的"0.4%的人掌握了70%的财富"经报道后被广为引用来说明中国的贫富差距。

经查,这篇文章采用的部分数据系境外反华网站刻意编造。2009年6月,某专家在一次专题讨论会上称,"国外一家研究机构估计,中国0.4%的最富裕的人掌握了70%的财富"。《人民政协报》未经核实,将此虚假数据在6月19日《调整收入分配格局不是"杀富济贫"》报道中刊出,并将"国外一家研究机构"改成"中国权威部门"。6月25日,广东《时代周报》网络版刊发题为《贫富分化急遽扩大的危险》的报道,此文以《人民政协报》等报道中的虚假数据为基础展开述评。《时代周报》的报道刊发后被浙江《青年时报》及一些网站引用或转载。

咀嚼数字,也需要慎用数字。学者王则柯在《读书》杂志上举过一个有趣的例子,"上海的孩子半数达不到平均高度"与"上海的孩子半数超过平均高度",说的其实是一件事,可是受众的感觉就是不一样。王因此而指出:"在论述重大经济问题和社会问题的时候,慎用文字应该是社会责任心的一个标记。"面对那些林林总总的统计数据,怎么去解读,怎么去表述,也考验着时评作者的责任感。

**8. 警惕表达冲动**

浙江乐清的钱云会事件(村里土地被强征,作为村长的钱云会多次上访反映问题,后在一场车祸中离奇被撞死,舆论怀疑这是有关部门制造的车祸,但并没有证据,舆论群情激愤地指向地方政府)出来后,曾有朋友以近乎强迫的口吻让我在微博上表态,仿佛我不批判乐清几句,就丧失了良心、没资格写时评了。

在这件事上,我一直没说什么,只批评过一次官方禁令。我不在新闻一线,掌握不了事实,真不知道怎么判断。关于这件事有许多信息,这些信息很多又是互相矛盾的,有的说有证人证明车祸是当地政府安排的,而很多调查记者则称既有证据表明这仅是一起普通车祸,网上的声音多过于情绪化。面对众说纷纭的信息,不在一线,很难作出判断。

写时事评论,需要有勇气在热点公共事务上运用理性,不过在缺乏作出准确判断的基本信息时,克制表达的冲动,可能也是一种美德。

## 五、评论人的基本素质

常常有人会问我,要成为一个合格的评论员,应该具备哪些素质。评论界前辈丁法章先生在《新闻评论教程》中提到了五种素质:政治家的眼光,理论家的头脑,社会活动家的本领,杂家的智能,作家的技艺。概括得很完整。在此前所谈到的素质要求上,我再谈几种具体的素质。

我觉得,评论员应该首先有广博的知识和某个非新闻学学科的底子。需要广博的知识,是因为一个以评论为业的人,往往是无法回避地要对各种公共事务发表意见。这种事件发生在各个领域各个行业,涉及各领域的知识和信息,评论人如果不想在大事件、大问题上缺席和失语,就须有广博的知识储备使自己对突发事件和公共事务有准备。等事件发生再临时到网络上搜索相关资料,就无法提出有附加值的观点。有了广博的知识储备,才会有宽阔的视野。

当然了,广博的知识,并不一定是某个行业和领域非常专业的知识,只要粗略地了解这个学科和领域与日常生活有密切关系的基本问题和一般原理就可以了。比如经济学,无须通晓那些复杂的数学公式和艰深的概念,对一般市场原理和经济学常识理念理解了,就能对一般经济问题表达不被内行人嘲笑,又能让外行人从你的分析中有所收获的观点了。法学、政治学、社会学都如此。法学,无须你精通那些法律条文,认真地学了作为公共课的"大学法学",了解到基本的法理,就可以对法律问题表达看法了。

所以，我鼓励学生广泛阅读，书尽可能读得杂一些，天文地理什么都可以读，随自己的兴趣去读。学科的知识往往是相通的，读得越杂越容易有高效率的知识沉淀。

之所以需要某个非新闻学学科的底子，是因为新闻是"无学"的，它只是一种工具性、技术性的学科，只能教给你一般的报道技术和评论技艺，这对理解和分析社会问题是远远不够的，须以其他学科作为分析社会问题的知识武器。有了广博的知识，你就能对社会问题发表一般的看法，如果想让自己的观点有更高的附加值，提出更多有真知灼见的观点，你就得在某个方面成为专家型的评论员。学科是没有限制的，只要不是新闻学就可以，文理工医农什么都可以。每一个学科的人都可以成为评论人，因为你的那个学科必然会与公共事务相关。

然后，要有发现冲突的能力。评论的切口，往往是从冲突开始切入的，没有冲突，大家认识一致，就没有评论空间；有了冲突，意见分歧，才有讨论和辨析的必要。所以，无冲突，不评论。

可是，多数冲突并不是一望便知的，它隐藏在日常的新闻事件和社会现象之中，一般比较难发现。它的那种冲突也往往是非常细微的，一般人的常识理性往往觉察不到那种细微的冲突。这就需要评论人有敏锐的目光，及时发现那些冲突，将冲突分析清楚，并给出一个清晰的理解。

再就是，要有比普通人更敏锐的道德敏感，从常人已经习以为常或轻易忽略的现象中抓住即便是很细微的问题。

## 六、评论版概况

评论学界和实践界的共识是，时评在中国近现代经历了三次大的发展。第一次是20世纪初梁启超时代的时评热。评论从传统的文人政论、精英表达中独立出来，发展成为一种紧贴时事、便于每个平民表达的大众文体，成为现代的时评。第二波时评热是新中国成立之前，政治的混乱和国家的分裂反而为时评提供了自由言说的空间，代表各种思想、各种派别、各种意识形态、各种力量的声音纷纷登场，依凭着各自的刊物和报纸，论战此起彼伏，时评成为战争和革命之外的另一个战场。再就是最新一波的时评热，改革开放之后时断时续，从新世纪开始出现了井喷式的发展。

这一波时评热中第一个时评版是何时出现的,出现在哪份报纸上,似乎并没有共识。有的说《中国青年报》1999年开创的"青年话题"是第一个评论版。比如马少华先生在《新闻评论,从特权到人权的历程》中就说:1999年11月《中国青年报》创立"青年话题"版。该版开始了中国报纸从"杂文"转向"时评",并且单独开设时评版面的时期。而有的则认为第一块时评版出现在《南方周末》,比如著名报人江艺平就在《热言时代》一书的序言中说:1997年鄢烈山在《南方周末》主持"时事纵横"版,1999年李方在《中国青年报》主持"青年话题"版,都曾在报纸评论中领风气之先。而专门研究新闻评论的陈栋博士则认为第一块时评版是1998年9月4日《深圳特区报》创办的"群言"专版。

中国报纸多如牛毛,从中央各部委到县市都有自己的报纸,弄清楚哪家报纸出现第一版时评版可能不是一件容易的事。一个可以确定的现实是,时评版差不多是在2000年左右规模性地出现的,时评版从那时起成为一种潮流。

## 1. 评论版在当下中国的发展

放眼当下的都市报,差不多已经没有一家报纸不设评论版了。有报纸必有时评,不开评论版老总们都感觉对不起读者了。即使是版面较少、言路较保守的党报机关报,多数也都开了评论版,再不济的都会在要闻版开一个每天一篇的"评论专栏",比如《人民日报》的"人民时评"。

这一波的时评热差不多是从新世纪初开始的。《南方都市报》率先开辟的紧追时事、一周七期每天一个版的时评版,引领了都市报办时评版的潮流。大概是从2004年开始,各大都市报争相推出时评版,没有评论版的赶紧增设评论版,有评论版的扩为每天一个版,已经有每天一个版的扩为每天两个版,甚至三个版(比如《新京报》和《东方新报》都有两个版:社论版和个论版,《南方都市报》有三个版:社论、个论之外还有一个网论版,有时甚至还加一个"宏论"版,一两个版登一篇深度评论,类似于《大公报》当年的"星期论文")。

许多媒体觉得每天常规的评论版还不够,还开设了评论周刊,比如《新京报》《南方都市报》《华商报》《青年时报》《长江商报》就都增设了评论周刊,每周六用4~8个版做深度的调查性评论、访谈性评论,或请业内专家就某个热点事件发表深度评论。常规版面的评论过于追赶热点和时效,对问题的观察往往浮于浅表,而周刊性的版面则可以沉下心来把热点事件和社会现象做深一点,提供更深刻的观察。

电视评论和广播评论也正方兴未艾。中央电视台新台长焦利上任后,非常注重评论立台,系统性地强化了对评论的重视,新闻频道和财经频道都有了固定的评论员并设置了常态的评论栏目,比如有白岩松的《新闻1+1》,财经频道的《今日观察》,新闻频道还配备了"特约评论员",相关新闻连线"特约评论员"进行点评。每天都有两个"特约评论员"值班,对国际和国内有评论价值的新闻进行点评。甚至连《新闻联播》都开始有了评论,有合适的新闻时,以"本台评论"的形式由播音员口播。许多地方卫视也开始建立这种"特约评论员"制度,增加节目中评论的分量。

中央人民广播电台也在每个整点设置了评论,每天由几位评论员值班,在各个整点时对这个时段中某个热点进行点评。这种点评都是直播,直播对电台和评论员的压力比较大,因为不像纸媒评论,有那么多程序的把关,而直播评论,随口说出来就直播出去了。

网络评论在2003年时曾异军突起。新世纪初,FM365网站曾率先建立签约评论员制度,开出在当时算很高、比纸媒评论高几倍的稿费,提供较大的言路空间,邀请全国知名评论员为网站提供评论,在当时产生了不小的影响。网络评论的优势是:第一,快,发生了事件可以立刻有评论出来,传统媒体以天计算,而网络则以秒计算;第二,空间大,不受传统媒体版面和频道资源的限制,评论员有较大的发挥空间;第三,交互性很强,可以与读者和网友进行交流;第四,还有新闻链接等方式可以为评论增加表现形式和丰富内容。

其后,搜狐网创办了搜狐星空,复制FM365网的签约评论员制度,新浪、网易、腾讯等大的门户网站都创立了评论栏目,可2003年底因不明原因而集体取消原创评论,只能转载被认证为"规范稿源"的媒体的评论,网站中只有政府网站才能有原创评论。

如今正在出现的还有手机评论、微博评论、E评论(段子)等,全媒体的方兴未艾,推出越来越多的评论平台,也催生出越来越多新的评论形式。

这一波时评热有很多原因,主要原因有以下几个。

其一是公民表达的需要,中国公民社会方兴未艾,时评的兴盛,是公民的权利意识和表达诉求越来越强烈的产物。在一个多元、自由、开放的公民社会,每个人都有不同的职业身份,专家、白领、医生、教师、公务员、学生、菜贩、农民、农民工等,但都有一个共同的身份,公民。作为公民,人人都需要诉说和表达,当遭遇不平时要表达,当看到丑恶时要表达,当感觉公德受到恶俗玷污时要表达,当切身利益受到侵犯时要表达。而时评这种文体,顺应了公民参加政治和利益表达的需求。

其二是新闻竞争的产物。媒体竞争在进入新世纪后越来越激烈,媒体越来越多,媒体版面越来越多,还受到网媒的冲击,可新闻资源只有那么多,各大媒体所面对的新闻事件往往就那么几个,怎么在新闻竞争中占有差异化的优势呢?评论在观点多元阐述上的特点,成为竞争的焦点。新闻只有那么多,真相只有一个,可看待和分析新闻的视角和观点却可以有很多。新闻没有多大的竞争空间,无法挖掘出更多的独家新闻,而观点和视角则可以做到独到,以观点立报,在观点上争抢读者。

比如广州亚运报道,由于网络媒体和电视对比赛24小时直播,纸媒其实已经没有了多大的报道空间,再报道那些已知结果的赛事,读者已没什么关注兴趣了。于是不少报纸都富有远见地选择了"以评论主打"报道亚运,以独到的视角去观察比赛,以鲜明的观点去评论结果,让读者在关注比赛之外能获得有附加值的观点。央视的亚运开幕式报道甚至打破了传统由解说员照着写好的稿子读那些套话的习惯,而全程由评论员进行评论式解说,在直播过程中,一种以新闻评论为核心的直播形态第一次被运用到开幕式中,取得了良好的效果,这种改革引起了不小的反响。

最后,中国当下社会所处的发展阶段,也需要媒体由"信息取向的新闻事业"向"意见取向的新闻事业"转变。公众需要媒体在从事新闻事实挖掘、真相的揭露和信息的披露上有所作为,更需要媒体能提供鲜明的观点。中国的社会阶层在市场化的改革下正不断分化,其鲜明的利益取向使其更期待看到"意见取向"的媒体。对社会群体的需求很敏感的都市报群体,非常敏锐地把握住了读者的这个需求。

评论的繁荣,归根结底是读者的需要。李大同先生在《真正的新闻评论的力量》一文中说得很好:现在不同了,几乎没有哪一家媒介不处在激烈的市场竞争之中。对报纸读者来说,他们不仅需要好的、多的、真实的、全面的新闻报道,还需要及时的、深刻的、"说人话的"(相对于假大空的)评论,也叫"意见表达"——我订阅这份报纸,就希望这份报纸经常能说出我想说的话。更重要的是，报纸的读者已经不是单向度的纯粹接受者，他们也渴望参与，他们对报纸上登的新闻，甚至就是对自己在生活中的所见所闻，都有话要说——他们订阅了这份报纸，已不仅仅为了看，也要说，也要发表，也要与不同意见者交流……

**2. 评论版在媒体中的位置**

报纸版面中，读者最关注的版面是哪个版面？很多人可能会认为是明星八卦版、社会新闻版、理财版等。这样的猜想实在低估了读者的品位，我告诉你，读者关注度最高的版面是：评论版。

先拿我所供职的《中国青年报》来说。每家报纸一般都会有自己的考评系统，《中国青年报》有两套评价系统：一套是月度评估报告，主要是调查员以电话的方式进行问卷调查，有"版面阅读率""版面满意率""版面印象深刻文章"等几个核心要素；另一套是每周的网上点击率和转载率的统计。两套评价体系，每一次作为评论版的"青年话题"版都占据着绝对的优势，阅读率最高，是读者最满意的版，也是读者印象深刻的文章最多的版面，点击率最高，转刊次数也最多。

表1—表3是《中国青年报》2010年某周的网络点击率排行。当周点击率前20名中，评论版有8篇文章。

**表1 单篇作品点击率 TOP10**

| 版名 | 点击率最高的前10篇作品 | |
|---|---|---|
| 青年话题 | 23日 | 青年话题　癌症一代：乡村社会的悲怆宿命 |
| 要闻 | 26日 | 要闻　招聘条件量身定制　屏南县财政局长请辞 |
| 综合新闻 | 28日 | 综合新闻　"网络色情毁了我一生" |
| 广州亚运会特刊 | 23日 | 广州亚运会特刊　中国足球终于丢掉幻想 |
| 要闻 | 25日 | 要闻　"史上最强政府招考"被取消 |
| 青年话题 | 23日 | 青年话题　中国的金牌已经多得让人不好意思 |
| 要闻 | 24日 | 要闻　金边踩踏事件　致千余人死伤 |
| 教育科学 | 22日 | 教育科学　一个普通海归的求职怪现状 |
| 冰点周刊 | 24日 | 冰点周刊　【冰点特稿】大火痛醒香港 |
| 青年话题 | 25日 | 青年话题　中国孩子何时能从一枚蛋中孵出克林顿？ |

### 表2 TOP20版面分布

| 版名 | TOP20篇目数量 | 版名 | TOP20篇目数量 |
|---|---|---|---|
| 青年话题 | 8 | 法治社会 | 1 |
| 要闻 | 4 | 青年调查 | 1 |
| 广州亚运会特刊 | 2 | 综合新闻 | 1 |
| 冰点周刊 | 1 | 国际 | 1 |
| 教育科学 | 1 | | |

### 表3 版面平均点击率排行

| 版名 | 平均点击率 | 版名 | 平均点击率 |
|---|---|---|---|
| 1. 青年话题 | 10 412 | 5. 综合新闻 | 3 324 |
| 2. 教育科学 | 4 780 | 6. 法治社会 | 2 991 |
| 3. 青年调查 | 4 241 | 7. 冰点周刊 | 2 946 |
| 4. 要闻 | 4 190 | 8. 特别报道 | 2 374 |

再看另外一套更权威的评价系统,表4—表7是2010年某月的月度读者评估报告。

### 表4 新闻类版面阅读率(按阅读率降序排列)

| 序号 | 版面 | 原始阅读率 | 标准阅读率 |
|---|---|---|---|
| 1 | 青年话题 | 86.8% | 5.00 |
| 2 | 特别报道 | 82.8% | 4.40 |
| 3 | 法治社会 | 82.6% | 4.37 |
| 4 | 综合新闻 | 82.2% | 4.31 |
| 5 | 经济 | 80.0% | 3.98 |
| 6 | 国际 | 78.6% | 3.77 |
| 7 | 要闻 | 78.2% | 3.71 |
| 8 | 教育科学 | 74.4% | 3.14 |
| 9 | 体育 | 72.0% | 2.77 |

表5  新闻类版面满意度(按满意度降序排列)

| 序号 | 版面 | 原始满意度 | 标准满意度 |
|---|---|---|---|
| 1 | 青年话题 | 4.58 | 4.99 |
| 2 | 特别报道 | 4.47 | 4.21 |
| 3 | 法治社会 | 4.41 | 3.77 |
| 4 | 体育 | 4.41 | 3.77 |

表6  新闻类版面综合得分(按综合得分降序排列)

| 序号 | 版面 | 综合得分 | 标准阅读率 | 标准满意度 | 标准提名率 |
|---|---|---|---|---|---|
| 1 | 青年话题 | 4.993 | 5.00 | 4.99 | 4.99 |
| 2 | 特别报道 | 3.966 | 4.40 | 4.21 | 2.52 |
| 3 | 法治社会 | 3.950 | 4.37 | 3.77 | 3.17 |
| 4 | 体育 | 3.201 | 2.77 | 3.77 | 3.41 |
| 5 | 综合新闻 | 3.070 | 4.31 | 1.86 | 1.79 |
| 6 | 要闻 | 2.993 | 3.71 | 2.73 | 1.60 |
| 7 | 经济 | 2.964 | 3.98 | 2.19 | 1.60 |
| 8 | 国际 | 2.686 | 3.77 | 1.78 | 1.35 |
| 9 | 教育科学 | 2.639 | 3.14 | 2.36 | 1.82 |

表7  新闻类版面按不同指标排序对比

| 序号 | 按综合得分 | 按阅读率 | 按满意度 | 按印象深刻文章 |
|---|---|---|---|---|
| 1 | 青年话题 | 青年话题 | 青年话题 | 青年话题 |
| 2 | 特别报道 | 特别报道 | 特别报道 | 体育 |
| 3 | 法治社会 | 法治社会 | 法治社会 | 法治社会 |
| 4 | 体育 | 综合新闻 | 体育 | 特别报道 |
| 5 | 综合新闻 | 经济 | 要闻 | 教育科学 |
| 6 | 要闻 | 国际 | 教育科学 | 综合新闻 |
| 7 | 经济 | 要闻 | 经济 | 要闻 |
| 8 | 国际 | 教育科学 | 综合新闻 | 经济 |
| 9 | 教育科学 | 体育 | 国际 | 国际 |

不仅是《中国青年报》的评论版如此,据《新京报》《南方都市报》和《东方早报》评论部的同行说,在他们报纸的评价系统和读者调查中,评论版在读者中的美誉度和阅读率也名列前茅。

针对这个问题,曾有媒体人作出过"评论的兴盛与新闻的式微"的判断,新闻退居其次,评论的关注度超越新闻,认为这是新闻记者的悲哀。我倒觉得,可能无关新闻的式微,而事关读者对观点的需求。正如前文所言,新闻就那么多,每天各家报纸上刊载的内容其实是差不多的,很难在独家新闻上展开竞争。于是这种竞争就转化到了评论上。新闻只有那么多,关键看你怎么去阐释和解读新闻,分析新闻背后的东西,于是评论就获得了一种超越新闻的影响力。

而且,新闻只能尊重事实和真相,而评论则可以旗帜鲜明地表达观点,表达偏好,相比不带感情色彩、没有偏向性和立场的事实,观点更容易吸引人的注意力,于是也就更容易获得影响力。比如我就做过一次试验,将两个标题放到网上,同一个事件,一个做成新闻标题:山西发生假疫苗事件,一个做成评论标题:山西假疫苗伤天害理。测试结果是,后者的点击率是前者的好几倍。正因为评论有更高的影响力,所以如今网络标题党在做新闻的时候,都把标题做成评论性和观点性的,标题中有鲜明的立场和尖锐的观点,以此吸引受众更多的点击。

**3. 评论版的编辑体制**

(1) 白班制与夜班制。

都市报的评论版一般都是夜班制,编辑下午 2 点多上班,3 点多开编前会定下社论和其他评论的选题,然后开始约稿。一般晚上 8 点多截稿,12 点之前能签版。评论版夜班制,主要是向新闻版看齐,将评论当新闻做,保障评论的时效。晚上 8 点多截稿,能保证不漏掉当天发生的重要新闻。一般晚上 8 点之前,CCTV《新闻联播》之后,当天最重要的新闻基本就都报出来了,除了突发事件,一般不会再有新的事件发生。

《中国青年报》"青年话题"版仍保持着白班制,上午 10 点上班,中午 2 点多截稿,下午 5 点多签版。这样做缺点是无法追逐时效,会漏掉当天的不少大事件和重要新闻。不过,编辑的判断是:如今资讯传播速度非常快,一般大事件两点半前已经出来了,不会漏掉多少;而且,并非每个事件和每个热点都要去追,既有的新闻话题已经足够评论和阐述了;更重要的是,编辑是想刻意与过度的时效保持一种距离,将时评的速度稍稍降下来一点儿。

过度追求时效,让人喘不过气来的速度会滋长浮躁。有些事件,第二天写的评论可能比第一天更深刻、观察得更细致、角度更独到。我们的版面,等的就是这样的稿件,给那些写得比较慢,却常能有不同观点和独到见解的作者一个平台。

（2）社论委员会与编前会。

西方大报都有社论委员会,而且社论委员会在报社中有着较高的地位,一般由总编辑亲自担任社论委员会召集人。因为社论代表报社的立场,所以社论的选题和观点是一件很慎重和严肃的事。社论委员会每天会开会讨论,决定社论的选题和观点,再由评论员执笔表达社论委员会的思想。

中国也有社论委员会,是从老解放区传承来的。比如20世纪50年代许多地方党报创刊的时候,就成立了社论委员会。《福建日报》就是如此。该报在创刊初期就成立了社论委员会,省委领导和《福建日报》主要领导参加,由当时的省委书记张鼎丞出任主任委员,讨论确定报纸的报道思想和评论计划。创刊号的社论《为建设人民民主的新福建而奋斗》,就是省委宣传部部长陈辛仁撰写的,经省委集体讨论、张鼎丞多次修改后定稿。张鼎丞说：这是一篇代表中共福建省委和福建省人民政府在本省执行党的方针政策和施政的要点的社论。

（3）编辑中心制与作者中心制。

中国多数评论版是以编辑为中心的体制。编辑们讨论,确定好选题和观点,然后让本报评论员和特约评论员按编辑确定的大体方向去写稿,或者根据确定的选题到来稿中进行选择。这种体制中,编辑处于中心位置,版面体现着编辑的意图,编辑控制着版面的取向。编辑经常策划一些话题和议题,约请作者进行讨论。

另有一种运作体制,是主要以作者为中心的。版面主要以作者来稿为主,编辑的功能,就是将作者来稿中最好的稿件选出来,然后放到版面上。编辑一般比较少地策划选题和主导版面,以作者的表达为中心,编辑最小限度地主导版面,而让版面保持一种自由言说和草根表达的状态。《中国青年报》《工人日报》《中国经济时报》等机关报主要采取这种运作体制。

"以编辑为中心"的体制的好处是,编辑的判断和品质,能保证版面有一种比较恒定的质量,并保持比较恒定的风格和立场。缺点是,版面容易刻板化,风格刻板,编辑的视野和判断还是很有局限的,编辑限制了版面的开放。"以作者为中心"的好处是,能始终使版面保持一种开放、活泼、兼容并蓄的自由风格,更多地尊重不同身份、不同立场的作者的表达,容纳不同观点,倾向不同声音,并为草根作者提供更多的表达机会,版面的草根性和民间性比较凸显。缺点是质量较难保持恒定,因为编辑虽然稳定,但作者的文章是不稳定的。完全依赖作者来稿,版面质量就容易有高低起伏。

以作者为中心的另一个弊端就是,编辑容易被作者所左右,被作者所"绑架"。比如《中国青年报》分管评论的老总就常跟编辑说:评论编辑要有自己理性的判断,不能被新闻牵着鼻子走,更不能被作者所绑架,不能他们说什么咱们就信什么。编辑要更多地去主导版面风格,引导作者,培养符合版面编辑理念的核心作者群。

## 七、评论的样式

**1. 社论写作**

记得钱锺书对社论有一句妙语:不料你的见识竟平庸到可以做社论。这个评判,实在让社论很尴尬,社论竟成了"见识平庸"的代名词。

一种误解是,因为社论是代表媒体立场的,所以这种文体的"表态"功能多于"评论"功能,"政治"功能高于"新闻"功能,"立场"在"价值"之上,无须提出什么有见解、有深度、有附加值的观点。另一种误解是,反正社论一般没人看,文章也不署名,所以也就无须在观点的锤炼和视角的选择上下功夫,马马虎虎糊弄一篇就可以了。还有一种误解是,因为社论是代表报社的立场,所以非常慎重,要平衡各方的利益,要考虑到各方面的因素,要更理性更有建设性,戴上各种枷锁,赋予了社论过多的功能后,社论的观点和棱角就被磨平了。

于是,社论就成了"见识平庸"的代名词。一般媒体虽然将社论置于最高的、最显眼的位置,可社论的质量并不配这个位置的重要性。读者似乎也形成了这种习惯,直接跳过社论版去看第三版的来论,那个版面的文章比社论版活泼和清新多了。

除了"见识平庸"外,当下社论还有以下几种毛病:其一,语态常常是居高临下式的训导,好像总想要教育民众应该如何,启蒙社会应该如何,社论使用的常常是祈使语句;其二,过于凌空蹈虚,多是抽象的说理,而缺乏务实的评论,从概念到概念,说了半天没有一点儿实实在在的内容;其三,语言假大空,空话套话连篇,仿佛是从官样文件中摘来的,轰轰烈烈,空空洞洞,乱凑排比句,堆砌大词,让人没有一点儿阅读兴趣;其四,经常陷入一种纯粹煽情中,站在云端抒情一番,用华丽的辞藻堆砌出看起来很华丽的文本,没有触及根本的问题,没有实在的内容。

社论虽然代表媒体立场,但应该回归其新闻的本位,而非过于强调其"舆论引导"的政治功能。社论虽然站在代表整个报社的高度上,但写作者的语言和视角还是应该降下来,让自己俯身与读者交流,而不是自以为在智识上高读者一等,用自己的智识去启蒙大众。然后,社论的表态功能挺重要,但不能停留于浅层的、每个人都明白的道德表态,还是要提出有洞见的观点,这方面的要求与其他形式的评论是一样的。

许多人认为社论与一般评论并无多大区别。比如就有专家认为,社论与其他评论的区别主要表现在规格的掌握上、报纸版面的处理上……与评论本身的表现方式和方法并没有直接、必然的联系。其实不然,社论还是有自身区别于一般评论的特点的。

我觉得社论写作应该具备以下几点要素:首先,要有高度,要站在比一般评论更高一点的位置,站得高,才能看到更全面的价值;其次,要有独到的见解,见识不能平庸,不能为了观点的安全和迎合多数人的立场,而磨平社论判断的独立和独到;最为重要的是,社论要有一种感染人的气场,这种气场,不仅是有感染力的语句营造出来的气氛和气势,还要有一种能将读者融入这篇文章中的强大气场。

我写社论,一般都要求自己先进入社论的观点所需要的情感中。比如有关地震灾难的社论,需要一种悲悯情感,我写作前就要求自己必须充分进入那种情感。比如抨击丑闻的社论,需要一种激浊扬清的激情,我会在写作前将自己的情感调整进那种激情中。只有写作者自己先进入那种情感,写出来的社论才会有那种能感染读者、将读者拉进文章中的大气场、大情怀。自己没有被感染,没有进入那种事件的气场中,怎么会感染别人呢?社论与一般评论不一样,读者读一般评论读的多是观点,而读社论还期待寻找到某种情感共鸣,也就是有某种情感期待和态度期待,这样的阅读期待需要社论作者首先得有情感融入。

社论当然对文字有更高的要求,但社论的气场,不单纯是靠煽情的文字堆砌出来的,它需要有对当事人同情的理解、对事件理性的认知和对民生疾苦深刻的关怀。

为了体现社论版的包容性,不让人感受到社论观点的话语霸道,许多社论版都模仿国外评论版开设了"社论批评"栏目,刊登读者对社论的不同观点。社论观点并非不可置疑,而是可以交流和沟通的。

**2. 评论员文章**

评论员文章是介于社论和普通来论间的一种评论样式,当某个话题不适合以报社的立场来表达,重要性和严肃性又高于一般评论时,就采取评论员文章的形式。作者可以是本报评论员,也可以是特约评论员;可以署名,也可以不署名。

社论一般是就某个宏大的问题和重要的社会现象表达看法,而评论员文章一般是就事论事,针对某个具体的问题进行评论。评论员文章的定位比较模糊,既不完全是个人的观点,也不完全是报社的立场。

当然了,随着都市报媒体时评的发展,评论员文章正在弱化和消失,连社论都时评化了,评论员文章更早已时评化。除了党报,一般都市报如今都只有社论和普通时评两种样式。

社论、评论员文章、特约评论员文章,这些都属于传统党报评论文章的规格问题。社论规格最高,就重大问题表态,要安排在头版显要的位置,很多地方党委和政府就直接以社论的方式发布官方指示,政治性和指导性很强。评论员文章的规格次之,再次的就是特约评论员文章。当某个问题不适合以编辑部的名义进行评论时(专业上的考虑,或是政治风险上的考虑),就采用特约评论员文章的形式。

比如当年《光明日报》开改革之风的《实践是检验真理的唯一标准》,就是以特约评论员文章的形式,邀请南京的哲学教授写出来的。因为这种观点在当时的社会氛围下有较大的政治风险,特约评论员的形式可以解释为一种"来自专业界的一家之言",回避了"代表本报立场"的风险。

随着评论的日常化和世俗化,都市报中的评论规格问题基本已经没有了,所以那些区别规格的评论样式正不断减少,评论都在时评化。

**3. 评论专栏写作**

为了提升评论的层次和质量,如今许多媒体都增设了专栏版,邀请专家学者和优秀的评论人开设固定的专栏。有的是设置了与"来论"版区分开来的专门的专栏版,比如《南方都市报》和《晶报》,每天都有一个"专栏"版,版面根据评论家的个性和风格起了相应的专栏名称。有的则是在同一评论版中开设了专栏,如《潇湘晨报》和《华商晨报》。专栏写作,有定期,也有不定期;有固定的作者,也有不固定的作者。

专栏文章稿费比一般评论要高,要求也高。不少媒体都会经常更新专栏作者,以保持专栏的开放性和较高的质量。

专栏版的文章要求跟一般评论的不同。"来论"版一般是各行各业普通作者的来稿,体现公民表达和草根声音,编辑会对文章作较大的、符合编辑口味的编删。而个论版则是以专栏作者为主导,尊重专栏作家的个性和风格,有较大的空间由作家自由表达,只要言之成理就可以刊登出来。编辑一般不会对专栏作家的文章作大的改动。

相比"来论"版的众声喧哗,"专栏"版在"观点和视角的独到"上有更高的要求。比如《南方都市报》的"个论"版就要求专栏评论有独特的价值认知,他们在邮箱设置的自动回复中说:在此大略地交流一下我们关于专栏作品的要求,一是时效性——最好针对一周之内的时事新闻进行评说;二是独特的认知价值,请注意这个"独特"字眼,我们希望的认知价值,可能需要专栏作者排除自己看到新闻首先涌现出来的第一个甚至第二个想法,穷尽到第三个、第四个,自然就能言人所未言。

中国的时评专栏机制是近几年才建立起来的,在专栏作者与编辑和媒体的关系上,还没有形成一个成熟的规则。比如编辑有没有权利对专栏作者的稿件作修改的问题,一位旅美作家就与《南方都市报》的评论编辑发生过冲突,以致终止了合作。就这个问题,浙江《都市快报》的记者邓景采访过美国的时评专栏作家弗兰克·里奇,弗兰克有13年专栏作家经验,他告诉邓景:"《纽约时报》对专栏作家的要求非常高,一旦专栏作家的文章不能在事实和逻辑上保持高水准,那就得滚蛋","专栏作家有高度的自由,编辑只能检验文章所涉内容是否符合事实、语法和拼写有无错误。当然,专栏作家高度自由的背后,是他们付出了确保内容精确、逻辑严谨和行文得吸引读者的努力"。

当然了,评论不要迷信专栏化,专栏面临的最大问题是,专栏作家的文章质量可能不断下降,在一个专栏上文章写多了,就容易重复自己的观点,思维会僵化。媒体的专栏版应该保持充分的开放性,不断吸纳有新思想的新作者加入专栏作家队伍中。

### 4. 评论访谈

评论访谈是新近几年出现的一种评论样式，评论员就某一社会问题对相关专家进行采访，特点是话题比较宏大，篇幅比较大，专家可以比较深入地就某一社会问题阐释观点。这样的评论形式一般安排在"评论周刊"中，常规的评论版面没有这么充裕的版面，也不符合日常时评版对时效和表达效率的要求。

比如 2010 年 12 月某日《新京报》的"评论周刊"所做的评论访谈是关于"中国城市化的第三条道路"的问题，时事访谈员采访了国务院发展研究中心农村部研究员刘守英。这位农村研究专家提出了这样的观点：与第一条道路"政府主导，农民被动"，第二条道路"政府退出，农民自主自发"不同，中国应走第三条道路，即"规划主导，农民主体"，只要空间符合规划，不管集体还是国有，都可以平等进入市场，农民分享土地收益。

可以看出，这种深度的、宏大的、专业性和理论性较强的问题，并不适合以千字左右的时评进行表达，也不适合专家写那种理论性的文章，要符合报章的文体要求和读者的阅读期待，只适合采用访谈的形式。专家与时事访谈员的对谈，可以避免谈话陷入过于理论化和晦涩的抽象概念体系中；时事访谈员元素的加入，可以使专家的观点与时事结合起来，引导专家以符合报纸表达习惯的语言来表达，而不是单纯地就理论谈理论，从概念到概念。时事访谈员是读者与专家的一个中介，拉近了专家表达与读者的距离。

评论访谈，其实就是过去的"专家访谈"，只不过是出现在评论版上，由评论员采访而不是由记者采访。这种角色身份的变化，使得评论访谈与专家采访有所不同。

评论访谈中，时事访谈员一定要熟悉接受采访的专家，对要谈的问题掌握较深的理论，掌握较多的信息，那样才不至于被专家牵着鼻子走，从而可以把握访谈的节奏和访谈的议程，不让专家信马由缰地漫谈。访谈员起到的作用有两个：一是激发，激发专家的表达；二是掌握，访谈员要有自己的主见，掌握访谈的节奏，而不能仅仅是记录。时事访谈员，毕竟与一般采访专家的记者还是有一些区别，记者主要是客观地记录专家的观点，而访谈员则担负着掌握评论议程的角色，不仅仅是机械地提问题，还要有自己的观点、自己的主见。

### 5. 评论记者

评论记者也是新近出现的一个概念，由评论理论界首先提出，实践界尚未普及。

评论记者这种工作机制提出的背景是这样的。发达国家的时事评论员，基本上都有过很丰富的记者从业经验，是记者做出成绩后转向评论员的；或者如今仍担当着记者的角色，在热点事件中出现在新闻现场；或者评论员与记者根本就没有明确的区分，评论员就是记者，也必须到新闻一线采访，记者也可以承担评论员工作，直播连线时在新闻现场直接进行评论。

而我们的评论员，多缺乏记者的经验，评论员与记者是两个不同的岗位。评论员以表达观点为取向，记者以报道事实为取向。评论员远离新闻现场，根据记者提供的新闻事实进行评论。而记者在新闻现场仅仅客观地报道发生的事实，而不进行有偏向性的评论，不在报道中夹杂观点。

评论员缺乏记者的经验，缺乏记者在新闻现场所掌握的第一手资料，很多时候评论就容易务虚而不务实，没有底气和地气，过多地纠缠于抽象概念和理想状态，始终飘浮在半空中。于是华中科技大学新闻学院赵振宇教授就提出了一种评论工作机制：评论记者。提倡评论员不能仅仅坐在电脑前写稿，也要到新闻现场去，也要进行采访，通过采访获得的第一手材料进行评论写作。评论中的论据和材料，不能总来自网络搜索和记者的报道，还要有自己亲眼看到的、亲自经历的、第一手采访到的。

赵振宇教授不仅提出了这个理论，还在《嘉兴日报》等地市级报纸进行了实验，引入了评论记者工作机制，把评论员从电脑前往新闻现场赶。

当然了，由于评论记者需要报社投入一些成本（记者采访两三天才能写一篇评论，与坐在电脑前两小时就能写一篇评论相比，报社当然要投入更多的资源），也需要评论员付出更多的努力（坐在电脑前写评论，当然比去新闻现场舒服多了），所以这种工作机制当前并没有得到普及。《南方都市报》目前也在尝试这种工作机制，不过主要体现在"评论访谈"这种样式中，记者与评论员的身份并没有进行深入的融合，还是"两张皮"。

### 6. 系列评论

当某个话题比较宏大和重要，一篇评论较难承载那么多内容和观点时，编辑部就会采取"系列评论"这种形式，以一个系列、多篇评论，分几个层面连续就同一话题进行评论。当某个新闻热点具有连续性，事件的真相不是一两天呈现出来，而是有一个过程，编辑部也会采取系列评论的形式，贴近事件发展的进程以一系列的文章评论这个事件。

比如，2003年，《新京报》评论部觉得"城市禁止乞丐"是违法行为，认为这个问题非常重要，就连发了十几篇评论从道德、法律、文明、城市发展等不同层次抨击政府禁乞行为，引发了较大的社会反响。北京奥运前夕，《中国青年报》策划了"光荣与梦想系列评论"，从"改革的梦想""从容向洋看世界""体育的梦想"等层次对奥运会的价值进行了阐述，这一系列的评论，比较全面地表达了该报在奥运问题上的理念。

热点往往是此起彼伏，时评因为紧贴时事，每天有不同的热点，也有不同的针对热点的评论。过快的节奏、过于浮躁地跟着热点走，往往会让社会问题得不到实在的解决。系列评论这种形式，能以连续的评论提起舆论对某一个问题的关注，而不是被热点牵着鼻子走。系列评论，也能形成一种评论上的规模效应，强化公众对某一个问题的关注，将他们的关注点锁定于某一个问题上。

系列评论，关键是得有层次感，事先要有周密的策划和安排：从哪个层面开始，以怎样的节奏将文章发出来，在哪个环节发出哪篇文章，都应该有计划。不能没有层次地重复同样的观点，不能想到什么写什么，要让读者感受到你的评论节奏和策划理念。

### 7. 新闻述评

许多评论教材都介绍了"新闻述评"，这是过去用得较多的一种形式，是新闻的一种边缘体裁，既有新闻事实，又有评论观点，夹叙夹议，主要是对某个新闻事件相关的事实和观点进行综述，并在综述中夹杂着作者的判断和观点。

由于近年来中国新闻操作越来越崇尚"新闻专业主义"，"新闻专业主义"是要求观点与事实分开的，要么就是报道事实，要么就是表达观点，一种是客观的记录，一种是主观的评判，两者融合在一起，事实与观点纠缠，就容易将事实主观化，混淆新闻与评论的界限，损害报道的客观性，给读者带来阅读上的障碍，所以"新闻述评"已经越来越少了。

不过现在有一个不好的倾向，虽然没有了"新闻述评"，但不少记者在报道新闻时越来越喜欢边报道边评论，不是客观地对事实进行记录，而是带着鲜明的立场，将新闻报道"述评化"，这是不符合新闻操作规范的。

### 8. 不同载体的评论

许多教材还会以评论的发布平台对评论进行分类，比如有报纸评论、网络评论、电视评论、广播评论等。我觉得,起码在中国,不同载体的评论其实并没有什么不同。虽然发布平台不同,但评论的本质和表现并没有什么不同,遵循同样的规范、同样的表达规律、同样的文体要求。

马少华先生也有同样的观点,他在其博客上说:在评论教学中,一直有一种"轻文体"的倾向。即,除了承认不同的传播渠道确实会对评论的表达方式有不同的影响之外,就纸媒评论而言,不太重视再在其间进行"文体"或类型、样式的划分,比如"小言论""专栏评论""社论""评论员文章"(其实"社论"与"评论员文章"只有"规格"的差异),而把更多的精力用在讲授评论的一般规律上。这是因为,这些评论的类型划分,对于写作活动本身来说,并无太大的意义。

确实,以发布平台对评论进行划分并没有什么意义。

比如,网络评论,多数都是转载自纸媒的评论,自身并没有什么特别之处。它的特色主要在于技术上的集纳功能,将来自不同媒体和不同观点的评论集纳到一起,并设置了评论功能,网友可以对评论进行评论。网络评论并没有创造一种与传统纸媒表现形式不同的文体。

虽然仅仅是转载,但还是有学者认为,因为平台的不同,这种转载使源自纸媒的评论在网络上获得了新的传播意义。苏州大学的杨新敏在其《网络新闻评论研究》中说:"上网的评论就每篇评论的内容本身来说,它并没有发生什么变化,但是,它的生存环境变了,导致评论的接受方式和接受效果发生了很大变化……""所有上网的传统媒体评论都被集纳到了一起,这一集纳,就使得单篇的评论所有的自足性不复存在,它与其他相关的评论建立起一种超链接,成为超文本中的一个节点。在其原有的生存环境中,它与原有媒体的其他内容互文,并突显出来,成为那一媒体的旗帜和灵魂,以一种相对统一的声音作用于它的接受者,发挥着极强的效果;但上网后,它就只是诸多媒体声音中的一种声音,这种声音在无数杂音中面临竞争……"

这种说法有一定的道理,不过对评论写作并没有产生影响,那只是传播意义上的。麦克卢汉说过,媒介即信息,信息在不同的媒介中传播,会产生不同的意义和效果。网络并没有改变评论,只是改变了评论在纸媒上的传播规律和效果。

还有广播电视评论同样如此,不同的平台,对评论的语言有不同的要求,其他并无不同。

## 八、国内时评版的几种风格

简单介绍一下国内几家有代表性的评论版的风格。

### 1.《中国青年报》"青年话题"

"青年话题"版是 1999 年由李方和马少华创办的。该版在创刊号上就强调了版面的定位：作公民表达的广场，倾听不同观点，倡导"大嘴小嘴都说话"。版面的创始人不仅在创刊宣言中强调了这种"公民表达"的观念，还在不同的场合多次强调这种观点。比如，李方在接受媒体采访时这样定位"青年话题"版：

> 我从事的主要是公民表达这一块，那就是要鼓励每个人就任何事件自由表达自己的观点，如果你有想法的话。我愿意这样说：表达，然后公民。自由表达是百姓与公民的本质区别。很高兴由于同人的努力，这些年来时评正在成为公民表达的一个有力武器，并且也得到越来越多媒体的重视。的确有良莠不齐的现象存在，但我宁愿把它视为公民表达的必要代价。我做版面，最重要的心得就是：把话语权交给读者，交给想要说话的人，我们编辑记者尽量少说自己的观点。

李方强调的就是，编辑在版面上只体现最低限度的技术性功能，而不能抢读者的话语权。这是一个声音的广场、草根的表达平台，而没有谁拥有话语霸权。

李方在自己某年的述职报告中，这样定位自己负责的版面：

> 我们压根就不能把它当言论版来办，它的准确定位，应该是一个反映读者声音和意见的窗口。这种意见和声音，作为一个民意，虽然有时可能稍微冒点头，但跟记者或专家学者发言论道有着本质区别，也不容易引起有关方面特别的注意。毕竟，社会总要有一些排泄阀或纾解的渠道，"青年话题"版就努力做一个这样的渠道，并且时刻注意保持一个建设性而非颠覆性的姿态。

创办以来,"青年话题"版的编辑已经换过几轮,但始终保持着这种"草根声音"的特色。保留着"百姓说话"栏目,倾听最草根的声音;保留着"不同观点"这个栏目,始终倾听着与主流和定论不同的声音;保留着"校园来信"这个栏目,刊发来自校园最原汁原味的声音。

因为这种草根性,一直以来在社会上有很大的影响,也因为这种草根性,高层官员也将这个版面当作倾听民意的一个途径。"青年话题"版也被业界称为评论界的黄埔军校,许多当年的作者,都成了各大媒体评论版的主编。也有不少专家学者和公共知识分子,是从"青年话题"版被公众所认知并成名的,比如秦晖、毛寿龙、贺卫方等在成名之前都在这个评论版发表过文章。这一波的时评热,也是从"青年话题"开始的。

**2.《南方都市报》评论版**

《南方都市报》评论不仅成为《南方都市报》和该报报系的一个品牌,也成为当下评论的一个高度。它以尖锐、大气和使命感为公众所熟知,并引领起都市报评论的热潮。《南方都市报》评论自2002年创办以来,便以其新锐的观点和每天一版的密度、力度引发业界关注,2004年改版后更形成了自己独特的气质和风格,使"南都体"评论一纸风行。

这个版的灵魂人物、评论部主任李文凯先生在《〈南方都市报〉时评的理念与操作》中说道:

> "南都时评"自改版之日起便不希望自己陷入琐碎的茶余饭后闲聊中——虽然它只是一份区域性报纸,但我们相信在纸媒时代,一张优秀的区域性报纸的声音可以传遍全国。而评论正是这张报纸的声音。

所以,他们将自己的时评理念定位于:在大转型的时代关注这个转型的国家与社会。

在几年的发展中,《南方都市报》的时评已经形成了以社论、街谈、个论为主打产品,以宏论、来信、来论、推荐栏目为补充的多层次架构。社论关注中国时局的走向和转型社会的问题,个论彰显独特的认知价值,街谈小品文的形式关注本地有意味的新闻。

"南都评论"有雄心与国际大报比肩,所以他们在改版的时候在各种细节上都吸收了国外报纸评论版的操作模式,比如建立了社论委员会。《南方都市报》编辑李海华是这样回忆社论委员会的:

> 最值一提的就是社论委员会的成立。原《南方都市报》副主编杨斌后来在被问及当初创办时评版为何没有成立社论委员会时说,由于已经确定了"积极稳健有见地"的风格,自信在把关上不会出现太大的问题,所以也就没设。不过,社论委员会的作用并非只是把关一项。根据李文凯在他那篇《〈南方都市报〉时评的理念与操作》中的描述,社论委员会由评论部成员与大部分编务领导组成,作用是操作评论选题、讨论角度尺度、筹划长期关注、落实具体写作。

"南都评论"走的是一条与"中青评论"相反的路,"中青评论"强调评论的草根性和公民表达,而"南都评论"走的是一条精英表达之路,评论部主任李文凯说:

> 公民写作的时代,为数不少的人都有表达的欲望,也具备一定的表达能力,但这其中的许多发言,多是以知识的碎片为工具,论证的角度、过程与结论,也因此往往难有独特价值。与此相对,那些具有系统经济学、法学、政治学、社会学、历史学、哲学等知识背景的研究人员与知识分子,以及具备丰富阅历感知的经验主义媒体人,则能够有完整的知识架构与成体系的评说工具,这其中高度关注时事的人,便是我们需要的作者对象。

**3.《新京报》评论版**

《新京报》是"南都人"2003年北上与《光明日报》合办的一份报纸,评论自然带着"南都评论"的气质,但在融入北方文化后,形成了自己的评论风格:注重专业判断,崇尚客观和理性。

《新京报》身处京城,京城的学术资源和学者资源非常丰富,《新京报》充分利用了这种区域优势,与学界保持着非常好的关系。这种关系不仅停留于请几个学者在评论版上开专栏，这在如今国内的评论版上太普遍了，"新京评论"与学界的联系是整体性、全面性的。无论是从"新京评论"的作者群、评论编辑与学界的关系，还是从"新京评论"在京城学界中的影响、"新京评论"选题的价值立场来看，都是如此。正是与学者、学界、学院深入的关系，使《新京报》的评论拥有了一种与众不同的气质：观点独到，思想含量很高，有深度，有建设性，有知识分子的人文情怀，提升了整个报纸在京城报业中的气质和品位。

"新京评论"强调专业判断和专家表达，并不唯专家判断，而是主张分层次的表达。该报评论主编王爱军认为：

> 时评是分层次的，我将其称为时评的梯形结构。最下边的最大的部门是"公民表达"。上面第二层可以叫"评论写作"，特点是它可以把观点表达出来，可以自圆其说，但未必非常准确、全面。第三层就是"精英论述"，就是专家学者会将一个观点表达得非常全面和准确。第四层就是"权威评论"，作者既有学者的学术研究，也对中国当前的现实非常了解，有些观点可能会进入政府决策。

《新京报》评论版的设置，差不多囊括了这四个层次的内容，有公民表达，有写手表达，有专家观点，也有来自政府官员和智囊人士的权威评论。

《新京报》评论追求积极、稳健、有见地的取向，这种取向尤其体现在社论上。他们的社论并不追求逞一时口舌之快的宣泄，而追求建设性和积极的态度。比如，当河南省剧协主席李树建在面对该省省委书记卢展工时说："卢书记到河南之后，我们河南文化界的春天就到了。我们每天激动万分，以泪洗面。""以泪洗面"一时成众矢之的，评论都以激烈的言辞批评了他夸张的"以泪洗面"，而《新京报》的社论则选择了一种建设性的态度，没有跟着其他网络和其他评论去单纯批评这个表达，而反思了河南豫剧在市场化冲击下的发展困境，追问"谁来擦去剧团团长脸上的泪水"。提出：如果仍然寄托在体制的身上，靠政府救济才能存在下去的剧团，也难以创作出真正令大众认可的优秀作品。

这样的评论取向，充满了人文关怀和制度建设的高度，而不是简单的讨伐和批评。

**4.《晶报》评论版**

要说《晶报》的评论版,先讲两篇我印象深刻的该报社论。

当山西假疫苗丑闻被《中国经济时报》记者王克勤曝光后,山西相关部门竭力狡辩,《晶报》的社论标题是《没有任何理由让疫苗事件不了了之》,文章尖锐地追问:敢问山西官方的发言人,你拿什么负责,拿那"不足一天的调查就说报道失实"吗?一句空口的"负责任"半文不值。

当《经济观察报》记者仇子明因触动了大企业利益而被网上通缉时,《晶报》的社论是《所有胸怀正义者都是媒体舆论监督的坚强后盾》,旗帜鲜明地指出:我们不能沉默,也无法沉默!我们正告那些妄图挑衅公理、法律和正义者及时罢手;我们要对受侵害和威胁的记者们说,所有胸怀正义的人都是你们的坚强后盾。

还有这些在业界深受好评的社论:《当谎言遮蔽常识 谎言就更像真理》《收好那张薄薄的税单,珍惜你沉甸甸的权利》《人人都可成为蔡定剑》《楼梯间何时不再成为伤害生命的陷阱》《这是相互的力,相互的暖,相互的支撑》……

从标题就可以感受到《晶报》社论的两大特征:

其一,对大事件的关怀。从《晶报》的社论选题可以看出,社论版的编辑们有一种鲜明的选题意识,就是将社论版的使命与这个时代的使命结合起来,有强烈的历史使命感和呼应时代需求的责任感。这样的选题意识,在《人人都可成为蔡定剑》《我们相互守望,我们同在胶州路上》中有着很鲜明的体现。当然了,《晶报》社论并非一味地去关注那些宏大的题材,他们更看重的是选题的意义和评论的价值。比如《收好那张薄薄的税单,珍惜你沉甸甸的权利》,虽然说的只是小小的税单,但与每个人的利益和公民权利息息相关,选题者也敏感地抓住了这个细节。

其二,务实而不凌空蹈虚。当下许多社论,正如一些资深媒体人批评的,沦为一种表达上虽轰轰烈烈,内容上却空空洞洞的文体,是用排比句堆砌出来的,表面上看起来很华丽。《晶报》社论注重文字的优美,注重结构上的美感和标题的锤炼,注重强大的评论气场,但不停留于此,而能让读者感受到他们想说出一些实在话、提一些建设性意见、作一些务实判断的努力。比如《解决办房产证明难题,有利"限购令"顺利落地》《加息剑指通胀,"保民生"属当务之急》之类的社论。

《晶报》评论能做到这些,我觉得与他们在全媒体语境下独特的社论操作思路有很大的关系。传统的社论操作思路一般是封闭性的,社论委员会或编委会的几个人坐在一起讨论社论选题,觉得当天哪件事情最大,或者哪件事最有评论意义,就定下选题让评论员动笔去写。而据我所知,《晶报》的社论从选题到写作都是开放的,将全媒体的智慧和资源集纳到社论写作中。很多时候,编辑是在微博上向博友征集当天的社论选题,或者在编辑们定下选题后,到微博上向博友们征集写作建议。比如某次关于新闻发言人如何发言的社论选题,编辑直接上网就"新闻发言人应有哪些忌语"听取博友建议,网友提供了许多忌语,这些后来都直接用到社论中。这种开放的社论操作思路,既开阔了思路,又活泼了语言,丰富了社论的思想价值和文体价值。

全媒体是大势所趋,这种趋势下纸媒的社论应如何操作呢?《晶报》社论开放的操作思路提供了一个很好的经验。

### 5. 红辣椒评论

红辣椒评论是湖南省政府网站红网所办评论频道,在网络评论圈有较大的影响。

红辣椒评论最大的特色就是坚定的草根性。一般网站刊发来稿后都会付给作者稿酬,而红网坚持不发稿费。对于这个颇具争议的做法,红辣椒评论的创办人、现副总编辑杨国炜说,坚持不发稿费,主要是担心稿费可能会成为写作的一个门槛。如果给评论发稿费,那么出于成本考虑,红网每天就不可能发那么多篇评论了,只能从来稿中选几篇发出来,多数文章就无法发出来。而像现在这样不发稿费,编辑就可以编发较多的文章,通过红网发表的评论的门槛就会大大降低。

由此可以看到红网评论的价值取向:让更多的草根表达发出声音。杨国炜认为网络评论应该与纸媒评论有所区别,纸媒囿于版面资源的限制,刊发的评论有限,只能优中先优,很多时候精英才有发表的机会。而网络资源差不多是无限的,不仅表达上更自由,且应该降低表达门槛,让草根有更多的发表机会。所以杨国炜经常跟编辑说,如果一个新作者给红网投稿,连续几次都没有给新作者发表的机会,他就要找编辑谈话了。

相比纸媒,红辣椒评论的质量虽不算高,但其多元、开放、海量的评论取向还是获得了较大的影响。网络转载率很高,社会影响较大,在政府网站中独树一帜,多次获得中国新闻奖。

红辣椒评论自 2006 年开始创办的"红辣椒年度佳作评选",已经成为评论界的一个品牌。这个评选已经连续举办多年,一切都在红网论坛专门的空间中公开进行。每年 3 月底开始,作者先自荐发表在红辣椒评论的作品,经编辑筛选后编号,然后由 9 个评委在论坛上分组初评。评委给每篇文章打出分数,并给出简短评语,作者和其他网友可以在其后跟帖表达不同看法,与评委进行交流。初评后每组按排名筛选出前 30 篇文章,然后由评委交叉复评,最后评出佳作。然后 6 月份在红网所在地举办时评论坛,颁奖并进行研讨。

## 九、时评家的风格

### 1. 鄢烈山

鄢烈山现为《南方周末》资深编辑。20 世纪 80 年代在武汉时就开始写杂文,后转向时评写作。90 年代末在《南方周末》开设"纵横谈"时评专栏,让时评成为一种引人注目的文体,产生了很大的社会影响。后以"柳雨灯"为笔名编辑"视点"版。

由杂文转向时评写作,鄢烈山是他这一辈人中转得比较快,也转得非常好的一个。他意识到杂文那种曲折表达、慢节奏的文体已顺应不了公民表达的要求,果断地选择了时事评论这种文体来表达自己的思想和参与社会变革的进程。鄢烈山转得非常彻底,也转得非常好。鄢烈山是较早在中国提出公民写作的评论家之一,他推崇将时评当作公民表达的一种方式。他认为时评兴起最直接的动因就是公民想说话,民众对自由的追求和权利意识的觉醒催生出一种强烈的政治参与冲动,时评正是参与的一种方式。

鄢烈山时评最大的特色,就是其强烈的社会批判性,对丑恶毫不留情,对权力毫不妥协。读鄢烈山的评论,能从他的文字中读到一种愤怒和悲悯,对强者作恶的愤怒,对受辱者的悲悯,并能被他的情怀所感染。

鄢烈山推崇良知,不过他认为:

这个良知不是有道德优越感,基督说这个世界上没有一个义人。人人都可能犯错误,人人的心中都有恶魔,不要以为自己有什么了不起。但是我们可以建立起自己最基本的良知,这种最基本的良知在这个时代是特别需要的,面对政治压力,你可能有很多说不出来的真话,但是你要坚持不说那种弥天大谎,至少不造谣,不去欺骗民众;面对市场诱惑,你不受老板、不受资本家大红包的诱惑去欺骗消费者,这是最底线的东西。

鄢烈山抨击权力和同情弱者,但始终对那些挂着正义旗号的思潮和意识形态保持警惕,他多次在演讲中呼吁,警惕狭隘的民族主义和极端的民粹主义这两种倾向。

**2. 马少华**

马少华在《中国青年报》担任评论员和评论编辑多年后,转入大学从事新闻评论教育。由于其有丰富的写作经验,并有将这种写作经验升华为理论并融入评论教学中的研究能力,更有对学生的负责精神,在业内享有"评论教父"之美誉。他的"评论教学博客"在业内很有名气,浏览者和留言讨论者甚多。

作为评论编辑,马少华注重对不同观点的关注,认为编辑应最大限度地包容。他认为,即使编辑不同意作者某个观点,但如果作者能自圆其说,编辑也应该"抛弃"自己的观点,而编发作者的观点。他的一个较为偏激的观点是:作为编辑就应该"没观点"。他在与同事的讨论中举过一个例子,《纽约时报》当年一位总编辑当上评论委员会主任后,就说"从现在起,我没有自己的观点了"。

我理解少华的观点,他的意思是,版面是一个自由讨论的平台,编辑应尽可能地组织作者的自由讨论,而不能因自己的观点阻碍这种自由讨论。编辑在版面上只应该起到最低限度的技术功能,"青年话题"这种"鼓励不同观点"的风格很大程度上就是马少华创立的。

作为评论作者,马少华评论最大的特色就是重视逻辑。这种重视甚至到了苛求的程度。

作为评论教师,马少华推崇案例教学。他说,将评论作者具体的写作经验引入评论教程,用它们与新闻评论的"学科系统"对接,就是为了尽可能把那些藏在评论作品的文本深处和新闻作者个人经验中的有关新闻评论的"缄默知识",转化为可以在课堂讲授的"显性知识",帮助学生创造个人体验的空间。

### 3. 叶檀

从事财经评论写作的叶檀,应该是专家以专业知识进行时事评论写作的一个典范。

叶檀原是复旦大学经济史博士,专攻政治史和经济史,博士毕业后进入上海社科院工作,两年后毅然从她觉得是"没有自由、充满规制、无趣"的书斋生活中逃离出来,而投入以时评影响社会的实践中,以高密度的经济评论写作阐述自己对市场的理解,被誉为"逃离书斋捍卫市场的女人"。

叶檀的经济评论有以下几大特点:

一是专业性较强。叶檀是历史系毕业,对政治史和经济史有较深的研究,她的经济评论就是建立在这样的专业基础上。难能可贵之处在于,她能用直白的、大众能听得懂的语言将高深的经济学理论表达出来,擅长将经济学艰深的概念转化为报章语言,这是许多专家难以做到的。

二是文章犀利。观点尖锐,不会顾忌被批评者的感受而有所保留,而是毫无掩饰地说出自己所想,无论是对房市泡沫的批评,还是对垄断企业的抨击,或是对伪市场、股市泡沫、政府管制、经济数据的分析,都是有话直说,不拐弯抹角。

三是观点的逻辑非常严密。每个论点,都有翔实的数据支撑,每一个推理和判断,都有环环相扣的论据作为基础。在她的文章中,看不到一般评论作者文中常见的"想当然"和"信口开河"。这可能与其身为博士的专业训练有关。

### 4. 郭光东

郭光东现为《南方周末》评论员、评论总监。郭光东的评论写得不多,但一出手,往往会成为经典。

比如他还是华东政法学院一个学生时,出手写的第一篇评论,就成了时评史上的经典。评论教授们上课时,都会拿他的这篇作品作为典型案例,评论写手们隔段时间就会重复他在那篇评论中提出过的问题,重复他的那篇评论:《国旗为谁而降》。

郭光东在接受中国人民大学学生记者采访时谈到了那篇产生很大社会影响的评论的写作过程:

1998年的9、10月间,我作为华东政法学院的一名三年级法学硕士生，为挣点零用钱，正利用课余时间为自考生讲授《宪法学》课程，有节课就专门讲国旗、国徽、国歌。那节课上，当我讲到"对于严重自然灾害造成重大伤亡时，也可以下半旗志哀"的一瞬间，脑子里突然联想到当时最大的新闻事件——抗洪救灾，对呀，"九八洪灾"死了几千人之巨，国家难道不该按照《国旗法》的规定为他们下半旗吗？

记得那天下午给自考生上完课，我难掩这一"重大发现"的兴奋，几乎是一路小跑赶回华政的。当年互联网还远不像现在这么普及，我就奔到校图书馆查报刊资料，希望能找到准确的洪灾死亡人数。结果没有找到，直到10月7日，确切死亡人数才汇总公布——3 656人。那几天，我在图书馆遍查下半旗的相关资料，其中包括当年6月德国为100个铁路事故死难者降半旗以及当年9月我国对已故国家主席杨尚昆下半旗志哀的新闻。三相对照，更觉得国家该马上为3 656名洪灾死难者下半旗。

怎么才能促成国旗第一次为普通民众而降呢？当时，我的第一想法就是尽快给朱镕基总理写信提建议，因为《国旗法》规定由国务院决定何种情况下该对严重自然灾害造成的重大伤亡下半旗，另外，全国性的抗洪抢险表彰大会已于确切死亡人数公布的次日即10月8日召开，下半旗的有利时机眼看着就要丧失。于是，我熬夜写就给朱总理的一封信，于10月11日以特快专递寄往国务院。信中，我以一位公民的身份建议国务院为"九八洪灾"死难者下半旗志哀，除简要陈述理由外，我还在信尾具体建议："由于洪灾死亡人数的确切统计数字10月7日刚刚汇总公布，所以近期内下半旗尚为时不晚。至于下半旗的日期，可选在党的十五届二中全会闭幕之日或次日，当然亦可选在朱总理认为合适的其他日期。"

快件寄出十多天后，仍无半点回音，我想这信多半到不了朱镕基手中，每天给他写信的人肯定多如牛毛。怎样才能引起他的注意呢？我想到了发公开信。把信件的内容寄往一家报社，结果可想而知，石沉大海了。现在想来，当时的做法无疑是极其幼稚的，哪家报社敢登这样的公开信？

无奈，又等了十多天后，我想到该把给朱总理的信改写成评论，尽管下半旗的时机已过,但如果评论能发表,将来国家仍有为普通民众下半旗的可能。这样,我在原信基础上,增加了德国为100人下半旗的事例作反证,又对下半旗的法理做了进一步的阐发,并从历史、文化方面进行开掘,形成了后来的见报稿。

  把这篇评论寄给一家报社后,我又苦等半个多月无音信。沮丧之下,我想到了当时渐成气候并有杰出表现的"冰点时评"栏目,或许《中国青年报》值得最后一搏。就这样,我的"重大发现"在历经两个月后公之于众了。

郭光东说,编辑李大同将这篇文章的题目由《被遗忘的法条》改为《国旗为谁而降》,作用极大。这样一来,文章更有气势,传播效率因此大大提高。
  郭光东强调评论要有新意,如果评论所说的是众所周知的道理,评论员没有新发现新洞见,那不如不写。

## 新媒体时代时事评论的八大弊病

当下的媒体生态中,可能没有哪一家媒体不重视评论,没有谁会轻视评论对一家媒体的重要——过去常说"评论是报纸的旗帜和灵魂",强调的主要是评论的政治性和引导性,而今天很多媒体重视评论则更多出于务实追求:其一,新媒体冲击下,媒体传统的新闻生产模式受到威胁,很难与以秒计算的新媒体比快,重大事件发生后,新闻会在1秒内在全网刷屏,抓独家新闻的成本越来越高、收益越来越低,而评论这种文体却可以避免这种冲击——新闻事实只有一个,却有很多可以评论的角度,所以很多时候媒体对新闻的竞争成了观点的比拼。其二,评论生产的成本远远低于一条新闻,从出差到采访,记者采写一则报道需要耗费很大成本,而评论的成本主要是评论员的脑子。其三,全媒体时代,新闻信息对于读者是过剩的,社交平台上的评论也多是浅薄的、碎片化的口水,这时更凸显出深度评论的重要性,很多读者看报纸时都首先翻第二版的评论看——新闻信息早在网上和手机上就看到了,看评论就是看它是怎么分析同一事件的。人们往往也通过评论的风格来判断一家媒体的气质和风格,比如评论之于中青报,评论之于《环球时报》,评论之于《新京报》。

新媒体冲击下,评论受到重视,评论员受到重用,评论人才的需求不断增长,评论版不断增加和前移,评论稿费不断提高,很多媒体都在重金打造评论品牌和评论员品牌——为评论的发展创造了很好的氛围。然而由于很多条件的约束,评论整体水平的提升与舆论对评论的重视程度并不匹配,存在很多问题。本节内容意在分析当下时事评论的几大弊病:

**1. 自媒体太多、记者太少、事实不够用**

人们习惯称赞评论写得快的人倚马可待,新闻出来后,评论能立刻成文。评论员私下曾有过速度的比拼,据说有评论员最快10分钟便能敲出一篇千字评论。很多都市报的社论编辑都熟悉地掌握了作者的写作速度，遇到急事，或者"午夜凶铃"深夜毙稿，知道约谁能在半小时内拿出一篇像样的评论填版面。某家每天有数个评论版的媒体特别强调评论的时效，宣称只评当天事，除了系列评论，绝不评隔天的新闻。评论写得再好，评的是隔夜新闻，也不会用。

　　这种对新闻和时效的过度追逐，破坏了评论生产的规律，带来了很多问题：其一，评论很肤浅，追求第一时间的快而放弃了深刻，思考是需要时间的，第一时间产出的很多快评只剩下肤浅层次的站队和为评而评的仓促判断，缺乏知识和思想含量，很容易沦为没有营养的快餐和垃圾信息；其二，评论的仓促判断常被反转新闻"打脸"，事实浮出水面是需要时间的，冷静观察和理性判断也是需要时间的，追时效的判断则不顾这些，常常跑在真相的前面而"迫切归因"，误导公众——评论不断被反转新闻"打脸"，或者评论不存在的事实，对评论的公信力是很大的伤害；其三，第一时间的判断往往是情绪化的，充满情绪的评论往舆论场中输入的不是静力量，而是加剧社会戾气的情绪泡沫。

　　比如，复旦学生投毒案刚发生，投案动机还不清楚，案件还在调查中，第二天就有很多评论迫切归因，反思大学教育的人格缺失、独生子女带来的问题、大学人际关系冷漠等问题，跑在警方调查和新闻报道之前仓促评论。还有漳州PX项目发生爆炸后，立刻有人说"这证明了PX不安全"，或说"当初厦门抵制对了"，或说"国外安全国内不一定安全"。这些判断都很仓促，不妨先等等事故原因的调查报告，看看到底是偶发因素下的人祸导致，还是PX本身的不安全性导致。过度追求时效滋生了"迫切归因"的思维强迫症，事故一发生，即使信息很少，媒体也会立刻归因归咎。从成都女司机被打到"女大学生自称扶老人反遭讹诈"的一系列反转新闻中，一些评论也都在追逐时效中成为笑话。

　　我总有一种感觉，很多事件发生后，急于评论的自媒体太多，而调查记者太少，舆论场里充斥着想通过评论表态的人，可因为做调查的记者太少，或者调查的速度远远赶不上事件发酵的速度和自媒体评论的速度，导致事实不够用，出现了太多事实不清的情况下产生的过度评论。

　　自媒体带来的一个福利是，人人都拥有了一个麦克风，评论变成一个门槛越来越低的工作——开一个公号就可以对天下大事评头论足。这种自媒体格局带来的变化就是,导致了公共事件发生后的声音爆炸。一旦某个事件触动了公众痛点形成热点,自媒体立刻闻风而动,各种声音制造的话题助推热点变成沸点。微信传播的一个规律是,热点事件的评论要想吸引关注,第一要"快",第二要"不同"——眼球的竞逐下,成千上万个活跃的自媒体拼快、拼不同,急于在第一时间抢第一落点,并标新立异,追求与众不同,短时间内形成了一个竞争公众注意力的"观点市场"。

自媒体的发展只是形成了扩音器效果,扩展了言论的空间,却没有给新闻生产带来进步。——生产新闻的还是极少数人,可依赖新闻进行评论的人却增加了无数倍。自媒体评论的门槛太低了,张口就来,但在一线做调查的记者不能这样。人人都是自媒体,可相比之下,记者太少了。事实远远不够用,然而自媒体的评论冲动却无比亢奋,这带来的结果必然是,自媒体评论把事实远远地抛在后面。

还有一个原因是事实的调查进程远远跟不上情绪发酵的速度。比如和颐酒店女生被打事件,一晚上就能迅速进入"十亿关注"的舆情量级,人们的情绪在短时间内迅速达到一个顶峰——自媒体深谙此道,自然是要追逐这种舆情峰尖的。可事件的调查迅速却远远比不上发酵的速度,无论是警方的调查,还是酒店自身的调查,抑或是记者的调查,都需要一定时间。可一般自媒体评论的亢奋期,往往都发生在"事件刚发生后、相关部门尚在调查"的这段事实真空期。

规律就是如此,越是事实不清楚的时候,自媒体评论越活跃、越亢奋,形成声音的喧哗,几天后真相查明,水落石出,反而没有评论了。——因为已经过了热点,自媒体没有了评论的兴奋。这个规律在和颐酒店事件上表现得最为明显,警方公布调查结果后,自媒体对此已经没有了关注兴趣,关注点早转移到其他热点上了。

令人欣慰的是,迷恋时效和快评的阶段已经过了,人们开始厌倦那种仓促判断的快评,评论界开始反思过度追求时效带来的问题,而开始追求"慢评论"。比如有一家媒体的评论频道就高稿费求慢评论,这家媒体在征稿中称:这些年我们看够了反转剧,媒体对时效性的要求越来越高,大家都很急,生怕落后一秒,大众的注意力就飘向别处。可是总有一些事,要站远一点才看得清楚;总有一些问题,在尘嚣过后应该有个答案;也总有一些观察和见解,值得等待。这一次,我们将推出一个新栏目:慢评论。每个月,《大家》将发布

1—2篇5 000字以上的长文,给出一字二元的稿酬。不追时效,但求洞见;万元起步,值得拥有。我们不接受没有事实和数据的臆测、诉诸情绪的呐喊、不加论证的三观。我们期待的是——写作门槛高而阅读门槛低的专家意见;翔实可靠、一目了然的数据帝;让人心服口服的话题终结者。其实,评论的优势就在于"慢",时事评论要与网帖、胡同串子拉开距离,必须让敲字的速度慢下来,花时间思考,等待真相慢慢浮现。

**2. 口水评论泛滥,缺乏论政的大关怀大评论**

有一段时间,针对舆论在一些重要议题上的缺席,媒体人石扉客很不满地评论称:云南导游和成都女司机这类群众斗群众的鸡毛蒜皮热火朝天,聂树斌案和庆安枪击案这类重大公共事件毫不意外地边缘化。上游新闻琐碎化,下游公共讨论无聊化,和谐社会就是这么炼成的吧?

这段批评是针对新闻的,其实评论也是如此,很多评论的选题都集中于一些有冲突点的社会新闻、有争议的某个专家言论、有吐槽点的网络热帖,或者讨论一些有意思却无意义的伪问题,缺乏对与公众利益密切相关的大问题和大事件的关注,缺乏"这个社会哪些问题最值得去关注"的问题意识,缺乏"用评论推动社会进步"的大关怀,当然也没有"用评论改变点儿什么"的评论人使命感。评论员眼中只有稿费和"写什么和怎么写才能让评论更能发表"。

2017年有一次我曾赞扬西安的《华商报》已经成为时事评论的一个"高地",那段时间,从他们的版面选题上能看到他们的大关怀,比如某天版面上的几篇评论:评论了朱令案、京温商场案和计划生育问题——没有伪问题,没有八卦话题,没有鸡毛蒜皮,都是真正应该关心、应该追问、事关公共利益的大问题。

有一家媒体曾公开谈论过自身评论版的定位,那种关怀和追求很令人尊敬:目前我们的时评是基于这样一个理念而设置生长的——中国与中国人正处在百余年未绝的历史大转型努力之中。这种大转型自晚清开埠而始,基本的命题便是要成为一个现代国家与现代民族;其间的种种努力,所要解答的不过是国家独立的民族主义诉求、经济发展的民生主义诉求与政治文明的民主主义诉求,纵观这些命题便不难发现,时下的中国正处在这一历史大转型的最后关键阶段,身处其中的每一个成员,都无可避免地要成为这一历史的推动者,也无可逃遁地要成为这一历史的被触动者。因此,在这个转型中,这个国家的方向、所获得的进展、所遭遇的困顿、所影响的命运,是我们评论所要紧密关注、积极表达的话题。

纵观当下媒体的评论版,缺乏针对这种大问题的大评论,尤其缺少真正有分量的政论,在重大改革和时政议题上缺乏评论的声音(提起重大改革问题上缺乏评论的声音,作者们常常将问题归咎于言论空间,其实还是有表达空间的,可是很多评论员已经形成严重的自我设限——干嘛去冒险呢,还是评评无关痛痒的社会热点最安全)。多聚焦一些无关痛痒、不断变换的社会热点,今天是成都女司机被打,明天是云南黑导游,后天是天价月饼,评论版上多是这种琐碎的"事评",没有恒定的问题关注,回避谈论政治议题和所谓的"敏感话题"。澎湃新闻向来以"思想和观点"的最大平台著称,可某明星办奢华婚礼时,该平台刊登了这样一篇文章,题为"关于明星大婚,有多少你不知道的事?"——内容图文并茂,涉及明星买的蛋、钻戒,发的红包,请的嘉宾等如何如何,内容极为物质享乐和拜金。

有时也有所谓的"政论",不过多是我批评过的故弄玄虚的"信号体评论":神秘兮兮、故作高深,以智囊或高参的口吻煞有介事地分析各种"释放信号",故意误导别人以为他们"上面有人",仿佛昨晚作为座上贵宾刚从中南海行走回来,好像掌握了什么"内幕消息",动不动就分析"信号"。这种信号体多数是键盘上过度阐释和解读的产物,骗子骗粉用的,我称这种文章为"中南海梦游"。

### 3. 鸡汤评论的伪情怀见证逻辑和思想的贫血

口水评论泛滥成灾之外,另一种让人厌烦的评论叫鸡汤评论,用一些貌似温暖和正能量,实际却建立在虚假论据和反逻辑基础上的鸡汤道理去说教,用空洞的抒情和肉麻的煽情掩饰逻辑和思想的贫血。

这种鸡汤评论多集中在灾难或事故之后,它不是追问灾难所暴露的问题,而是用"煲鸡汤"的方式,不顾公众情感地去歌颂大爱,用力过猛地去发掘所谓的"闪光点",或者用诗一般的语言在社论中去美化灾难的剪影。这种鸡汤评论已经越来越招公众反感,一开口就是舆论嘘声一片。灾难中的大爱并非就不可以赞美,也并非就没有闪光点,但一味回避问题而将灾难诗意化的腔调,像"感谢你无数次游过那片悲伤的水域""如果那239个生命终结在这样一个美丽的法属海岛上,也不失为最后的安慰"之类的抒情火力,常常把鸡汤给煲糊了,弄得让人反胃。

面对这些逼人感动、给人递纸巾的鸡汤评论,网友的话很有道理:请递给我真相，而不是纸巾。

"鸡汤道理"的一大特点就是，看起来很正能量，很符合人的某种需求，却经不起推敲。伪情怀文的特点也是如此，评论中堆砌各种不明来源、听起来似乎挺有道理的名人名言，却省略了论证，回避了现实，从而营造了幻觉。鸡汤有害，喝多有害，评论员应该做一个勇于打翻鸡汤的人，而不能迎合人的思维惰性去生产和兜售鸡汤。

"是金子总会发光，但如果是石头，到哪里都不会发光的"，"假如今天生活欺骗了你，不要悲伤，不要哭泣，因为明天生活还会继续欺骗你"。网络曾经刮起一阵"反心灵鸡汤"的恶搞旋风。时事评论在针砭时弊中引领公众直面现实，直面失败、缺陷、局限和残酷，用思想和逻辑去启蒙，而不是活在鸡汤营造的温暖自欺中。

**4. 跟风评论成新闻附庸，缺乏议题设置能力**

时事评论的一大功能是设置议题，通过发掘细微的社会变化和潜在的问题，提起议题，引起舆论的讨论。比如我曾写过的评论"天津，一座没有新闻的城市"和"学新闻的第一份工作最好别去新媒体"，都曾经引发广泛的讨论。石扉客先生提到的"新闻学界没有在媒体和记者遇到权力压力的关键时刻给予声援，而把更多精力集中在对媒体报道操作层面的挑剔上"，也引领了学界和业界的一场大讨论，并不在于他讲的多么正确，而在于他提起了一个能激起同行讨论的议题。

那种通篇都是"正确废话"的评论是不能设置议题的。道理都被你讲了，而且讲得面面俱到，你绝对正确且永远正确，还有什么讨论的余地呢？

那种跟着新闻走的"跟风评论"也缺乏议题设置的能力。时事评论八股化的一个标志，就是形式的八股化，好像时评就必须得引用一个新闻由头，然后依附这个由头评论几句才叫评论。这种八股腔调看多了就非常令人厌烦了，为什么评论非要引用新闻由头呢？为什么评论就不能自己发现问题、提出问题然后去给出分析呢？

过去评论员的工作被理解为给新闻"配评论"，这种配角的定位使评论缺乏独立设置议题的能力。其实时事评论应该是一种独立的、可以不依附新闻而存在的文体，评论不仅应该从已有的新闻报道中发掘评论资源，更应该从新闻报道之外的社会问题中发掘资源。跟着新闻报道的话，议题已经被报道设置好了。新闻报道之外还有广阔的问题资源，评论员眼睛看到的事、亲身经历的事、新闻背后的现象，正常中的反常、反常中的正常，发掘的社会的微妙变化，长期关注某个领域所累积的问题意识，热点之外的冰点，等等，都应该成为思考的对象。

一些评论写手似乎离开了新闻由头就不会写评论了，依赖新闻作出判断，不能通过自己的眼睛去发现问题，被新闻牵着鼻子走，做新闻的跟屁虫，议题设置能力自然就弱化了。不能设置议题，评论存在的必要性和重要性就降低了，读者看了新闻就不再想看评论了。

**5. 暴力评论降低说服力，舆论场缺乏理性辩论**

看时事评论的历史时，常被历史上那些对推动变革和进步起到很大作用的思想争鸣和交锋所触动，评论家在报章上针对一个问题你来我往，表达不同观点。这种观点交锋和思想讨论不仅活跃了舆论氛围，促进了思想交流，更促进了社会共识的形成——毕竟，有争鸣才有共鸣。理性的观点讨论不仅不会撕裂社会，反而会在各抒己见中向公众呈现不同观点，在观点竞争中提升社会的认知层次。比如当年媒体上的问题与主义、科学与民主之争。

可放眼当下的舆论场，虽然媒体平台越来越多，新媒体、自媒体也提供了充分的表达渠道，但舆论场上很少能看到过去那种围绕某个话题的理性辩论，而多是斯文扫尽、乌烟瘴气、传播负能量、拉大对立的各种口水战。

在传统媒体上多是各说各话，保持着"不批评其他媒体观点"的默契——记得有一次，我撰文批评某媒体的评论观点，那家报纸的总编非常不满，在微博上批评我"违反了媒体间不相互攻击"的传统，抱怨说"相煎何太急"。媒体上有时也有一些观点讨论，但多是不痛不痒的伪争论，同一版面为了体现平衡，刊登一篇角度不同的评论，算不上争鸣。即使有观点交锋，一两个回合就停止了，有的是领导觉得浪费版面，有的则是缺乏辩论风度而走向人身攻击，死气沉沉。媒体怕惹事，缺乏争鸣氛围；编辑怕多事，缺乏设置议题的能力；作者没有讨论的雅量和耐心。整体的辩论能力在退化，没有形成"用观点说服对方"的辩论规则和习惯。

微博上的辩论倒是时时都在发生，但140字的短交流之中，很难形成理性的交流，最终也都沦为互贴标签的掐架，你骂我汉奸，我骂你愤青。甚至有一些评论员被碎片化的表达养成了惰性，也沉浸于这种无聊的微博口水战，宁愿陷入喋喋不休的骂战，也不愿把观点写成长文章进行文人式辩论。微信的出现并没有改变这种情况，而是加剧了立场和观点的封闭，人们各自退回到自己的微信圈中抱团取暖，在有着相同立场和观点的圈内、群内强化固有的偏见，由于缺乏理性的交流，很容易走向偏执和极端。

缺乏辩论的另一个重要原因是近年来暴力评论的干扰，以真理自居，根本不讲理，粗暴地挥舞着政治和道德大棒，动辄将不同观点上纲上线，动辄将反对的声音污名为"抹黑"或者"反动"。评论中没有论据，没有逻辑，没有耐心的说理，只有盛气凌人的口号和让人生厌的各种帽子。当这种不讲理的暴力评论盛行的时候，交流就不存在了，讨论和辩论的热情都被压制和窒息了。

**6. 同质评论味同嚼蜡，让人缺乏阅读兴趣**

国庆黄金周后曝出一系列很有冲击力的新闻照片："青海湖景区面临垃圾污染　蓝天白云下垃圾成堆"——蓝天白云下，清澈的湖边成堆的垃圾非常刺眼。每年的黄金周后都会有这种新闻，每次这种新闻都会激发一波对国人文明素养的反思与批判，以致人们形成了这样的思维定势，一看到垃圾就条件反射般地批判国人文明素养。

其实，这种现象有很多可以分析和追问的角度，比如：第一，批评游人缺文明乱扔垃圾；第二，景点缺管理，光顾收门票不顾清垃圾；第三，破窗效应，一点点垃圾不被清理时，后面的人会受到暗示都去扔垃圾，不能只谴责游客，好文明需好管理的引导；第四，青海湖门票钱都去哪了？我想，从后面几个角度去追问和分析，会比单纯地批判文明素养要深刻得多，更触及深层次的问题——当然，追问景点门票的去向和垃圾管理问题，可能也能让问题得到解决。毕竟，垃圾管理可以追到具体的责任人，使具体责任人在舆论压力下去解决垃圾围湖问题，而抽象地批判无数个匿名的"游客"，空谈"文明素质"，没有人会感受到道德压力，每个人都会扮成从不扔垃圾的高尚的人，对着想象中的乱扔垃圾者吐口水。文明素养之所以成为一个老大难的话题，跟这种空洞的批判反思而缺乏有针对性的具体拷问有很大关系。

放眼媒体上的评论，基本上都是这种缺乏深入思考、缺乏从不同角度提出独到思考的同质评论——发生一件事后，各大媒体投稿邮箱中收到的稿件，90％以上的同题来稿的角度是同质的，这种同质化的评论从标题上就能看到所有观点，看第一句话就知道后面怎么说，让读者觉得缺乏营养和附加值，读不到让人眼前一亮、有所收获的东西。

评论之所以同质化，有很多原因：其一，评论者缺乏知识的更新和思想的提升，写着写着把自己写空了，视野狭窄知识有限，无法指望一个认识浅薄的人提出什么独到看法;其二,评论者的思维惰性,一看到某个话题就想到某个角度,然后立刻动笔追赶时效,而没有耐心尝试从其他角度去多思考几分钟;其三,只看新闻标题就作判断,而不去仔细阅读新闻和其他相关报道,自然只能作出和标题一样肤浅和表象的判断,而无法深入新闻细节和问题。

**7. 八股评论倒人胃口,文体缺乏创新活力**

看到一篇评论的题目:"完善法制环境是治愈人际冷漠的'秘诀'"——我调侃说:呵呵,完善法制环境是治愈中国任何社会问题的秘诀,可以将"人际冷漠"替换成任何一个社会问题,不是吗?这分析用在任何问题上都说得通,这种正确而无用的废话,说了可能等于没说。

这种标题和话语腔调就是让很多读者诟病的时评八股腔。时评家叶匡政曾撰文《时评已经成为一种脑残文体》,矛头指向这种八股腔,这篇引发评论业界讨论的文章称:这类时评还有一个特征,就是味如嚼蜡,不仅语言枯燥,观点亦是人云亦云,只不过张嘴说了点能放在台面上的瞎话。

作者举例说:假如媒体明天曝光说,某个女人长得难看,时评家们后天一定会跳出来大发议论,所使用的无脑逻辑无非以下 12 种:1. 邻居家的女人长得更难看,你为何不曝光?2. 她虽然有点难看,但她善良纯真;3. 请拿出具体的整容意见来,让我们共同努力让她变得好看点;4. 还是有进步的,比去年长得好看多了;5. 这是极少数人想歪曲真相,是别有用心的煽动,究竟有何居心?6. 心理阴暗,连女人长得难看也要曝光;7. 她是伟大的中国女性,你站在谁的立场上说话?再难看我们也不能嫌弃;8. 这是极少数的,绝大多数中国女人长得都很美丽;9. 这是谣言,我负责任地说,她长得很好看,希望媒体能客观报道;10. 她还处在初级发育阶段,长大一点会美丽绝伦;11. 要有点历史眼光,她长得非常有中国特色,你没有欣赏眼光;12. 没有一个人是长得十全十美,大家无权说三道四。到此为止,一轮时评热潮结束,大家很快地又扑向了下一个热点。如此这番又来一轮,一年年就这么过去了,思想依旧在原地踏步。

叶匡政批评涉及的只是思维八股的层面,其实语言和形式的八股更加严重。时评家经常批评官员的官话、套话、大话,可很多时评中的套话、大话、空话、瞎话和并没有什么用的正确废话一点儿不比官僚讲话的党八股弱——生搬硬套,硬凑排比句;面面俱到拼凑三四点,首先、其次、再次;滥用辩证法,什么都一分为二;灾难文艺腔挺住、坚强、不哭;思维贫乏语言干瘪的最美、最帅、最牛；充满宣传腔的点赞、鼓掌、叫好；张口就来的彰显、折射、暴露；自以为流行却已无比滥俗，让人反感的醉了、蛮拼、伤不起。

这种八股评论也很容易陷入"为骂而骂"的中国式乱骂，使时事评论带着十足的民粹情绪色彩，最终沦为一堆情绪：房价高骂开发商；看不起病骂医院；治不好病骂医生；上学贵骂大学；大学沉沦骂知识分子；产品不合格骂代言人；航班延误骂航空公司；道路拥堵骂车多；影视剧不好看骂导演；看不到新闻骂记者；贫富差距大骂改革；道德沦丧骂金钱；出现讹诈个案骂老人；动不动就"不转不是中国人"。开口就是做秀，闭口就是炒作，根本不问骂得对不对，以为骂就叫评论，评论员就是要骂，而不问骂得对不对，有没有说服力，有没有骂到点子上。一个朋友说得好，道义不等于道理，一味骂人的背后是智力的懒惰。这种为骂而骂，反而见证了时评批判能力的退化。

如今很多媒体和机构在合作搞大学生时事评论大赛，这是好事，激发大学生关注时事、参与时事的公共热情，鼓励他们热衷表达、学会表达。同时也给未来评论界培育新人，给陈旧的话语体系吹来清新的活泼之气，但令人担心的是，可能是那种八股评论看多了，很多大学生的评论也沾染上那种面目可憎的八股腔。

分析这些时评弊病并不是批评同行，也是对自我的一些警醒，这些毛病在我身上可能也不知不觉地存在着。时事评论矛头常指向别人，也需要评论人共同体的自我反思，以形成更好的评论生态，促进评论这一文体在这个大变革的时代更好地发挥议题设置、引发思考、影响时事、推动进步、思想启蒙的功能。

### 8. 不与流行为伍，守卫自己的评论三观

我这几年做过好几次讲座，都是讲"咪蒙化传播时代如何守护自己的三观"，那种"快速变现"的病态追求扭曲了很多人的思维。

比如那篇刷爆网络的江苏高考满分作文，让人们看到了无数媒体碎裂的三观——为了流量变现，跟风炒作，根本不顾常识、不问真假，看到"据媒体报道"的信源随手就转，制造了一次丢人的大乌龙。编辑稍微有一点传统媒体的从业积累，稍微有点儿专业主义精神，稍微慢一拍用常识思考一下，就不至于犯这种低级错误。高考刚结束，怎么可能满分作文就出来呢？稍微动手到网上搜一下就会发现，那篇所谓的满分作文高考当天就出现在网络上了，然而那时还没开始阅卷。

我知道,一些传统媒体的新媒体编辑多是刚毕业不久的学生,缺乏传统基因,没有把关能力,流量压力下总想搞一些大新闻,总想蹭热点,总担心在热点新闻上慢一拍,常常往新闻里添加"三聚氰胺"。没有传统积淀,第一份工作就干新媒体,没有新闻判断力,感染了一身新媒体的臭毛病,标题党,耸人听闻的震惊体,故弄玄虚的信号体,迷恋"性暴力金钱"的咪蒙化传播技巧,为了"10万+"不择手段。一些传统媒体急于转型和变现,却在三观失守的同时也丢掉了传统媒体最宝贵的公信资源。

我在公号第一时间推了《营销号炒作编造的高考满分作文,竟又被媒体当新闻追捧》一文后,不久江苏教育考试院就声明,那篇所谓的满分作文是假新闻。后来一个网友在我公号后台留言,说她就是那篇所谓"满分作文"的作者,她说:曹老师你好,我已经粉了您两年了。我就是这篇文章作者。我是一名大学生,自己的公众号里也在当天和第二天辟谣了。各大媒体转发是自发行为,我也不知道会发展成这样。向各位道歉,没有想炒作,只是觉得好玩而已。我本身是新闻专业,上新闻评论课时开始关注您。我觉得做新闻也好、评论也好,也应该面面俱到的,现在这种情况我也没有预料到,但我们绝对没有炒作营销的意思,因为我们不是商业性的,这篇爆文也没有给我们带来什么经济利益。

特别理解这位同学成为新闻焦点后的困扰,从后来的新闻中看到,她因此受到不少网友的谴责。我相信,她绝非为了炒作和营销,考后第一时间冠以"今年江苏高考满分作文出现,快来围观!",纯粹好玩。但既然是新闻系的学生,受过新闻教育,她应该知道,用这样的事实判断就是在制造一条假新闻。这可不是闹着玩的,不要说这只是"标题党"——标题也是新闻的一部分,而且是非常重要的部分。新媒体、自媒体时代,人人都是信息源,你自己觉得好玩,你自己当作恶搞和戏仿,可别人怎么知道呢?自媒体传播链条中,人人都可能成为新闻内容生产的一个环节,成为新闻信息源,所以在传播中一定要有"可能成为信息源"的信源意识和传播自觉。

可在"咪蒙化"的传播时代,人们基本的节操和三观已经被颠覆了,为了"10万+"无所不用其极。

网上类似的标题党太多了,别人能做,我为什么不能做呢?标题党现在好像已经洗白成一个中性词了,甚至新媒体圈完全不以为耻,好像有本事的人才能做出那种一炮走红的"10万+"标题。一些新媒体女实习生,做起标题,张口就是充满性暗示、性诱导,充满荤味、腥味,充满咪蒙化的粗俗、粗暴、粗鄙的元素,还自鸣得意,毫无害羞感。在这种荤、腥、骚、躁、毒、假、丧文化的现实熏陶下,新闻系老师几个学期的新闻业务讲授,采写编评,怎么做标题,怎么开头,怎么结构,怎么结尾,比不上咪蒙一篇"10万+"爆款网文的现身说法。"10万+"的功利碾压下,传统新闻学烟消云散、灰飞烟灭,"咪蒙新闻学"被奉为"新闻成功学"的葵花宝典。

做"今年江苏高考满分作文出现,快来围观!"这个标题,相信那位同学不是为了炒作和营销,但她不可能没考虑过阅读量,"10万+"鬼迷心窍。后来确实很快上了"10万+",甚至数百万,但最终发酵成了一条刷遍全网的假新闻。

前段时间有个怀疑人生、怀疑专业的新闻系学生问我,新闻到底有没有"学",如果有,"学"在哪里?我跟她说,当然有,但不在"传播"中,不在那些传播技术和传播技巧中,而在新闻内容生产的逻辑中。现在新闻学最大的问题,就是失去了内容生产的逻辑,而陷入传播陷阱中——现在是传播主导的新闻学教育,传播凌驾于内容生产之上。从传播的视角来看,新闻学核心越来越被矮化和贬低,当新闻被"如何做一个迅速刷爆朋友圈的10万+标题"这样的问题意识所主导,新闻学就成了按摩服务学,就被"蓝翔技校化",纯粹是术,而无学。

只有往新闻内容生产的源头去追溯,越往前追溯,越靠近顶端、前端,越是新闻学之本。前段时间有个记者朋友讲了一个故事,她说:在狂风沙尘中我去了某地一个农民工子女学校。破旧厂房改建的校舍,十几个孩子挤在十几平米的宿舍里。绝大部分老师没有本地户口,几乎所有孩子的父母都是低端服务业的农民工。她记录了学校的一个故事,有一年,学校开展感恩教育,让孩子们在画家的指导下画父母的双手,然后展出。满墙的画作里,一幅有两根断指的手引起了关注。有人问:"这是谁画的?"一个小女孩满脸骄傲与倔强,站出来说:"这是我爸爸的手。他以前种菜,赚的好少,人家说蒸馒头可以多赚一点,他就去做馒头,被机器打断了手指。爸爸手残疾了,可他是为了赚钱养家。"这个记者朋友说,她决心每年儿童节都选一个最尖锐的教育话题,做一组调研报告,去年是儿童性侵,今年她决定做"流动夹心层"。

我听了之后很感动,我说:谢谢你,这也正是新闻这个行业让人尊敬的原因。新闻之学,不在于术,而是道!有人说新闻无学,是因为他们内心没有这种"道",没有这种价值支撑。有这种道,才能把自己所从事的事业跟这个社会的进步紧密地联系在一起,有揭露真相的勇气,有舆论监督的追求,有用自己的深度调查推进社会变革的理想追求。有这种道,这项事业也才能赢得尊严,才能成为一门令人尊敬的学问。

　　有人说,很少有哪个专业比新闻更加需要多学科的知识结构和深刻的思维训练,很少有哪个职业比干好新闻更需要健全的人格和多方面的能力素质。——是啊,这正是新闻学的核心。三观碎裂的传播时代,"健全的人格"显得尤为重要,不仅要守卫自己的三观,更要用自己的作品去守卫这个社会的三观。

# 后记: 做一个知识上诚实的评论教员

真是对不起,怪我懒,这本书早就该修订了。评论写作的理论框架和技巧范式虽然是稳定的,但时事是快餐,热点是速朽的,第一版书中的很多案例都过时了。作为一门有着很强实操性、必须依附时事案例的课程,一本冠以"时评"之名的讲义,必须跟上时代、时事、时间的节奏,把时事基因融入评论写作的方法论中。

米尔斯在《社会学想象力》中的一段话常被社会学家引用:不断联系个人关怀与公共议题,而且任何重大问题都必然放在历史(时间)的视野和全球(空间)的架构中考察。——其实,不仅社会学研究需要这种"想象力",时评写作更需要这种勾连个人关怀和公共议题的想象力。而这种想象力,需要时事的激荡和活络。"时事"不仅是评论写作的一个"由头",因时而论,因势而新,时评写作是一种离不开"热点"的文体,它让"略显笨拙和踌躇"的思维、思想在热点的空气中深呼吸,在大众停止思考的地方多思考半小时,然后写上1500字。

我在北大讲授新闻评论课程已有8年,同时在人大开设评论课也进入第二年。春季在北大,秋季在人大,与中国最优秀的一群年轻人为伍,影响他们的同时,也被他们所感染,每周两小时的课程是我每个星期最快乐的时光。讲了8年,理论框架已经很成熟,但每次课程的课件我都会重做,必须把新近一周发生的时事融入课件之中,以最新热点为案例激发学生的"问题意识"。以几年前发生的事作为案例,学生是无感的,新近发生的事,他们身在热点的舆论场中,了解热点的基本面和"讨论点",但自己又没有深入地想过。这种带着时事温度的案例是活络学生思想最好的话题,在课堂上形成了一个有感染力的场,最大限度地激发学生的表达欲。

在回答"为什么每代人都要重写历史"这个话题时,历史学家斯塔夫里阿诺斯说：我们每一代人都需要重写历史，因为每个时代都会产生新问题，探求新答案。另一位史学家希尔说：每一代人都要重写历史，因为过去发生的事件本身没有改变，但是现在改变了，每一代人都会提出关于过去的新的问题。评论写作的方法论没有变，但时事变了，必须基于新问题、新案例而进入评论写作的框架中。此次修订主要是加入了一些最新的案例，与时俱进，保持案例的新鲜度。

另外修订的部分内容是增加了北大课堂的一些讨论实录，思想的火花很多时候是在讨论中迸发的，评论写作需要保持这种思想的活性。理论一总结出来，可能就成了教条，但愿课堂讨论能让梳理出来的理论保持那种能让人"举一反三"的活性。其中我还加进了一些与学生的通信，主要内容是帮学生修改评论，以及为什么这么改，为什么有些内容必须"舍得放弃"，如何找到评论的抓手，标题如何让人眼前一亮等，来来回回的邮件我都保存下来了，这也是带着"课堂活性"的案例。

还有，此次修订删掉了原先批判传统新闻评论教育的内容，这部分也是原来少华老师在第一版序言中觉得不太妥当的内容。确实，经过几年的教学实践，我越发理解了少华老师说的"一本书打不垮现有的评论教学体系，只会帮助它吸收更有生命力的东西"。那时候年少轻狂，觉得自己的想法很牛，前辈的思想都落后了，现在看来，真的太肤浅了。前段时间看希尔斯的《论传统》，我更加意识到一个无法回避的事实——我们也都终将成为自己曾经鄙视的传统，我们都活在传统的掌心中。

我想起那个有意思的段子，描述的是学者写论文的过程：初定下选题的时候，有一种改写整个学术史的幻觉和冲动；开始写的时候，有一种困难重重、在所不惜的坚韧；写到一半的时候，有一种求生不能、求死不得的痛苦；写完了之后，终于明白自己就是一个学渣。——说真的，我当年写《时评写作十讲》的时候，真有那种"改写整个评论学术史的幻觉和冲动"，但教了近十年书，读了一些文献后，才知道自己的无知。越读书，越深入这个专业的知识殿堂，越看到自己的知识欠缺。

修订有变，当然，更多的是不变，《时评写作十讲》的基本框架没有变，毕竟，无论时事和时代如何变，评论写作基本的方法论不会有太多变化。这几年正是新媒体冲击传统媒体和传统文体的狂飙突进的几年，脸上写满"10万+"欲望的新媒体文风，似乎要改写所有传统新闻写作、评论写作、特稿写作的方法论。结构似乎越来越不重要，"一句一段"割裂了传统评论的完整，逻辑被煽情、修辞、带节奏所碾压，标题变得越来越"妖艳"和"狰狞"，角度成为"为流量而流量"的婢女。新媒体上那些"10万+"爆款评论有个共同的特征：情绪化、反逻辑、碎片化、三观不正。文章越写越长，堆砌金句，却经不起推敲，缺乏真正的思想含量。

这时候，评论写作更需要保持不变的能力，尊重逻辑，守卫三观，与流量保持距离，老老实实地写评论，别把读者当"韭菜"，保持事实、知识和思想的诚实。想起韦伯在《以学术为业》中那段充满思想感染力的演讲：一个教师所应当做的，不是去充当学生的精神领袖，不是立场鲜明的信仰灌输，而是尽力做到"知识上的诚实"，去确定事实，确定逻辑关系和数字关系或文化价值的内在结构，因为没有对手和不允许辩论的讲台，不是先知和煽动家应待的地方。

讲台如此，笔政也是如此，鼓吹、煽动和带节奏是在封闭读者和学生的心灵，让人变得愚蠢，让人"韭菜化"。评论应该是一种让人变得开放和聪明的文体，不是灌输读者以教条和结论，而是向读者提供让他们作出明智判断的事实、角度和思维方法。

感谢读者的包容和严谨，对第一版提出了很多宝贵的建议，第二版中尽可能作了相应的调整。光阴似箭，我亲爱的同学，本书第一版的编辑黄文杰兄，已经离开上海到另一所城市去教授新闻学。感谢他的精心策划和编辑，才有了赢得那么多好评的第一版。感谢第二版编辑刘畅，帮我治好了拖延症，每当我想偷懒时，她总能及时、有原则却又不失礼貌地提醒我，让我迷途知返，保持修订节奏。感谢我北大、人大、中传、复旦、华科的学生，这群中国最优秀的年轻人，在课堂上总能给我很多启发。

曹林<br>
2019年6月于北京未名湖畔

图书在版编目(CIP)数据

时评写作十讲/曹林著.—2 版.—上海：复旦大学出版社，2019.7(2023.7 重印)
ISBN 978-7-309-14324-9

Ⅰ.①时… Ⅱ.①曹… Ⅲ.①时事评论-新闻写作-研究 Ⅳ.①G212.2

中国版本图书馆 CIP 数据核字(2019)第 085424 号

时评写作十讲(第二版)
曹　林　著
责任编辑/刘　畅　章永宏

复旦大学出版社有限公司出版发行
上海市国权路 579 号　邮编：200433
网址：fupnet@fudanpress.com　http://www.fudanpress.com
门市零售：86-21-65102580　团体订购：86-21-65104505
出版部电话：86-21-65642845
常熟市华顺印刷有限公司

开本 787×960　1/16　印张 18.75　字数 292 千
2019 年 7 月第 2 版
2023 年 7 月第 2 版第 4 次印刷
印数 12 301—14 400

ISBN 978-7-309-14324-9/G·1976
定价：58.00 元

如有印装质量问题，请向复旦大学出版社有限公司出版部调换。
版权所有　侵权必究